Wolfgang Benz (Hrsg.)

Wann ziehen wir endlich den Schlussstrich?

Perspektiven und Horizonte

Schriftenreihe der Evangelischen Akademie Görlitz

Herausgegeben von Frank Ahlmann

Band 2

WOLFGANG BENZ (Hrsg.)

Wann ziehen wir endlich den Schlussstrich?

Von der Notwendigkeit öffentlicher Erinnerung in Deutschland, Polen und Tschechien

METROPOL

Wann ziehen wir endlich den Schlussstrich? : Von der Notwendigkeit öffentlicher Erinnerung in Deutschland, Polen und Tschechien / Wolfgang Benz (Hrsg.) – Berlin : Metropol 2004
Perspektiven und Horizonte
Schriftenreihe der Evangelischen Akademie Görlitz
Herausgegeben von Frank Ahlmann
Band 2
ISBN: 3-936411-56-5

© 2004 Metropol Verlag
Kurfürstenstr. 135
D–10785 Berlin
www.metropol-verlag.de
Alle Rechte vorbehalten

Druck: MB Medienhaus Berlin GmbH

Inhalt

Vorwort 7

WOLFGANG BENZ
    Flucht und Vertreibung aus dem Osten:
    Deutsche Erinnerungen zwischen Integration
    und Interessenpolitik 9

EVA HAHN · HANS HENNING HAHN
    Die sudetendeutsche völkische Tradition:
    Ein tschechisches Trauma des 20. Jahrhunderts 29

ANDREAS MIX
    Juristische Ermittlungen
    und historische Forschung in Polen
    Von der „Hauptkommission"
    zum Institut des Nationalen Gedenkens 75

PIOTR MADAJCZYK
    Die polnische Erinnerung
    an die deutsche und sowjetische Besatzungspolitik
    während des Zweiten Weltkriegs 95

BEATE KOSMALA
    Polen – Juden – Deutsche
    Die Debatte um die Ereignisse in Jedwabne 113

MICHAL FRANKL

    Alte Themen – neue Fragen?
    *Besatzung, Widerstand, Holocaust
    und Zwangsaussiedlung der Deutschen im Spiegel
    der neuen tschechischen Geschichtslehrbücher* 135

TOMASZ KRANZ

    Die KZ-Gedenkstätten in Polen
    als Formen institutionalisierter Erinnerung 161

VOJTĚCH BLODIG

    Die Gedenkstätte Theresienstadt –
    Vergangenheit, Gegenwart und Zukunft 181

BARBARA DISTEL

    Dachau – erstes KZ
    und meistbesuchte Gedenkstätte in Deutschland 191

UTE BENZ

    Täter, Opfer und Dritte
    Schwierigkeiten des Verstehens 203

    Die Autorinnen und Autoren 224

Vorwort

Der Schriftsteller Martin Walser hat vor Jahren öffentlich gemacht, was viele empfinden, er hat damit spontan Beifall und anhaltenden Streit ausgelöst: Überdruss an einem Thema, das peinlich berührt, das ratlos und verlegen macht, dem gegenüber „normale Verhaltensweisen" nicht möglich sind. Das Plädoyer für die Privatisierung der Erinnerung an den Holocaust, für den Schlussstrich unter belastete Vergangenheit, hat eine Diskussion in Gang gesetzt, in der die Emotionen vieler Bürger öffentlich artikuliert wurden als Motive zur Abwehr kollektiver Erinnerung an Auschwitz und andere Verbrechen des Nationalsozialismus, keineswegs zur Leugnung des Geschehens oder zur Abwertung von Schuld, wohl aber zur Ausgrenzung des Themas aus dem öffentlichen Diskurs und damit zur Relativierung des Sachverhaltes: Es gäbe andere Probleme, so das Argument, die aktueller und bewegender seien. Außerdem, so das flankierende zweite Argument, seien die Ereignisse mehr als ein halbes Jahrhundert vergangen, eine zweite und dritte Generation von Schuldlosen sei herangewachsen und habe doch wirklich nichts mehr mit den einstigen Untaten im deutschen Namen zu tun. Die Beweisführung wird in der Regel mit der Schuldfrage verknüpft, sie lässt außer Acht, dass Opfer und ihre Nachkommen anders empfinden und dass das Trauma der Verfolgung keinen Zeitbegriff hat.

Geschichte ist an Gedenktagen und durch Monumente, mit Gedenkstätten, Dokumentationszentren und Museen in einer facettenreichen Erinnerungslandschaft allgegenwärtig, ihr drohen die Gefahren der Ritualisierung und Ästhetisierung, aber das Erinnern ist notwendig für die politische Kultur des Landes. Das öffentliche Erinnern an die nationalsozialistische Zeit wird von vielen mit dem Wunsch nach einem scheinbar erlösenden Schlussstrich verweigert. Der Hinweis auf deutsche Leiden, auf den Luftkrieg gegen die Zivilbevölkerung oder auf die Vertreibung Millionen Deutscher aus Ost-Mitteleuropa ist oft der Versuch, deutsche Untaten gegen Reaktionen anderer aufzurechnen, oft aber auch der Wunsch, von kollektiver Erinnerung befreit zu werden, aus den Schatten der Vergangenheit herauszutreten.

Auch Tschechen und Polen leiden an historischen Traumata, die in der Erinnerung an die deutsche Okkupation, und dann, als deren Folge, aus sowjetischer Dominanz entstanden sind. Eine Tagung der Evangelischen Akademie Görlitz war im April 2003 dem Umgang mit schwieriger Geschichte in Deutschland, Polen und Tschechien gewidmet. Vier Themenfelder sind, jeweils aus polnischer, deutscher und tschechischer Perspektive, abgeschritten worden: Die institutionalisierte Erinnerung mit Gedenkstätten und Ritualen, das gesellschaftliche Trauma von Okkupation, Flucht und Vertreibung in drei Nationen, die Probleme von Opfern und Tätern, die Fragen von Schuld und Versöhnung. Die Überlegungen von elf Autoren sollen dazu beitragen, den Diskurs im Geiste der Nachbarschaft als Brückenschlag weiterzuführen.

Wolfgang Benz

WOLFGANG BENZ

Flucht und Vertreibung aus dem Osten: Deutsche Erinnerungen zwischen Integration und Interessenpolitik

Zu den Folgen des Zweiten Weltkrieges zählte eine riesige Bevölkerungsbewegung in Ost-West-Richtung. Sie begann mit der Flucht der Deutschen vor der Roten Armee und erreichte ihren Höhepunkt in der systematischen Austreibung der Deutschen aus den Gebieten östlich der Oder-Neiße-Grenze und aus Ost- und Südosteuropa.[1]

Eine der Sprachbarrieren zwischen der alten Bundesrepublik und der DDR tat sich auch beim Thema „Flucht und Vertreibung" aus dem Osten auf. In der DDR lautete die Sprachregelung für die unfreiwilligen Neubürger „Umsiedler", der Grund ihres Zuzugs blieb unbefragt, die Artikulation des Gruppenschicksals war verpönt und für den gleichen Personenkreis in der Bundesrepublik, der von sich reden machte, galt die Formel „Revanchisten". Die Integration der Heimatvertriebenen gehört in die Erfolgsbilanz beider deutscher Staaten, der DDR nicht weniger als der Bundesrepublik. Den deutschen Vertriebenen aus den Ostgebieten war ein besseres Los als den Palästinensern bestimmt, Revanchegelüste und Phantasien zur Wiedereroberung des Verlorenen gibt es daher so gut wie nicht. Das Bedürfnis zur Aussöhnung mit den Staaten und Völkern des Ostens stand bei der Mehrheit der Bevölkerung der Bundesrepublik immer außer Frage.

---

[1] Einen konzentrierten Überblick bietet K. Erik Franzen, Die Vertriebenen. Hitlers letzte Opfer, München 2002; s. a. Wolfgang Benz (Hrsg.), Die Vertreibung der Deutschen aus dem Osten. Ursachen, Ereignisse, Folgen, Frankfurt a. M. 1995.

Dem steht aber nur das vereinzelte Streben Unruhiger entgegen, die mit beträchtlichem Eifer an der Legende fortdauernden Vertreibungsschicksals weben. Aufklärung wird dort mit Aufrechnung verwechselt, und Unvergleichbares wird da verglichen, um zu falschen Schlussfolgerungen zu kommen. Die Schrecken von Auschwitz und Dresden ergeben keine historische Parallele, und die Zahl der bei Flucht und Vertreibung Umgekommenen steht in keiner rechenbaren Beziehung zu der der Opfer nationalsozialistischer Judenverfolgung.

In der Erinnerung nahmen die traumatisierenden Ereignisse von Heimatverlust und Leiden, die Gefühle unschuldig erlittener Verfolgung und Vertreibung einen beträchtlichen Raum ein. Dazu kamen weitere bittere Erfahrungen der Demütigung, der Ohnmacht, des Neides beim Zusammentreffen mit autochthoner Bevölkerung. Man muss, um der Gruppe der Betroffenen und ihren Gefühlen gerecht zu werden, sich zuerst die Dimension des Geschehen vor Augen führen, aber nicht nur den Verlauf, sondern auch die Ursachen.

Die Umgangssprache der BRD hat sich der semantisch-exakten Definition des Personenkreises, von dem hier die Rede ist, stets widersetzt. Der Pauschalbegriff „Flüchtlinge" bürgerte sich frühzeitig für alle ein, die als Folge des Krieges ihre Heimat verlassen mussten. Amtlich korrekt definiert heißt es: „Vertriebene sind die Deutschen, die ihren Wohnsitz in den zur Zeit unter fremder Verwaltung stehenden deutschen Ostgebieten (Gebietsstand 31. 12. 1937) oder im Ausland hatten und ihn durch den Zweiten Weltkrieg infolge Vertreibung verloren haben." Und: „Flüchtlinge aus der SBZ sind die Deutschen, die nach Kriegsende aus der sowjetischen Besatzungszone oder dem Sowjetsektor von Berlin in das Bundesgebiet einschl. Berlin (West) gekommen sind, und ihre Kinder."[2] Im allgemeinen, aber auch im wis-

---

2   Gesetz über die Angelegenheiten der Vertriebenen und Flüchtlinge vom 19. 5. 1953, Bundesgesetzblatt I, S. 201; als Vertriebene gelten auch Emigranten vor NS-Verfolgung aus den Vertreibungsgebieten und Umsiedler aus außerdeutschen Gebieten sowie Ehegatten und Kinder des durch das Gesetz definierten Personenkreises.

senschaftlichen Sprachgebrauch werden die Begriffe „Vertriebene" und „Flüchtlinge" meist synonym verwendet.

Ursprünge und Ursachen dieser Bevölkerungsbewegungen liegen in der nationalsozialistischen Zeit. Mit dem Zweiten Weltkrieg begann im Herbst 1939 in Europa eine der größten Umsiedlungs-, Emigrations- und Vertreibungswellen, die die Geschichte kennt. Ausgelöst wurde die Völkerwanderung durch nationalsozialistische Ideologie und Politik: Es waren die Folgen jener Schlagworte, an die zu viele in Deutschland zu lange glaubten – die Phrasen vom „Volk ohne Raum", vom Recht des Stärkeren, das die Unterwerfung, Beherrschung, ja Vernichtung „minderwertiger" Völker naturgesetzlich erlaube. Die erste Phase der riesigen Bevölkerungsbewegung erfasste über neun Millionen Menschen, die in einem Raum, der von Finnland im Norden, der Ukraine im Osten, Griechenland im Süden und Frankreich im Westen begrenzt war, rückgesiedelt, umgesiedelt, vertrieben, „eingedeutscht", „umgevolkt" oder verschleppt wurden.

Vom Standpunkt der NS-Volkstumspolitik aus wurde diese erste Phase größtenteils als Erfolg gewertet, holte sie doch Hunderttausende von „Volksdeutschen" „heim ins Reich", wo sie verfügbar wurden für die „Germanisierung" der ehemals polnischen Gebiete, die vom Deutschen Reich annektiert worden waren. Etwa 1,2 Millionen Polen mussten deshalb ihre Heimat in den neuen „Reichsgauen" Wartheland und Danzig-Westpreußen verlassen und in das „Generalgouvernement" übersiedeln. Die Ziele, die sich hinter den bevölkerungspolitischen Maßnahmen verbargen, umreißt eine Denkschrift des Rassenpolitischen Amtes der NSDAP vom 25. November 1939, also kurz nach der Niederlage Polens, in der die „Schaffung einer rassisch und damit geistig-seelisch wie völkischpolitisch einheitlichen deutschen Bevölkerung" propagiert wurde. Die Verfasser der Denkschrift forderten konsequent: „Hieraus ergibt sich, dass alle nicht eindeutschbaren Elemente rücksichtslos beseitigt werden müssen".[3]

3 E. Wetzel/G. Hecht, Die Frage der Behandlung der Bevölkerung der ehemals polnischen Gebiete nach rassenpolitischen Gesichtspunkten, Archiv Institut

Positiv betroffen von der nationalsozialistischen Volkstumspolitik waren dagegen – für eine kurze Zeit – die „Volksdeutschen", Menschen deutscher Abstammung, die außerhalb der Grenzen des „Altreichs" (1937) lebten. Unter der Parole „Wir wollen heim ins Reich" wurde dieser Personenkreis zur „Rückwanderung" in das deutsche Hoheitsgebiet veranlasst, teils freiwillig durch die Propaganda des „Volksbunds für das Deutschtum im Ausland" (VDA), teils gezwungen durch Verträge zwischen Berlin und den Aufenthaltslän-dern. Seit 1936 war die beim „Stellvertreter des Führers" ressortierende „Volksdeutsche Mittelstelle" die partei- und regierungsamtliche Zentrale für die Angelegenheiten der „Volksdeutschen", 1938 wurde die Behörde, in der auch die SS großen Einfluss hatte, Hitler direkt unterstellt. „Volkstumspolitik" wurde in beträchtlichem, ja entscheidendem Maße durch Propaganda und Infiltration der deutschen „Volksgruppen" im Ausland betrieben: Das signifikanteste Beispiel bietet die nationalsozialistische Unterwanderung der sudetendeutschen „Volksgruppe" in der Tschechoslowakei, mit der das Münchener Abkommen von 1938 vorbereitet und die Zerschlagung der Tschechoslowakei als Staat eingeleitet wurde.[4]

Vorstufe der Umsiedlung war die „Säuberung" des alten und des neuen Reichsgebiets von „Juden, Polacken und Gesindel", wie es in einem Führererlass hieß, und die „Selektierung" der in den neu eroberten Ostgebieten lebenden Bevölkerung. Die Richtlinien gab es seit Frühjahr 1941 in Gestalt der „Deutschen Volksliste". In entwürdigenden Verfahren prüfte man Abstammung, Gesinnung und „erbbiologische Eignung" für das „Deutsch-Sein". Die „Brauchbaren" wurden in vier Gruppen eingeteilt.[5] In Gruppe 1 und 2 kam, wer

    für Zeitgeschichte MA 125/9, p. 380, S. 571–611; vgl. Karl Bringmann, Deutsche Sendung im Osten, in: Neues Volk. Blätter des Rassenpolitischen Amtes der NSDAP, 7 (1939), H. 11, S. 3 ff.

4   Hierzu Rudolf Jaworski, Vorposten oder Minderheit? Der sudetendeutsche Volkstumskampf in den Beziehungen zwischen der Weimarer Republik und der ČSR, Stuttgart 1977.

5   Erlass des Führers und Reichskanzlers zur Festigung deutschen Volkstums, 7. Oktober 1939, Nürnberger Dokument PS 686 und NO 3075; Verord-

deutscher Abstammung war und nachweislich sein „Deutschtum bewahrt" hatte. Angehörige dieser beiden Gruppen erhielten die deutsche Staatsbürgerschaft und durften Mitglied der NSDAP werden. Der Gruppe 3 zugeordnete Personen bekamen die „deutsche Staatsangehörigkeit auf Widerruf", weil sie zwar deutsche Herkunft und deutsche Gesinnung nachweisen konnten, aber „Bindungen zum Polentum" hatten (vor allem Kaschuben, Masuren, Oberschlesier) oder mit Polen verheiratet waren. Die Gruppe 4 war als Kategorie „polnisierter Deutscher" klassifiziert, der nur die „Anwartschaft auf die deutsche Staatsangehörigkeit auf Widerruf" gewährt wurde. Für den Rest der Bevölkerung in den Ostgebieten gab es lediglich den Status recht- und staatenloser Schutzangehöriger des Deutschen Reiches; „erbbiologisch Minderwertige" sowie politisch besonders schwer Belastete kamen sofort ins Konzentrationslager.

Aufgrund dieser Kategorien der „Volkstumspolitik" wurden 1939 bis 1944 knapp eine Million Menschen aus deutschen „Volksgruppen" umgesiedelt, beginnend mit 100 000 Südtirolern (in Nordtirol und Kärnten angesiedelt) und endend mit 135 000 „Volksdeutschen" aus Galizien und 70 000 Deutschen aus Siebenbürgen. Der größte Teil der Umsiedler kam nicht ins Altreich, sondern in die besetzten und annektierten Gebiete. Ein beträchtlicher Teil dieser Menschen, die ihre angestammten Siedlungsgebiete in Trecks verlassen hatten, wurde gar nicht angesiedelt, sondern wartete bis Kriegsende bzw. bis zur Rückeroberung der polnischen und sowjetischen Territorien in Lagern auf die versprochenen Bauernhöfe.[6] Historisch gesehen haben viele das Schicksal von Flucht und Vertreibung doppelt erlitten, und zwar in wechselnder Reihenfolge. Für viele folgte der Flucht aus

nung über die Deutsche Volksliste vom 4. März 1941, Reichsgesetzblatt I, S. 118; hierzu Martin Broszat, „Erfassung" und Rechtstellung von Volksdeutschen und Deutschstämmigen im Generalgouvernement, in: Gutachten des Instituts für Zeitgeschichte, Band II, Stuttgart 1966, S. 243–261.

6 Vgl. Hellmuth Hecker, Die Umsiedlungsverträge des Deutschen Reiches während des Zweiten Weltkrieges, Hamburg 1971.

Ostpreußen nach Pommern wenig später die Vertreibung von dort – vielleicht in die sowjetische Besatzungszone, die später in erneuter Flucht westwärts verlassen wurde.

Von ihren Visionen und Wunschträumen, bei deren Realisierung ganze Völker vertrieben, versklavt und vernichtet werden sollten, ließen die Anhänger des Germanisierungswahns auch nicht ab, als sich das Kriegsglück längst gewendet hatte. Am 3. August 1944 verkündete Himmler auf einer Gauleitertagung in Posen unter stürmischem Beifall der Funktionäre des NS-Regimes, wie es weitergehen würde im Osten: „Über das Problem, dass wir die Hunderttausende von Quadratkilometern oder die Million Quadratkilometer, die wir verloren haben, im Osten wieder holen, brauchen wir uns überhaupt gar nicht zu unterhalten. Das ist ganz selbstverständlich. Das Programm ist unverrückbar. Es ist unverrückbar, dass wir die Volkstumsgrenze um 500 km herausschieben, dass wir hier siedeln. Es ist unverrückbar, dass wir ein germanisches Reich gründen werden. Es ist unverrückbar, dass zu den 90 Millionen die 30 Millionen übrigen Germanen dazukommen werden, so dass wir unsere Blutbasis auf 120 Millionen Germanen vermehren [...]. Unsere politischen, wirtschaftlichen, menschlichen, militärischen Aufgaben haben wir in dem herrlichen Osten. Wenn es den Kosaken geglückt ist, sich für den russischen Zaren bis ans Gelbe Meer durchzufressen und das ganze Gebiet allmählich zu erobern, dann werden wir und unsere Söhne es in drei Teufels Namen fertig bringen, Jahr für Jahr, Generation für Generation unsere Bauerntrecks auszurüsten und von dem Gebiet, das wir zunächst hinter der militärischen Grenze haben, immer einige hundert Kilometer zunächst mit Stützpunkten zu versehen und dann allmählich flächenmäßig zu besiedeln und die anderen herauszudrängen. Das ist unsere Aufgabe".[7]

---

7   Rede Himmlers vor den Gauleitern am 3. August 1944, in: Vierteljahrshefte für Zeitgeschichte 1 (1953), S. 357–394, Zit. S. 393 f.

Das war im August 1944, dem Monat, in dem die Rote Armee Ostpreußen erreichte. Wenig später begann die Flucht der Deutschen aus den Ostgebieten, begann – im Oktober 1944 – der Leidensweg der „Volksdeutschen" aus Nord-Siebenbürgen und Ungarn, die auf Anordnung aus Berlin zunächst nach Schlesien und nach Österreich evakuiert wurden, begann der Exodus der Deutschen aus dem Memelland und aus Ostpreußen nach Pommern.

Zu dieser Zeit stand auf Seiten der Alliierten auch längst fest, dass Polen in der Nachkriegszeit auf deutsche Kosten entschädigt werden sollte; und zwar nicht nur für die Gebietsverluste, die es im Osten zugunsten der Sowjetunion hinnehmen musste. Darüber hinaus sollte nach dem Willen der Alliierten das deutsch-polnische Problem durch die Vertreibung aller Deutschen aus Polen – auch aus dem künftigen polnischen Territorium – radikal gelöst werden.[8]

Mit dem Zusammenbruch des Deutschen Reiches im Frühjahr 1945 folgte die nationalsozialistische Expansion in Mittel-, Südost- und Osteuropa eine ebenso gewaltsame Westbewegung, die in ihrer Dimension gegenüber dem deutschen Bevölkerungsanteil in den betroffenen Gebieten der totalen Niederlage Deutschlands entsprach. Lange vor der Potsdamer Konferenz vom Sommer 1945 stand fest, dass das Sudetenland wieder Bestandteil der Tschechoslowakei sein würde. Vom Gebiet des „Altreichs" sollten Ostpreußen, dessen nördliche Hälfte die Sowjets beanspruchten, und die östlich der Oder-Neiße-Linie liegenden Teile von Pommern, der Mark Brandenburg und Schlesiens abgetrennt werden und unter polnischer Verwaltung bleiben, unter die sie die Sowjets bereits im April 1945 gestellt hatten.[9] Die Ausweisung der Deutschen aus dem Staatsgebiet betrieben dann aber nicht nur Polen, sondern auch die Tschechoslowakei, Ungarn, Jugoslawien und Rumänien. Die Gesamtbilanz nennt über

8   Sarah Meiklejohn Terry, Poland's Place in Europe. General Sikorski and the Origin of the Oder-Neisse-Line, 1939–1943, Princeton 1983.
9   Hermann Graml, Die Alliierten und die Teilung Deutschlands. Konflikte und Entscheidungen 1941–1948, Frankfurt a. M. 1985.

16 Millionen Menschen, die nach dem Ende der NS-Herrschaft das Schicksal von Flucht und Vertreibung traf und die in der Bundesrepublik sowie in der DDR eine neue Heimat finden mussten.

Die Vertreibung der Deutschen sollte, so hatten es die Alliierten auf ihren Kriegskonferenzen in Teheran (1943) und Jalta (1945) erörtert und in Potsdam besiegelt,[10] innerhalb der neuen Grenzen Frieden stiften und die Minderheitenprobleme ein für allemal bereinigen, wie Churchill im britischen Unterhaus am 15. Dezember 1944 erklärte: „Denn die Vertreibung ist, soweit wir in der Lage sind, es zu überschauen, das befriedigendste und dauerhafteste Mittel. Es wird keine Mischung der Bevölkerung geben, wodurch endlose Unannehmlichkeiten entstehen, wie zum Beispiel im Fall Elsass-Lothringen. Reiner Tisch wird gemacht werden."[11] Für die Tschechoslowakei hatte Staatspräsident Beneš dasselbe, die restlose Austreibung der Minderheit von 3,5 Millionen Sudetendeutschen, bereits 1941 im Londoner Exil gefordert.[12]

Zu Mitleid mit den Millionen betroffener Deutscher neigte kaum jemand. Zu groß waren bei den östlichen Nachbarn Deutschlands die Leiden, die ihnen nationalsozialistischer Germanisierungswahn und deutsche Besatzungspolitik in den Jahren des Zweiten Weltkriegs zugefügt hatten. Andererseits – das galt vor allem für die Westmächte – hielt man es aber auch für möglich, den gigantischen Bevölkerungstransfer in einigermaßen humaner Form durchzuführen. Das war, wie die Leiden und Verluste der Flüchtlinge und Vertriebenen bewiesen, aus vielen Gründen eine irrige Annahme.

10   Fritz Faust, Das Potsdamer Abkommen und seine völkerrechtliche Bedeutung, 4. Aufl., Frankfurt a. M. 1969.
11   Winston S. Churchill, Reden 1944, gesammelt von Charles Eade, Zürich 1949, S. 459 f., zit. S. 468.
12   Zum Gesamtkomplex Detlev Brandes, Großbritannien und seine osteuropäischen Alliierten 1939–1943. Die Regierungen Polens, der Tschechoslowakei und Jugoslawiens im Londoner Exil vom Kriegsausbruch bis zur Konferenz von Teheran, München 1988.

Rund zwei Millionen Deutsche verloren bei Flucht und Vertreibung ihr Leben. Dazu gehörten auch die Opfer von Rache- und Mordaktionen, an denen Tschechen ebenso beteiligt waren wie Rotarmisten, polnische Milizionäre und jugoslawische Partisanen. Die genaue Zahl dieser Opfer ist nicht zu bestimmen, sie liegt zwischen 100 000 und 250 000. Unter dem schillernden Begriff „Vertreibungsverbrechen" wurde diese Gruppe der Vertreibungsopfer von interessierter Seite dazu benutzt, Verbrechen der Deutschen zu relativieren und sie mit den Verbrechen an Deutschen zu verrechnen. Abgesehen von der ganz unterschiedlichen Größenordnung sind die Ereignisse sowohl in der Ursache wie in der Wirkung nicht vergleichbar mit den Folgen der nationalsozialistischen Rassen- und Bevölkerungspolitik. Bei manchen Vertriebenenfunktionären und Rechtskonservativen wird das Thema aber ausschließlich aus dem Blickwinkel deutschen Leidens behandelt: Mit nationalistischer Wehleidigkeit und anklägerischem Pathos suchen sie den Eindruck zu erwecken, die Ereignisse würden in der deutschen Öffentlichkeit tabuisiert und totgeschwiegen. Das ist, wie ein Blick auf die umfangreiche Literatur seit den 1950er-Jahren ohne weiteres lehrt, falsch, aber wirksam bis zum heutigen Tag.[13]

---

13   Hierzu die 1951 vom Bundesvertriebenenministerium in Auftrag gegebene „Dokumentation der Vertreibung der Deutschen aus Ost-Mittel-Europa", die 1954–1963 in 8 Bänden erschien (Neuaufl. München 1984). Zugrunde lagen dieser Dokumentation Tausende Erlebnisberichte und Interviews, seriös aufgearbeitet von namhaften Wissenschaftlern. Die umfangreiche Literatur zum Komplex Flucht und Vertreibung und die öffentliche Resonanz des Themas geht aus folgenden Zusammenstellungen und Bibliografien hervor: Bundesministerium für Vertriebene, Flüchtlinge und Kriegsgeschädigte (Hrsg.), Zeittafel der Vorgeschichte und des Ablaufs der Vertreibung sowie der Unterbringung und Eingliederung der Vertriebenen und Bibliographie zum Vertriebenenproblem, 2 Bde., Bonn 1959–1960; dass. (Hrsg.), 10 Jahre nach der Vertreibung. Äußerungen des In- und Auslandes und eine Zeittafel, Bonn 1956; Gertrud Krallert-Sattler, Kommentierte Bibliographie zum Flüchtlings- und Vertriebenenproblem in der Bundesrepublik Deutschland, in Österreich und in der Schweiz, München 1989.

Postulat der alliierten Politik war, die Flüchtlinge zu integrieren: Sie durften keine soziale und politische Sonderrolle spielen, sollten in der Bevölkerung der Gastorte aufgehen und keine Irredenta bilden. Deshalb blieben politische Vereinigungen und Parteibildungen von Flüchtlingen bis 1949 – solange Parteien der Lizenzierungspflicht unterlagen – untersagt; überdies mussten die Länder in ihrer Flüchtlingspolitik ausdrücklich die Integration anstreben.

Die Probleme, die der Zustrom der im Osten heimatlos Gewordenen im zerstörten und von den Alliierten besetzten Rest-Deutschland schuf, schienen freilich kaum lösbar. Die Vertriebenen erwarteten Wohnung und Arbeit, Entschädigung für erlittene Verluste und Betreuung in höchster existenzieller Not. Die Einheimischen hatten nicht immer – oder doch nicht auf Anhieb – volles Verständnis für die neuen Mitbürger, die zunächst in Lagern, dann in requirierten Wohnräumen lebten. Zunächst wurden sie als Fremde, als Störende des häuslichen Friedens, als unerwünschte arme Leute mit ungewohnten Sitten und Gebräuchen empfunden. Die Einheimischen ließen die Vertriebenen das Fremdsein spüren. Und die sozialen Probleme waren enorm. Die Vertriebenen suchten Wohnung und Arbeit, Entschädigung für erlittene Verluste und Unterstützung in existenzieller Not. Die Besatzungsbehörden erwarteten die möglichst reibungslose Integration der neuen Bürgerinnen und Bürger. Sie untersagten ihnen deshalb den Zusammenschluss in eigenen politischen Organisationen und veranlassten die zuständigen Länderregierungen zum Erlass von Sozialgesetzen zugunsten der „Flüchtlinge".

Die sozialen und ökonomischen Schwierigkeiten waren von psychologischen Problemen begleitet, die vielfältigen Niederschlag fanden. Ein neuer Beruf war bei der Betreuung der ungebetenen Neubürger entstanden, der „Wohnungseinweiser", der im Auftrag des örtlichen Flüchtlingsamtes als eine Art Gerichtsvollzieher, notfalls unter Polizeischutz, die Flüchtlinge in die beschlagnahmten Quartiere einführte. In einer Dienstanweisung des Flüchtlingsamts Bielefeld aus dem Frühjahr 1947 heißt es einleitend, „der Wohnungseinweiser hat eine schwere, undankbare und verantwortungsvolle Aufgabe. Seine Tätigkeit unterliegt in hohem Maße der Kritik der Öffentlichkeit. Aus diesem Grunde muss er seine Pflicht tun ohne Ansehen der Person nach bestem Wissen und Gewissen. Bei der Ausübung seines Amtes muss er taktvoll, freundlich und unparteiisch vorgehen. Er muss in dieser Zeit der größten Raumnot damit rechnen, dass ihm die Wohnparteien schon bei seinem Erscheinen mit Misstrauen und Unwillen gegenübertreten. Das verpflichtet ihn erst recht, seine Anordnungen ruhig, aber bestimmt und klar zu geben."[14]

Wie unerwünscht die hungernden und frierenden Eindringlinge in der vor dem Bombenkrieg bewahrten Häuslichkeit der Einheimischen waren, wie notwendig sie amtlichen Beistand hatten, steht in einem Bericht, der im Sommer 1946 in Bielefeld von einem Wohnungseinweiser verfasst wurde: „Die Flüchtlinge finden heute oftmals einen fast oder ganz leeren Raum vor. Dass sie auf dem Fußboden schlafen müssen, ihre geringe Habe nirgends unterbringen können, nehmen sie mit Bitternis hin. Aber womit sich kaum jemand abfinden kann ist, dass man ihm nicht einmal das Kochen gestatten will. Gesetzt den Fall, es ist keine Küchenbenutzung vorgesehen, so wäre es dennoch eine moralische Pflicht des Vermieters, den Flüchtling die Zubereitung seiner kärglichen Mahlzeiten in der Küche vornehmen zu lassen, wenigstens solange, bis ein eigener Herd zur Verfügung steht. Was soll der Flüchtling denn tun? Kein Ofen, kein Herd, kein Brennmaterial [...] Der Vermieter sagt dazu: Der Flüchtling verbraucht zu viel Gas und was der Dinge mehr sind."[15]

Der Bericht eines bayerischen Beamten über die Inspektion der Unterbringungsverhältnisse von 600 Flüchtlingen in Neunburg vorm

---

14 Dienstanweisung für die Wohnungseinweiser des Flüchtlingsamts Bielefeld (10. 3. 1947), in: Christoph Kleßmann, Die doppelte Staatsgründung. Deutsche Geschichte 1945–1955, Bonn 1982, S. 359.
15 Probleme der Umquartierung aus Flüchtlingslagern in beschlagnahmte Wohnräume (Auszug aus dem Bericht eines Wohnungseinweisers in Bielefeld 1946), ebenda, S. 358 f.

Wald illustriert das Problem auf drastische Weise. Aus der Kritik am Flüchtlingsgesetz vom Mai 1946 – Hauptzweck dieses Berichts – sprechen Egoismus und Fremdenfeindlichkeit. Die Argumentation, scheinheilig und schlitzohrig zugleich, zielt ganz auf Besitzstandswahrung und die Verteidigung der Interessen der Alteingesessenen. Datiert ist das Dokument vom 28. Juli 1946:

„In den von mir besichtigten Räumen waren Angehörige beiderlei Geschlechts und aller Jahrgänge untergebracht. Erwachsene, Kinder – Jugendliche! (Völlig mit Ungeziefer behaftet.) Persönlichen zuverlässigen Informationen zufolge bedeuten die sittlichen Zustände bei diesen auf solche Weise Untergebrachten nicht nur eine sittliche Zerrüttung der heranwachsenden Flüchtlingsgeneration, vielmehr bedeutet diese Zerrüttung die Erzeugung von Zersetzungszellen der sittlichen Haltung der angestammten Bevölkerung in dem Maße, in dem der § 6 des Flüchtlingsgesetzes vom 20. Mai 1946 über die Forderung des organischen Aufgehens der Flüchtlinge im bayerischen Volk zur Durchführung gelangt. Insbesondere wird unter Beweis gestellt, dass die Jugend der angestammten Bevölkerung unverzüglich von dieser sittlichen Zerrüttung infiziert wird, wenn eine soziologische Verschmelzung mit der Flüchtlingsjugend gemäß dem vorgenannten Gesetz und Paragraphen vollzogen wird. Dies zum § 6. [...] Während in diesen Lagern die Flüchtlinge sich ohne Arbeit befinden, besteht ernste Gefahr für die Sicherung der landwirtschaftlichen Erzeugung wegen Mangel an Arbeitskräften. Die Erfüllung des christlichen Gebotes und die Verantwortung, die sich für uns daraus ergibt, verpflichtet uns sofort von der sich hier aufzeigenden Möglichkeit einer Lösung Gebrauch zu machen und die Flüchtlinge einem Berufe zuzuführen, der sie aus dieser entwürdigenden Atmosphäre, in der sie sich befinden, in eine würdige Arbeit innerhalb Gottes freier Natur führt. Hiermit findet das christliche und soziale Gebot seine Erfüllung mit der Belohnung einer volkswirtschaftlichen Erfolgssicherung. Dieser dringend notwendigen Sofortmaßnahme steht jedoch der § 8 des Flüchtlingsgesetzes entgegen. Dieser besagt: „Bei dem Arbeits- und

Berufseinsatz ist die bisherige Tätigkeit und die Berufsausbildung nach Möglichkeit zu berücksichtigen. Unter gleichwertigen einheimischen und zugewanderten Bewerbern ist die Frage der größeren Bedürftigkeit entscheidend. Dies bedeutet ein Interventionsrecht der Flüchtlinge gegen Maßnahmen, die im Sinne ihrer geistigen, seelischen, sittlichen und körperlichen Wohlfahrt getroffen werden müssen. Die größere Bedürftigkeit wird stets der Flüchtlingskommissar zu Gunsten seiner Betreuten feststellen. Dies bedeutet nach einer kommenden Währungsbereinigung, die zwangsläufig durch eine Verknappung der Zahlungsmittel ein noch nicht zu übersehendes Anwachsen der Arbeitslosenziffer ergibt, dass die angestammten Einwohner des Landes zum arbeitslosen Ruhen verurteilt sind und diese dem äußersten sozialen Notstand preisgegeben sind, während der Flüchtling insbesondere in Anwendung der Maßnahmen § 8 Absatz 3 sich in Arbeit und Brot befindet. [...] Dieses Gesetz [dient] der Entrechtung der angestammten Bevölkerung zu Gunsten der Flüchtlinge. Dieses Gesetz bedeutet die Legalisierung der grundsätzlichen wirtschaftlichen Bevorrechtigung der Flüchtlinge gegenüber der angestammten Bevölkerung. Somit haben die Volksvertreter der angestammten Einwohner des Landes deren soziologischen, sittlichen und wirtschaftlichen Selbstmord beschlossen. Erscheint hier nicht die Maske der gewaltigen und gefährlichen Konzeption jener östlichen Ideologie in einmaliger Klarheit?!"[16]

Für die „Neubürger" mussten nicht nur dringend Wohnungen, sondern auch Arbeitsplätze geschaffen werden. Wenn es, rein statistisch gesehen, auch gelang, einen erheblichen Teil der Flüchtlinge in ihren Berufssparten unterzubringen, so bedeutete das für viele doch

16 Kurzbericht zur Lage der Flüchtlinge und Einheimischen, Bay. Hauptstaatsarchiv MArb, vorl. Nr. 333, zit. nach Friedrich Prinz, Integration und Neubeginn. Dokumentation über die Leistung des Freistaates Bayern und des Bundes zur Eingliederung der Wirtschaftsbetriebe der Vertriebenen und Flüchtlinge und deren Beitrag zur wirtschaftlichen Entwicklung des Landes (im Auftrag des Bay. Staatsministeriums für Arbeit und Sozialordnung), Bd. 2, München 1984, S. 889–891.

sozialen Abstieg und Beschäftigung in minderer Position als in der Heimat; so war die Zahl der Arbeiter etwa 1950 unter den Heimatvertriebenen überproportional größer als bei den Einheimischen. Die Währungsreform im Juni 1948 brachte für die Flüchtlinge besondere soziale Probleme; denn der Geldschnitt begünstigte die Sachwertbesitzer – das waren die Einheimischen – und enteignete die Besitzer ersparten und geretteten Geldes. Ein Soforthilfegesetz sollte die ärgsten Härten lindern, bis 1952 mit der Lastenausgleichsgesetzgebung die wirtschaftliche Integration der Heimatvertriebenen begann. Insgesamt wurden mehr als 114 Milliarden DM zur Entschädigung bzw. gerechteren Verteilung der Verluste aus Krieg, Vertreibung und Währungsreform aufgebracht. Ende der 1960er-Jahre war eines der größten Nachkriegswunder, die Integration der Vertriebenen in der Bundesrepublik – nicht anders der Befund in der DDR –, Realität geworden.

Indiz dafür, wie weit gehend die Eingliederung der Vertriebenen in der neuen Heimat gelang, ist der Bedeutungsverlust, den die Interessenverbände und die westdeutsche Flüchtlingspartei „Block der Heimatvertriebenen und Entrechteten" (BHE) erlitten. Der BHE, in Bund und Ländern in der ersten Hälfte der 1950er-Jahre begehrter Koalitionspartner mit beachtlichen Wählerzahlen, verschwand Anfang der 1970er-Jahre ganz von der politischen Bildfläche; da der BHE stets eine Interessenpartei gewesen war, ist sein Erlöschen auch ein Zeichen dafür, dass die Gruppenidentität seiner Wähler nicht mehr existent war: Die Flüchtlinge waren heimisch geworden.[17] Das war, als im August 1950 „im Bewußtsein ihrer Verantwortung vor Gott und den Menschen" die Sprecher der Landsmannschaften und die Spitzen der Vertriebenenverbände die „Charta der deutschen Heimatvertriebenen" formulierten, noch nicht absehbar gewesen. In der Stuttgarter Kundgebung, bei der die Charta unter feierlichem Verzicht auf Rache und Vergeltung verkündet wurde, war auch das „Recht

---

17 Franz Neumann, Der Block der Heimatvertriebenen und Entrechteten 1950–1960. Ein Beitrag zur Geschichte und Struktur einer politischen Interessenpartei, Meisenheim 1968.

auf die Heimat als eines der von Gott geschenkten Grundrechte der Menschheit" postuliert worden.[18] Die Formulierung konnte als Revanchebedürfnis missverstanden werden, und bis zum Schlesiertreffen des Jahres 1985 haben Politiker, deren Berufung ausschließlich in der Beschwörung der Vertreibung zu liegen schien, für die Tradierung solchen Missverstehens gesorgt.

Das Problem der deutschen Erinnerung an Flucht und Vertreibung soll mit einer aktuellen Erfahrung exemplifiziert werden. Nach einer Bemerkung über die Rolle der von Hitler instrumentalisierten Sudetendeutschen Partei Henleins bei der Zerschlagung der Tschechoslowakei 1938/39, die im Februar 2002 u. a. in der Süddeutschen Zeitung gedruckt wurde, erhielt ich zahlreiche empörte Zuschriften aus dem Publikum. Sie wiesen etwa darauf hin, dass die Tschechen 1918 Österreich-Ungarn zerschlagen hätten, dass sie im ganzen 19. Jahrhundert eine böse Rolle gespielt hätten, dass die Sudetendeutschen 1938 allen Grund gehabt hätten, „den Einmarsch der deutschen Wehrmacht als Befreiung von Schikanen, Demütigung und Unterdrückung" zu bejubeln. Weiterhin wurde ich belehrt: „Dass der extreme Nationalismus der Tschechen bis heute nicht überwunden ist, geht aus den jüngsten Äußerungen von Ministerpräsident Zemann zur Sudetendeutschen Frage ebenso hervor wie aus der Tatsache, dass noch immer fast dreiviertel aller Tschechen die völkerrechtswidrige Vertreibung von 3,2 Millionen Sudetendeutschen und die Amnestierung der an ihnen begangenen schweren Verbrechen durch die berüchtigten Benesch-Dekrete als rechtens empfinden. Keine guten Voraussetzungen für eine Aufnahme Tschechiens in die europäische Union." In einem anderen Leserbrief heißt es: „Ich erinnere mich, wie meine Großeltern aus ihrem 400 Jahre alten Bauernhof vertrieben wurden – aus einem Dorf, in dem nie ein Tscheche gelebt hatte. Ich erinnere mich an den Todesmarsch von Brünn, als 26 000 Deutsche, fast nur

---

18 Charta der deutschen Heimatvertriebenen, 5. August 1950, Wortlaut in 19 Sprachen, hrsg. vom Bundesministerium für Vertriebene, Bonn o. J.

Frauen, Kinder und alte Menschen, aus der Stadt getrieben wurden, um den 80 Kilometer langen Marsch nach Österreich anzutreten, bespuckt, verhöhnt, beschimpft, geprügelt von den Tschechen am Straßenrand."

Von den Leiden während deutscher Besetzung, von Lidice, von Ležáky, ist in den Erinnerungen der Seite, die nur deutsche Leiden beklagt, nicht die Rede. Im kollektiven Gedächtnis derer, die den Ungeist der Beneš-Dekrete beschwören, ist die nationalsozialistische Besatzungsherrschaft im Protektorat Böhmen und Mähren ausgeblendet, das Unrecht, das bei der Vertreibung der Deutschen geschah, ist im tschechischen Bewusstsein anders konnotiert als im deutschen. Deshalb muss zuerst an die historischen Fakten erinnert werden, an deutsche Okkupation in Böhmen und Mähren, in Polen und anderen Territorien.

Das System nationalsozialistischer Herrschaft bestand aus einer von deutschen Befehlen abhängigen tschechischen Protektoratsregierung unter einem deutschen Reichsprotektor. Das war der ehemalige Außenminister Konstantin von Neurath, flankiert vom Staatssekretär Karl Hermann Frank, der zugleich Höherer SS- und Polizeiführer für das Protektorat war. Das Gespann aus den Diplomaten von repräsentativer Distinktion und dem brutalen tschechenhassenden SS-Offizier als Exekutive im Range eines Staatssekretärs agierte mit präventiver Gewalt gegen potenziellen Widerstand. Im März 1939 richtete sich die „Aktion Gitter" gegen Kommunisten, Sozialdemokraten und andere Antifaschisten, von den über 6000 Verhafteten blieb ein Viertel dauerhaft in Konzentrationslagern. Ende August 1939 wurden in einer anderen Aktion (unter den Decknamen „Albrecht I.") rund 2000 Persönlichkeiten der tschechischen Intelligenz aus allen Bereichen der Wirtschaft und Kultur als Geiseln erst in das KZ Dachau und dann nach Buchenwald verschleppt. Nach tschechischen Massendemonstrationen wurden als Vergeltung am 17. November 1939 Studentenheime besetzt, 1200 Studenten wurden in das KZ Sachsenhausen deportiert, 9 Studentenführer wurden erschossen, alle Hochschulen wurden – laut Ankündigung auf drei Jahre, nach deutscher Intention für immer – geschlossen.

Die Maßnahmen der Besatzungsmacht hatten eine Radikalisierung des Widerstands im „Protektorat" zur Folge. Karl Hermann Frank und Konstantin von Neurath riefen in Berlin um Hilfe. Diese wurde entsandt in Gestalt des Chefs des Reichssicherheitshauptamtes, SS-Obergruppenführer Reinhard Heydrich, der als stellvertretender Reichsprotektor ab 27. September 1941 den starken Mann in Prag demonstrierte. Heydrich beabsichtigte, jede Widerstandsregung und jeden Widerstandswillen durch Terror zu unterdrücken: „Wir werden die Leute nicht gewinnen – das wollen wir nicht und es wird uns auch nicht gelingen. – Wir werden nur praktisch ganz klar durch Propaganda und Maßnahmen usw. allen klarmachen müssen, dass es real für den Tschechen das günstigste ist, wenn er im Augenblick viel arbeitet [...] die Hauptsache ist, dass er ruhig ist, denn wir brauchen diese Ruhe und Stille für die endgültige Vereinnahmung dieses Raumes."[19] Vollzogen wurde die *Pax Germanica* durch Verhaftungen von vielen Tausenden, durch Hunderte von Standgerichtsurteilen und, gleich zu Beginn der Herrschaft Heydrichs, durch einen Prozess, in dem der tschechische Premierminister Alois Elias zum Tod verurteilt wurde. Terror wurde als omnipräsentes Machtmittel eingesetzt und verstärkte den tschechischen Widerstand. Am 27. Mai 1942 fiel Heydrich einem Attentat zum Opfer.

Nicht mehr präventiv, sondern als Repressalie wurde darauf hin der Terror gegen die tschechische Bevölkerung ausgeweitet, als Prinzip von Besatzungsherrschaft, ausgeübt durch Zivilverwaltung mit Hilfe der SS. Das Vorgehen gegen die tschechische Bevölkerung wiederholte sich in Polen. Das Kriegsrecht und in noch viel höherem Maße die Methoden deutscher Kriegsführung boten zusätzliche Möglichkeiten und Argumente für präventive und repressive Maßnahmen,

19 Ansprache Heydrichs an die leitenden Persönlichkeiten der Okkupationsbehörden über die Ziele der nationalsozialistischen Protektoratspolitik, 2. Oktober 1941, in: Miroslav Kárný/Jaroslava Milotová/Margita Kárná (Hrsg.), Deutsche Politik im „Protektorat Böhmen und Mähren" unter Reinhard Heydrich 1941–1942. Eine Dokumentation, Berlin 1997, S. 117 f.

die als „Vergeltung" deklariert waren, als „Aktionen" bezeichnet wurden und meist Massaker gegen Unschuldige waren.

In Böhmen wurde auf höchsten Befehl ein Exempel statuiert, das Maßstäbe setzte. Am 9. Juni 1942 hatte man Reinhard Heydrich, der als stellvertretender Reichsprotektor in Prag Opfer eines Attentats geworden war, in Berlin prunkvoll beerdigt. Auf eine vage Verdächtigung hin, dass eine Spur zu den Attentätern (von denen die Gestapo nur wusste, dass es tschechische Fallschirmspringer waren) ins tschechische Bergarbeiterdorf Lidice bei Kladno führe, befahl Hitler, alle erwachsenen Männer in Lidice zu erschießen, die Frauen ins Konzentrationslager einzuweisen, die Kinder, soweit „eindeutschungsfähig", in SS-Familien ins Reich zu vermitteln und die Ortschaft dem Erdboden gleichzumachen. 199 Männer wurden erschossen, 184 Frauen kamen ins KZ Ravensbrück (52 starben dort), 80 Kinder, die nicht „eindeutschungsfähig" schienen, wurden in den Gaskammern von Chelmno ermordet. Die unglücklichen Einwohner von Lidice hatten mit dem Attentat auf Heydrich nichts zu schaffen, das Dorf war für die Repressalie auf unbestätigten Verdacht hin ausgewählt worden, um Hitler zu beruhigen. Die Beweise, Waffen und ein Funkgerät, hatte die Gestapo mitgebracht und in der Mühle von Lidice versteckt.

Im Gegensatz zu Lidice hatte sich im ostböhmischen Dorf Ležáky tatsächlich ein tschechischer Fallschirmspringer, der ein Funkgerät besaß, verborgen. Am 24. Juni 1942 wurde das Dorf überfallartig von Gestapo und einer SS-Einheit besetzt. Die Einwohner wurden ins Gefängnis Pardubitz verschleppt, 34 sind sofort erschossen worden, unter ihnen 18 Frauen. Nur zwei von dreizehn Kindern überlebten. Das Dorf wurde erst geplündert und dann dem Erdboden gleichgemacht wie Lidice (das ist wörtlich zu verstehen, dort hatten die Deutschen sogar den Dorfteich zugeschüttet).[20] Mit Lidice und Ležáky

---

20 Miroslav Kárný, „Heydrichiaden". Widerstand und Terror im „Protektorat Böhmen und Mähren", in: Loukia Droulia/Hagen Fleischer (Hrsg.), Von Lidice bis Kalavryta. Widerstand und Besatzungsterror. Studien zur Repressalienpraxis im Zweiten Weltkrieg, Berlin 1999, S. 59 f.

gab es Muster für die Repressalienpolitik, an denen sich in allen Territorien unter deutscher Besatzung die Befehlshaber orientieren konnten.

Das sind historische Tatsachen, die ins tschechische Gedächtnis tief eingegraben sind, die im deutschen kollektiven Bewusstsein aber keine Rolle spielen. Das Problem der Erinnerung besteht vor allem darin, dass erlittenes Leid in der individuellen Erinnerung als Eigenes dominiert. Die von den meisten Vertriebenen *individuell unschuldig* erlittene Verfolgung, Diskriminierung ist für sie das entscheidende Ereignis, ist die Messgröße für historisches Geschehen.

Beschädigung oder Missachtung der individuellen Erinnerung kann und darf nicht Aufgabe des Historikers sein, wenn er auf den Kontext, auf Ursachen und Motive der Entwicklung verweist, aber es ist notwendig, individuelles Erinnern und kollektives Gedächtnis in Bezug zu setzen, und zwar sowohl auf nationaler wie auf bi- oder trinationaler Ebene. Einfacher ausgedrückt: Man muss die Frustrationen, Traumatisierungen, Ängste der anderen Seite verstehen lernen, ohne Schuldzuweisung, ohne Aufrechnungsabsicht. Denn nur aus den Erinnerungen jeweils beider Seiten, aus ihrer gegenseitigen Wahrnehmung kann ein gemeinsames Geschichtsbild entstehen, das realistisch ist und Frieden stiftet.

EVA HAHN · HANS HENNING HAHN

Die sudetendeutsche völkische Tradition:
Ein tschechisches Trauma des 20. Jahrhunderts

„*Konkret stellt sich die Sudetenfrage Mitte der 80-er Jahre wie folgt dar: Die etwa 3,8 Millionen Sudetendeutschen (davon rund 2,7 Millionen in der Bundesrepublik Deutschland) haben das Recht und erheben den Anspruch, das Sudetengebiet als ihr Heimatland tatsächlich zu besitzen. Sie wollen aufgrund ihres Heimatrechtes friedlich in das Sudetengebiet zurückkehren und ihre zukünftige politische Stellung und Zugehörigkeit aufgrund ihres Selbstbestimmungsrechtes selbst bestimmen.*"[1]

Unmittelbar nach dem Sturz der kommunistischen Diktatur in der Tschechoslowakei, am 23. Februar 1990, veröffentlichten die politischen Repräsentanten der sudetendeutschen Volksgruppe, d. h. der Bundesvorstand der Sudetendeutschen Landsmannschaft und das Präsidium des Sudetendeutschen Rates, eine Erklärung, in der sie ihren „aufrichtigen Wunsch, mit der Lösung der Sudetenfrage einen Beitrag zum Frieden unter den Völkern zu leisten", beteuerten. Dabei wandten sie sich auch an die tschechische Nation: „Die Sudetendeutschen appellieren heute – 70 Jahre nach dem Abschluß des Vertrags von St. Germain – an das tschechische Volk, auch aus der Vergangenheit zu lernen und mit ihnen neue Wege der Zusammenarbeit zu

---

1   Die sudetendeutsche Frage. Kurzdarstellung und Dokumentation, hrsg. vom Sudetendeutschen Rat, 3. Aufl., München 1984, S. 3 (Nachdruck in: Fritz Peter Habel, Dokumente zur Sudetenfrage. Unerledigte Geschichte, München 2003, S. 862 f.).

gehen."² Die Sudetendeutschen seien zur „Aussöhnung und Wiederbegegnung mit den Nachbarvölkern ihres Heimatraumes auf der Basis des Rechtes" bereit, zu dem neben „den Grundsätzen des Völkerrechtes, der Menschen- und Freiheitsrechte" auch ein „neuentwickeltes Volksgruppenrecht" gehören solle. „Eine zukünftige Lösung der sudetendeutschen Frage gründet auf dem Recht auf die Heimat und dem Selbstbestimmungsrecht", erklärten die führenden sudetendeutschen Politiker und fügten erläuternd hinzu: „Die Feststellung, wonach die Bundesrepublik Deutschland keine territorialen Forderungen an die Tschechoslowakei erhebt, schließt das Heimat- und Selbstbestimmungsrecht der Sudetendeutschen nicht aus."

Diese Haltung entsprach den immer wieder bekräftigten Zielvorstellungen jener 105 sudetendeutschen Organisationen, die sich auf dem „Sudetendeutschen Kongress" in Regensburg 1987 zur Sudetendeutschen Landsmannschaft als der „legitimen, demokratisch gewählten Vertretung der Sudetendeutschen" bekannt hatten und deshalb von den beiden soeben genannten Gremien repräsentiert werden.[3] Auch die drei bekanntesten unter ihnen, die katholische Ackermann-Gemeinde, die sozialdemokratische Seliger-Gemeinde und der deutschnationale Witikobund gehörten dazu. Die gemeinsame Erklärung aus dem Jahre 1990 weist uns auf ein in Deutschland häufig anzutreffendes Missverständnis hin: Wenn sudetendeutsche Politiker ihren Wunsch nach Versöhnung mit der tschechischen Nation zum Ausdruck bringen, denken viele ihrer Zuhörer an das in Folge von Flucht und Vertreibung der Deutschen aus der Tschechoslowakei am Ende des Zweiten Weltkrieges erlittene persönliche Leid einzelner unschul-

---

2   Sudetendeutsche Zeitung, 13. 4. 1990.
3   1. Sudetendeutscher Kongress vom 16.–18. Oktober 1987 in Regensburg. Einheit in der Vielfalt. Dokumentation, hrsg. v. Sudetendeutsche Landsmannschaft, München 1988, S. 113 f. Die Sudetendeutsche Zeitung v. 23. 10. 1987 gab die Zahl der beteiligten Organisationen mit 120 an; die Angaben über die Zahl der anwesenden Kongressteilnehmer, die die zitierte Erklärung unterzeichnet haben sollen, schwanken zwischen 250 und 350.

diger Menschen. Die in Deutschland gängige Vorstellung, dass es sich bei den deutsch-tschechischen Debatten um eine unterschiedliche Sicht auf die tschechoslowakische Nachkriegsgeschichte handele und das Hauptproblem die Hartherzigkeit vieler Tschechen angesichts der damaligen leidvollen Erfahrungen vieler Deutscher bilde, ist jedoch falsch.

Die sudetendeutschen Organisationen, ihre Geschichte, ihre politischen Auseinandersetzungen und ihre Zielvorstellungen gehören nicht zu den Lieblingsthemen deutscher Medien. Die von deutschen Journalisten verwendeten Bilder schwanken zwischen zwei Mythen: dem Bild der Vertriebenenorganisationen als den mitleidvollen Repräsentanten von Millionen unschuldiger Opfer brutaler Gewalt einerseits, und dem Bild von verbitterten und unversöhnlichen Vertriebenenpolitikern andererseits, als ob persönliche Betroffenheit im Normalfall zu seelischer Härte und politischer Verblendung führe. Sudetendeutsche Politiker selbst vermissen Sympathie und Unterstützung für ihr Anliegen in der deutschen Öffentlichkeit. „Das Unverständnis, mit dem man in der deutschen Bevölkerung den Forderungen der Sudetendeutschen begegne, habe in der materialistischen Denkweise der Gesellschaft seinen Grund, der gegenüber die Wertegemeinschaft in den Hintergrund trete", berichtete etwa 1999 die *Sudetendeutsche Zeitung* über die Klagen des Vorsitzenden des Sudetendeutschen Heimatrates Franz Longin. Dabei wies Letzterer aber auch auf die seiner Meinung nach mangelhaften historischen Kenntnisse seiner Mitbürger hin: „Die Sudetendeutschen lehnten es als unhistorische Unverschämtheit ab, wenn ihnen ständig die Verantwortung für Hitler und die Zerschlagung der ČSR in die Schuhe geschoben werde: ‚Wer', so fragte Franz Longin, ‚hat denn 1933 Hitler an die Macht gebracht? Gewiß nicht die Sudetendeutschen!'"[4] Offensichtlich haben die sudetendeutschen Politiker sich bisher nicht nur in Tschechien, sondern auch in Deutschland mit ihrer Umwelt nicht richtig zu verständigen vermocht.

4 Sudetendeutsche Zeitung, 26. 3. 1999.

Als der Präsident der 1989 von der kommunistischen Diktatur befreiten Tschechoslowakei, Václav Havel, wiederholt den Umgang mit den Deutschen in seinem Land am Ende des Zweiten Weltkriegs und deren Aussiedlung verurteilte, zeigte sich die Kluft in der deutschen Öffentlichkeit deutlich. Viele Deutsche waren von Havels einfühlsamen Äußerungen angetan, viele sudetendeutsche Politiker aber unzufrieden: „Dem größten Teil der deutschen Öffentlichkeit genügt diese Position offenbar", so war in nörgelndem Ton zu lesen, „um Havel nicht nur wegen seiner Verdienste um die Demokratie, sondern auch wegen seiner Haltung zur sudetendeutschen Frage als moralisches Vorbild anzusehen." Havel habe jedoch „immer eine Festlegung zugunsten eines Ausgleichs mit den Sudetendeutschen vermieden und deren Vertreibung nie eindeutig als völkerrechtswidrig bezeichnet",[5] kritisierten viele Sudetendeutsche, die Havels Haltung, „daß die Vertreibung zwar unmoralisch war, daß dies aber keinerlei praktische Folgen haben soll", für unzureichend halten.

Selbst Antje Vollmer, die sich seit Mitte der 1990er-Jahre der deutsch-tschechischen Schwierigkeiten intensiver als irgendein deutscher Politiker angenommen hat, scheint ratlos zu sein. Auch sie frage sich, gab die Politikerin nach jahrelangen Bemühungen im Jahre 2000 zu, was die Sudetendeutschen und ihre „Schirmherren"[6] in der CSU eigentlich wollten: „Immer, wenn wir einen Punkt gefunden haben, wenn wir einen solchen Schritt gemacht haben, heißt es aber immer wieder: Nein, wir haben noch etwas zu diskutieren. Diese bayerische Politik und die Forderungen der Sudetendeutschen bewirken, dass die Tschechische Republik in ständiger Angst lebt [...]. Sie sollten endlich einmal sagen, wann Schluss ist."[7] In ihrer Rede vom 9. Juni 2000

5 Mitteilungsblatt der Sudetendeutschen Landsmannschaft, Folge 4/97, S. 101.
6 Der Begriff geht auf die Erklärung der bayerischen Staatsregierung von 1954 zurück, mit der der Freistaat Bayern die „Schirmherrschaft über die sudetendeutsche Volksgruppe" übernahm, vgl. Rudolf Ohlbaum, Bayerns vierter Stamm – die Sudetendeutschen. Herkunft, Neubeginn, Persönlichkeiten, München 1980, S. 44.
7 Sudetendeutsche Zeitung, 11. 8. 2000.

erzählte die Vizepräsidentin des Deutschen Bundestags eine überraschende Geschichte. Während einer informellen Begegnung einer „ganz hochkarätigen Gruppe" deutscher und tschechischer Politiker inklusive beider Staatsoberhäupter „im Hause eines sehr bedeutenden Gütersloher Wirtschaftsmenschen" wurden die anwesenden sudetendeutschen Politiker Mitte der 1990er-Jahre gefragt: Was wollt ihr Sudetendeutschen? „Alles, was damals in diesem – übrigens sehr bewegenden – Gespräch besprochen worden ist, ist in der Deutsch-Tschechischen Erklärung [von 1997] enthalten. Weil wir und alle Beteiligten das wissen, darf man – so finde ich – am Ende, wenn man alles bekommen hat, was man damals gefordert hat, nicht sagen: Jetzt bleiben aber noch entscheidende Fragen offen. So kommt man nie zu einem friedlichen, wirklich offenen Zukunftsverhältnis mit den Nachbarn."[8]

Während Antje Vollmer an das „Zukunftsverhältnis mit den Nachbarn" denkt, müssen sudetendeutsche Politiker an anderes denken, sonst würden sie nicht gewissenhaft jene Aufgaben erfüllen, denen nachzugehen sie aufgrund der Satzung ihrer Landsmannschaft verpflichtet sind. Dafür werden sie als die politische Repräsentation der eigenständigen sudetendeutschen Volksgruppe in der Bundesrepublik anerkannt, aus deutschen Steuergeldern finanziell und von zahlreichen deutschen Politikern aller couleurs politisch unterstützt. In der Satzung der Sudetendeutschen Landsmannschaft wurden sieben Ziele festgeschrieben, von denen drei die deutsche Innenpolitik betreffen und drei (die sog. heimatpolitischen Zielsetzungen) an die Tschechische Republik gerichtet sind; an letzter Stelle wird auf die „partnerschaftlichen Beziehungen zwischen Deutschen und Tschechen" Bezug genommen. Jene drei Punkte, die die deutsch-tschechischen Beziehungen belasten, legen der Landsmannschaft die folgenden Aufgaben auf:

---

8 Zit. nach ebenda.

– an einer gerechten Völker- und Staatenordnung mitzuwirken, in der Vertreibungen, Völkermord oder „ethnische Säuberungen" und Diskriminierungen weltweit gebannt und insbesondere das Recht auf die Heimat, das Volksgruppenrecht und das Selbstbestimmungsrecht für alle Völker bzw. Volksgruppen garantiert sind;
– den Rechtsanspruch auf die Heimat, deren Wiedergewinnung und das damit verbundene Selbstbestimmungsrecht der Volksgruppe durchzusetzen;
– das Recht auf Rückgabe bzw. gleichwertigen Ersatz oder Entschädigung des konfiszierten Eigentums der Sudetendeutschen zu wahren.[9]

Diese drei brisanten politischen Forderungen werden zwar in der deutschen Öffentlichkeit kaum, dafür aber in Tschechien umso aufmerksamer gehört. Dort kommt noch eine weitere belastende Dimension hinzu: Die kulturhistorische Kontinuität, in der diese Forderungen verankert sind, hat schon vor dem Zweiten Weltkrieg im tschechischen kollektiven Gedächtnis ungute Erinnerungen zurückgelassen und ist inzwischen zum chronischen tschechischen Trauma des 20. Jahrhunderts geworden. Die Begriffe „Heimat", „Selbstbestimmung", „sudetendeutsche Volksgruppe" oder die Rufe nach einer neuen europäischen Völkerordnung gehörten schon in der Zwischenkriegszeit zum rhetorischen Kanon jener sudetendeutschen völkischen Bewegung, die 1933 in Konrad Henlein (1898–1945) und 1938 in Adolf Hitler ihre Führer fand. Die Tatsache, dass sich die Sudetendeutsche Landsmannschaft bis heute der Rhetorik, Symbolik[10] sowie

9   Satzung der Sudetendeutschen Landsmannschaft, Bundesverband e. V. (Neufassung lt. Beschluss der XII. Bundesversammlung, 4. Tagung am 1. Dezember 2002), in: Handbuch für Amtsträger der Sudetendeutschen Landsmannschaft 1/ 2003, S. 1.
10 Tobias Weger, „Tracht" und „Uniform", Fahne und Wappen. Konstruktion und Tradition sudetendeutscher Symbolik nach 1945, in: Zur Ikonographie des Heimwehs. Erinnerungskultur von Heimatvertriebenen, hrsg. v. Elisabeth Fendl, Freiburg 2002, S. 101–125.

der Geschichtsbilder[11] aus dieser Tradition[12] bedient, bildet neben den an die Adresse Tschechiens erhobenen politischen Forderungen den wichtigsten Grund, warum die sudetendeutschen Politiker in Tschechien auf großes Misstrauen stoßen.

Was wollen die sudetendeutschen Politiker?

Sudetendeutschen Politikern liegt weit mehr am Herzen als die Erinnerung an die Flucht und Vertreibung. Sie möchten *das Sudetengebiet als ihr Heimatland tatsächlich besitzen*, wie es im Motto eines Essays heißt und einer populären Broschüre des Sudetendeutschen Rates entnommen wurde. Sie sagen es nicht oft so offen und klar in der Öffentlichkeit, aber es besteht kein Zweifel, dass sich sudetendeutsche Politiker keineswegs nur für die Folgen des Zweiten Weltkrieges zuständig fühlen. „Um die Vorgänge des Jahres 1945 in das richtige Licht zu setzen, ist es notwendig, auf das Jahr 1938 und von diesem wiederum auf die Zeit um 1918 zurückzugehen", heißt es in der Einleitung zur ersten Dokumentation der „Austreibung der Sudetendeutschen", die 1951 von der Arbeitsgemeinschaft zur Wahrung sudeten-

---

11 Dazu ausführlich Eva Hahnová/Hans Henning Hahn, Sudetoněmecká vzpomínání a zapomínání [Sudetendeutsches Erinnern und Vergessen], Praha 2002. Nach der Fertigstellung unseres Aufsatzes wurde an der Carl von Ossietky Universität die folgende, bisher umfassendste Studie zu diesem Thema eingereicht: Tobias Weger, Sudetendeutsche Organisationen in der Nachkriegszeit, Diss., Oldenburg 2004.
12 Die sudetendeutsche völkische Tradition bildete sich seit dem späten 19. und frühen 20. Jahrhundert als ein Bestandteil der großdeutschnationalen Bewegung der Habsburgermonarchie heraus (der Begriff „sudetendeutsch" als eine Sammelbezeichnung für die deutschsprachige Bevölkerung der Böhmischen Länder wurde erst nach 1900 erfunden und nach dem Ersten Weltkrieg populär). In der Zwischenkriegszeit wurde diese kulturhistorische Tradition von der rasch sich verbreitenden völkischen Bewegung, die in Opposition zur Tschechoslowakischen Republik den 1938 von Adolf Hitler verwirklichten Anschluss der tschechoslowakischen Grenzgebiete an das Großdeutsche Reich anstrebte, weitergeführt.

deutscher Interessen herausgegeben wurde und bis heute zu den Standardwerken der deutschen historischen Literatur zur Vertreibung zählt.[13] Im Jahre 1965 wurde derselbe Gedanke in einem *Kommuniqué* der Ackermann Gemeinde so zum Ausdruck gebracht: „Die Sudetenfrage entstand durch die Mißachtung und Verletzung des Selbstbestimmungsrechtes nach dem 1. Weltkrieg."[14] In diesem Sinne äußern sich sudetendeutsche Politiker bis heute über das durch die tschechische Nation wiedergutzumachende, schon nach dem Ersten Weltkrieg von der sudetendeutschen Volksgruppe kollektiv erlittene Unrecht: „Das Unrecht begann 1918/19."[15]

Individuelle Erinnerungen an die im Zuge des Zweiten Weltkriegs erlebten Leidensgeschichten vieler Deutscher gehörten nie zu den Lieblingsthemen führender sudetendeutscher Politiker. Die Sudetendeutsche Landsmannschaft ist kein caritativer Zufluchtspunkt für die Überlebenden der Vertreibung und ihre persönlichen Erinnerungen. Sie ist auch kein historischer Verein, wie die Fernsehbilder von Trachtenfrauen anzudeuten scheinen, die die Berichterstattung über die Pfingstversammlungen der Sudetendeutschen Landsmannschaft traditionell begleiten. „Alle kulturelle, wirtschaftliche und soziale Arbeit der Landsmannschaft in vollen Ehren – aber allein mit der Pflege einer Tradition werden wir den Deutschen Osten nicht aus den Ketten befreien, an die er heute geschmiedet ist."[16] So räsonierte 1959 einer der damals führenden sudetendeutschen Politiker, Walter Brand (1907–1980),[17] und

13 Dokumente zur Austreibung der Sudetendeutschen, hrsg. von der Arbeitsgemeinschaft zur Wahrung sudetendeutscher Interessen. Einl. und bearb. v. Wilhelm Turnwald, München 1951, S. X.
14 Politisch-kulturelle Beiträge zur Sudetenfrage, München 1965, S. 61 (= Schriftenreihe der Ackermann-Gemeinde, 20).
15 Sudetendeutsche Zeitung, 14. 3. 2003.
16 Walter Brand, Zehn Jahre Witiko-Bund. Rückblick auf die Tätigkeit und Ausblick auf die Aufgaben, Frankfurt a. M. 1959, S. 15 (= Marbacher Vorträge 1958).
17 Walter Brand gehörte zu den führenden sudetendeutschen Ideologen und Politikern sowohl vor wie auch nach dem Zweiten Weltkrieg. Während seiner Studienzeit in Wien trat er 1931 der NSDAP bei, war er ein enger persön-

distanzierte sich gleichzeitig von den Rückkehrträumen mancher seiner Kollegen. Er hielt nicht viel von den „Rucksackpolitikern" oder „Rückkehraposteln", weil es in seinen Augen um mehr als die Rückkehr gehen müsse. Nach Brands Zielvorstellungen komme es vor allem darauf an, „unseren Rechtsanspruch auf die uns geraubten Gebiete unabhängig vom zeitlichen Ablauf so fest zu verankern, dass er so lange in Geltung bleiben könne, bis eine mit unserem Einverständnis getroffene Lösung gefunden werden kann".[18]

Walter Brand sah ein, dass eine von ihm avisierte Lösung unter den gegebenen Bedingungen nicht zu erreichen sei. Deshalb schwebte ihm die Vision eines „neuen Europa" als „einer staatlichen Gemeinschaft freier Völker" vor, „womit der Gedanke des Volkstumes an Stelle der westlichen Formalbegriffe der ‚Nation' und des ‚Staates' als eines tragenden Faktors des politischen Geschehens in die Auseinandersetzung um unsere Heimatpolitik eingeführt wurde".[19] Der als „Europaminister des Bundes der Vertriebenen" bekannte sudetendeutsche Politiker Rudolf Wollner (1923–2002) schlug 1969 sogar die Abkehr von einer Vertriebenenpolitik im gängigen Sinne des Wortes vor: „Wir müssen langsam aufhören, daß wir als Vertriebenen-Politiker in Vertriebenen-Kundgebungen zu Vertriebenen-Problemen sprechen." Anstatt dessen propagierte er das Schlagwort „Europa – unser Ziel" und empfahl, „die Rechtspositionen der Heimatvertriebenen in die europäischen Überlegungen mit einzubau-

---

licher Freund Konrad Henleins, 1933 Mitgründer der Sudetendeutschen Heimatfront und Chefredakteur ihrer Zeitung *Die Zeit*, seit 1936 Leiter des Parteisekretariats in Prag. 1938 war er einer der Organisatoren des NS-Sudetendeutschen Freicorps, danach Hauptsturmführer der SA. Nach innerparteilichen Konflikten 1939–1945 war er in den KZ Sachsenhausen, Natzweiler und Heinkel-Oranienburg inhaftiert; nach dem Kriegsende wirkte er als Vertriebenenfunktionär in Bayern, u. a. als Vorsitzender des Witiko-Bundes und stellvertretender Vorsitzender des Sudetendeutschen Landsmannschaft (vgl. auch Kurt Nelhiebel, Die Henleins gestern und heute. Hintergründe und Ziele des Witikobundes, Frankfurt a. M. 1962).
18 Brand, Zehn Jahre Witiko-Bund, S. 14.
19 Ebenda, S. 15 f.

en".[20] In diesem Sinne lautete im Jahre 1999 das Motto des 50. Sudetendeutschen Tages: „Recht auf die Heimat – Baustein für Europa".

Damit wurde das traditionelle sudetendeutsche Bekenntnis zur Revision der europäischen Staatenordnung abgelegt, dessen Ziel der bekannte sudetendeutsche Völkerrechtler Otto Kimminich 1988 als die „Herausbildung eines Volksgruppenrechts, das an die Stelle des überholten Minderheitenrechts der Völkerbundära zu setzen ist",[21] formulierte. Ähnlich wie Brand knüpfen sudetendeutsche Politiker bis heute ihre Hoffnungen an die Visionen einer neuen, besseren Ordnung für Europa: „Wir brauchen endlich eine gerechte Völkerordnung in Europa."[22]

Auch die Wünsche nach der Änderung der europäischen Rechtsverhältnisse werden nicht oft und laut proklamiert. Viel häufiger präsentieren sich sudetendeutsche Politiker als die Hüter der europäischen Rechtsordnung, und auch daraus ergeben sich vielerlei Missverständnisse. So wurde etwa als ein „Baustein für Europa" die 1999 populäre Forderung der Landsmannschaft, „daß die völkerrechtswidrigen Benesch-Dekrete aufgehoben und das Vertreibungsunrecht bereinigt werden müsse", präsentiert; dies sei „im Interesse der inneren Einigung Europas und der gleichmäßigen Entwicklung seiner Regionen".[23] Die europäischen Institutionen teilten zwar auch diesmal die Meinung der sudetendeutscher Politiker nicht,[24] aber das hat sie in

---

20 Zit. nach Samuel Salzborn, Heimatkampf und Volkstumskampf. Außenpolitische Konzepte der Vertriebenenverbände und ihre praktische Umsetzung, Hannover 2001, S. 33 f.
21 Otto Kimminich, Europäisches Schicksal in der Sudetenfrage, München 1988, S. 31. Vgl. aus kritischer Perspektive zum Thema Volksgruppenrecht Samuel Salzborn, Kampf gegen die Aufklärung. Das ethnokulturelle Konzept der Volksgruppenpolitik, in: Forum Wissenschaft, Heft 1, 2003, S. 19–22.
22 Sudetendeutsche Zeitung, 9. 3. 2001.
23 Sudetendeutsche Zeitung, 26. 3. 1999.
24 „In den offfiziellen Gutachten des Europäischen Parlaments gelangten die international renommierten Völkerrechtler Jochen Frowein, Ulf Bernitz und Lord Christoper Kingland zu dem Schluss, dass die Dekrete nicht im Widerspruch zur Rechtsordnung der EU stünden, folglich nicht aufgehoben werden müßten und somit auch kein Hindernis für den tschechischen EU-Betritt darstellten."

ihrem Bemühen um jene neue Völkerordnung in Europa nicht entmutigt, zu der neben „den Grundsätzen des Völkerrechtes, der Menschen- und Freiheitsrechte" auch ein „neuentwickeltes Volksgruppenrecht" gehören solle, wie es in der Erklärung von 1990 hieß. Eine solche Reform des Völkerrechts solle es der sudetendeutschen Volksgruppe ermöglichen, als Subjekt des Völkerrechts anerkannt zu werden und u. a. der Tschechischen Republik gegenüber ihre eigenständige, von Berlin unabhängige Außenpolitik zu gestalten.[25]

Verhandeln möchte die Sudetendeutsche Landsmannschaft mit der tschechischen Regierung über Themen, die in der deutschen Öffentlichkeit bisher kaum zur Kenntnis genommen worden sind. Auch in diesem Bereich ziehen es sudetendeutsche Politiker meist vor, in der Öffentlichkeit über das Vertreibungsunrecht und die Menschenrechte zu sprechen, obwohl sie untereinander andere Themen diskutieren, wie etwa ein Interview mit dem Sprecher der Sudetendeutschen Landsmannschaft und damaligen Präsident des Bayerischen Landtages, Johann Böhm, aus dem Jahre 2001 zeigt. Als er gefragt wurde, wie der Rechtsanspruch auf Heimat und Selbstbestimmung der sudetendeutschen Volksgruppe durchzusetzen sei, machte er klar, dass dazu mehr nötig sei als nur die in der EU übliche Niederlassungsfreiheit: mit der Niederlassungsfreiheit sei nicht das Recht verbunden, in Tschechien „deutsche Schulen zu errichten, Deutsch als äußere Amtssprache zu verlangen oder Straßenschilder in doppelter Sprache gestattet zu bekommen".[26] Der nächste Punkt auf Böhms

Samuel Salzborn, Die Beneš-Dekrete und die EU-Osterweiterung. Geschichtspolitische Kontroversen zwischen Aufarbeitung und Verdrängung der Vergangenheit, in: Vorgänge. Zeitschrift für Bürgerrechte und Gesellschaftspolitik, Heft 2/2003, S. 45–52 (mit. bibl. Hinweisen), hier S. 49.
25 Ausführlich dazu vgl. Salzborn, Heimatrecht und Volkstumskampf. Vgl. auch Samuel Salzborn, Volksgruppenrecht, Antiuniversalismus und die Renaissance der Ethnopolitik, Diss., Köln 2004.
26 Markus Mauritz, Es geht nicht nur um Wiedergutmachung, es geht auch um die Rückkehr in die Geschichte, in: Maximilianeum Nr. 8/2001, gleichzeitig in: Informationen – Dokumente – Argumente, hrsg. vom Bund der Vertriebenen, Landesgruppe Bayern e. V., Nr. 3/4 2001, S. 24 ff.

Wunschliste war die Frage des Eigentums, das die Sudetendeutschen in ihrer Heimat zurücklassen mussten, während die damals populäre Forderung nach der Abschaffung der sog. Beneš-Dekrete[27] erst an dritter Stelle genannt wurde, als der letzte Punkt, „den die Tschechen aus der Welt schaffen müssten", wenn sie sich mit den Sudetendeutschen versöhnen wollten. Die sudetendeutsche Frage betrifft eben mehr als nur die Würdigung der Erinnerungen an die Vertreibung, und es geht keineswegs nur „um politische Symbole", wie viele deutsche Journalisten ihren Lesern einzureden bemüht sind.[28]

Die von sudetendeutschen Politikern als „unerledigte Geschichte" beklagte sog. sudetendeutsche Frage, manchmal auch Sudetenfrage genannt, wird von ihnen als ein Problem dargestellt, das „durch die Entstehung der Tschechoslowakei" in den Jahren 1918–1920 entstanden sei. Für die Zeit nach dem Zweiten Weltkrieg wird dagegen das Schlagwort „Neubeginn der Sudetenfrage" verwendet.[29] Dabei wird axiomatisch von zwei Prämissen ausgegangen: 1. dass es in der Tschechoslowakei ein geschlossenes Territorium gegeben habe, das Sudetenland oder Sudetengebiet, das ausschließlich von deutschsprachiger Bevölkerung als das geschlossene deutsche Siedlungsgebiet bewohnt wurde und deshalb die Heimat der sudetendeutschen Volksgruppe bilde, und 2. dass die Bevölkerung dieses Gebiets 1918 den Anschluss an das Deutsche Reich wünschte: „Durch die Verweigerung des Selbstbestimmungsrechtes für die Sudetendeutschen entstand die Sudetenfrage."[30] Die Bemühungen sudetendeutscher Politiker um die Wiedergutmachung dieses vermeintlichen Unrechts stoßen in

---

27 Eva Hahn/Hans Henning Hahn, Eine zerklüftete Erinnerungslandschaft wird planiert. Die Deutschen, „ihre" Vertreibung und die sog. Beneš-Dekrete, in: Transit 23, Sommer 2002, S. 103–116.
28 So z. B. Frankfurter Allgemeine Zeitung, 22. 4. 2003.
29 Habel, Dokumente zur Sudetenfrage, S. 225.
30 Die Sudetendeutsche Frage. Kurzdarstellung und Dokumentation, hrsg. vom Sudetendeutschen Rat, 3. Aufl., München 1984, S. 3; die gleiche Formulierung findet sich am Klappentext der bisher umfangreichsten 2003 erschienenen, oben zitierten Dokumentation von Habel, Dokumente zur Sudetenfrage.

Deutschland auf taube Ohren und erwecken in Tschechien ängstliches Misstrauen. Sie sind nur auf dem Hintergrund der deutschvölkischen kulturhistorischen Tradition verständlich, da die „sudetendeutsche Frage" nicht erst unter den Vertriebenen nach dem Zweiten Weltkrieg, sondern im deutschvölkischen Milieu in Österreich, Deutschland sowie in der Tschechoslowakei schon lange zuvor formuliert sowie historisch und politisch konstruiert wurde.

Die 1918 „verlorene Heimat"

„Heimat – im Beruf, im Schützengraben und im Volkstumskampf muß man sie verteidigt und immer wieder erobert haben, um sie zu besitzen."[31]

Wenn sudetendeutsche Politiker von der „verlorenen Heimat" sprechen, meinen sie nicht nur die individuellen Heimaten einzelner Menschen, die ihre Wohnungen, Häuser und ihre vertraute Umgebung im Zuge des Zweiten Weltkriegs sowie der Flucht und Vertreibung verloren haben. Der Begriff „Heimat", ja sogar der Begriff „Heimatlosigkeit" gehörte in den Böhmischen Ländern schon lange zuvor zur deutschvölkischen Rhetorik, die von den sudetendeutschen Organisationen in der Bundesrepublik Deutschland ohne kritische Aufarbeitung weiter verwendet wurde. Der Begriff „Heimat" wurde zu einem Schlüsselbegriff in der Konstruktion einer großdeutschen, ethnisch begründeten kollektiven Identität:

„Den tiefsten Sinn der sudetendeutschen Heimatgebiete findet man nicht, wenn man sie nur im Zusammenhange mit dem Jahrhunderte alten, eigenthümlich österreichisch verwirrten und entstellten deutsch-tschechischen Streite sieht; sondern wenn man sie als deutsches Grenzland begreift. [...]

31 Die sudetendeutsche Landschaft, hrsg. v. Bund der Deutschen, Wächter Verlag in Teplitz-Schönau – Für das Deutsche Reich Carl Emil Krug, Leipzig 1938, S. 8.

Das Sudetendeutschtum wurde genau wie anderes Grenzland im Westen, Norden und Osten das Opfer der französischen Politik. Es mußte wie Schleswig, Posen, Südsteiermark, Südtirol, das Saargebiet, Deutschösterreich vom deutschen Gesamtvolk abgeschnitten werden, um dieses zu schwächen, und einem besonderen Kerkermeister zur Ausbeutung und Bewachung zugewiesen werden [...]

Dann, wenn das Sudetendeutschtum aus uraltem, bodenständigem Heimatbewußtsein heraus, zu einem geschlossenen und klaren Bewußtsein seiner grenzdeutschen Lage und Aufgabe erwacht ist, [...] wird es, im Besitze jenes Schatzes, der ihm von der Allmutter zu Anbeginn vertraut worden ist, als getreuer Hüter deutscher Volkskraft und deutschen Heimatbodens, wieder zum großen, werkfreudigen Zuge stoßen, der alle Brüder umfaßt."[32]

Mit solcher Rhetorik wurden nach 1918 von der sudetendeutschen Heimatbewegung Ressentiments in der deutschsprachigen Bevölkerung gegen die neue Republik artikuliert, geschürt, instrumentalisiert und zugunsten einer großdeutschen Agitation missbraucht. Die „sudetendeutsche Heimat" wurde als ein Teil des gesamtdeutschen „Heimatbodens" konstruiert, der „unter dem Joch volksfremder Herrschaft"[33] zu leiden habe und daher schon damals als – zumindest vorübergehend – „verloren" galt.

Diejenigen deutschsprachigen Einwohner der Böhmischen Länder, in deren Augen und in deren Denken diese Perspektive andere Aspekte der historischen und politischen Wirklichkeit überschattete, schlossen sich nach 1918 dem Milieu der sudetendeutschen völkischen Heimatbewegung an: „Die Heimatbewegung, die nach den Tagen der fruchtbaren Selbstbesinnung die Erforschung des eigenen Heimatgebietes in weitesten Kreisen angeregt hat und aus allen Schich-

32 Hermann Ullmann, Das große Ziel, in: Böhmerlandjahrbuch für Volk und Heimat 1922, hrsg. im Auftrage aller deutschen Schutzvereine der Tschechei von Otto Kletzl, Reichenberg 1922, S. 18 ff., hier S. 19.
33 Rudolf Lodgman von Auen 1919, zit. nach Kurt Knoll, Eine offene Schuld Amerikas an 3 1/2 Millionen Deutsche in der Tschecho-Slowakei, Wien 1927, S. 25.

ten der Bevölkerung Mitarbeiter gewann, schuf in den verschiedenen Landschaften unseres sudetendeutschen Volkstumes die verschiedenartigsten Formen von Arbeitsgemeinschaften."[34] Diese Heimatbewegung bildete einen der zentralen Bereiche der sudetendeutschen völkischen Bewegung in der Zwischenkriegszeit.[35] Ihre Popularität in der deutschsprachigen Bevölkerung der Tschechoslowakei wuchs stetig an, bis ihr Anteil in der Mitte der 1930er-Jahre mit rund 2/3 der deutschsprachigen Bevölkerung[36] in der Tschechoslowakei umschrieben werden könnte, die in den Wahlen von 1935 ihre Stimmen der Sudetendeutschen Heimatfront Konrad Henleins gaben.

Die ursprünglich vom tschechoslowakischen Präsidenten Tomáš G. Masaryk als ein Mittel zur Förderung demokratischer politischer Bildung konzipierten Institutionen der Erwachsenbildung nach angelsächsischen Vorbildern[37] wurden von der Heimatbewegung zum

34 Kurt Oberdorffer, Heimatbewegung, in: Handbuch der sudetendeutschen Volksbildung. Kulturpolitisches Handbuch in Selbstdarstellungen der sudetendeutschen Verbände, hrsg. von Emil Lehmann, Reichenberg 1931, S. 253–284, hier S. 253.

35 Über die Programmatik der „Heimatkunstbewegung" schreibt Frithjof Trapp: „In dieser scheinbaren Kulturlosigkeit verbarg sich die eigentliche Gefahr: Der ideologische Kern wurde nicht erkannt; die Eingängigkeit und Aggressivität der Ideologie wurden unterschätzt. Sie wurde von den Zeitgenossen als eine literarisch unbedeutende Bewegung am Rande der dominanten Strömungen von Naturalismus und Realismus wahrgenommen. Man registrierte die scheinbar regressiv-‚neuromantische' Fassade der Heimatkunstbewegung, nicht aber ihre konkreten politischen Aussagen." Vgl. Frithjof Trapp, Der Geist der „völkischen Bewegung" und die Bücherverbrennungen vom Mai 1933. Vermittlungsinstanzen des Antisemitismus: Neuromantik und Heimatkunst, in: Exil. Forschung, Erkenntnisse, Ergebnisse 23 (2003), Nr. 1, S. 5–15, hier S. 5.

36 Präzisere zahlenmäßige Angaben über die Anhängerschaft der sudetendeutschen völkischen Bewegung können noch nicht gemacht werden, weil die Erforschung ihrer Geschichte dafür noch nicht ausreichend fortgeschritten ist.

37 Eva Hartmann, Politische Bildung im Rahmen der Volksbildung in der Ersten Tschechoslowakischen Republik, in: Kultur und Gesellschaft in der Ersten Tschechoslowakischen Republik, hrsg. von Karl Bosl/Ferdinand Seibt, München/Wien 1982, S. 163–179.

Instrument deutschvölkischer Propaganda umfunktioniert: „Das Ziel ist der Mensch, der sich in der angestammten Heimat, in seiner Stammesart zur nationalen Gemeinschaft entwickelt, die sich auch ohne staatliche Förderung, ja gegen die staatlich geförderten Uebergriffe des bevorrechteten Volkes behauptet."[38] Da hier von Anfang an der Begriff „Heimat" als ein Ausdruck der Zugehörigkeit zum „deutschen Raum" als des alleinigen bestimmenden Merkmals der kollektiven historischen Identität verwendet wurde, erhob die sudetendeutsche Heimatbewegung dessen Bewahrung zum alleinigen Sinn ihres politischen Tuns: „Raumpolitisch betrachtet ist die deutsche Geschichte das Streben nach Ausfüllung und Bewahrung des natürlichen deutschen Raumes."[39]

In dem zu bewahrenden „deutschen Raum" wurden die Sudetendeutschen dem „ostdeutschen" Raum zugeordnet, dessen vermeintlicher Verlust schon nach dem Ersten Weltkrieg ähnlich beklagt wurde wie der eigentliche „Heimatverlust" der Sudetendeutschen. Deshalb begegnen wir schon etwa in der Reichenberger Zeitschrift *Heimatbildung* von 1929 ähnlichen Texten und Überschriften, wie sie später charakteristisch für die Vertriebenenpresse in der Bundesrepublik[40] werden sollten: „Der ostdeutsche Boden", „Die Ostpolitik des deutschmittelalterlichen Kaisertums", „Die Ostdeutsche Kulturwoche", „Der deutsche Charakter von West- und Ostpreußen", „Das baltische Deutschtum", „Das Deutschtum in Schlesien und Polen" oder „Die Schicksale des südostdeutschen Kolonisationsgebiete". Dabei zeichneten zunehmend nicht resignative Gedichte, sondern ein klarer Kampfwille die damalige Heimatpresse aus: „Die Geschichte des ost-

---

38 Handbuch der sudetendeutschen Volksbildung, S. 14.
39 Wilhelm Volz, Der ostdeutsche Boden, in: Heimatbildung. Monatsblätter für heimatkundliches Volksbildungswesen 11 (1929/1930), S. 36–39, hier S. 36.
40 Eva Hahn/Hans Henning Hahn, „Flucht und Vertreibung", in: Deutsche Erinnerungsorte I, hrsg. von Etienne Françoise/Hagen Schulze, München 2001, S. 335–351.

deutschen Raumes ist, geographisch betrachtet, der Kampf des deutschen Menschen mit und um seinen Lebensraum."[41]

Die Heimatbewegung bildete eine der wichtigsten Säulen der 1933 gegründeten Sudetendeutsche Heimatfront.[42] Auch in der Rhetorik dieser von dem legendären Turnlehrer[43] Konrad Henlein geführten „sudetendeutschen Sammelbewegung" spielte der Begriff „Heimat" die zentrale Rolle, obgleich der Name 1935 in Sudetendeutsche Partei verändert wurde, um die Teilnahme am tschechischen parlamentarischen Leben zu ermöglichen.[44] Der brisante politische Inhalt des „Heimatbegriffs" wurde zu dieser Zeit jedoch offenbar, da die neue „Heimatfront" keinen Hehl mehr daraus gemacht hat, dass das demokratische Parteiensystem der deutschsprachigen Bevölkerung in der Tschechoslowakei mit einem totalitären Einparteiensystem ersetzt werden sollte:

„Wir sind und bleiben eine Bewegung, die zum Unterschiede von der bisherigen Art des Parteiwesens die sudetendeutsche Volksgruppe in ihrer Gesamtheit zu einer einheitlichen politischen Willensbildung bringen will. Wir sind eine Bewegung, die über alle Parteien, Organisationen, Verbände und Vereine hinweg die Idee lebendig halten muß, daß wir Sudetendeutschen eines brauchen, um Volk, Heimat-

---

41 Wilhelm Volz, Der ostdeutsche Boden, in: Heimatbildung. Monatsblätter für heimatkundliches Volksbildungswesen 11 (1929/1930), S. 36–39, hier S. 36.
42 Vgl. Konrad Henlein spricht. Reden zur politischen Volksbewegung der Sudetendeutschen, hrsg. von Rudolf Jahn, Karlsbad/Leipzig 1937, S. 9 f. (Gründungsaufruf), sowie Ronald M. Smelser, Das Sudetenproblem und das Dritte Reich 1933–1938, München/Wien 1980, S. 56–67; vgl. die Diskussion mehrerer Historiker zum Thema „Die Sudetendeutsche Heimatfront (Partei) 1933–1938: Zur Bestimmung ihres politisch-ideologischen Standortes" in: Bohemia 38 (1997), S. 357–385 und Bohemia 39 (1998), S. 96–109.
43 Die Turnbewegung bildete neben der Heimatbewegung die zweite wichtigste Stütze der Sudetendeutschen Heimatfront. Vgl. Andreas Luh, Der Deutsche Turnverband in der Ersten Tschechoslowakischen Republik. Vom völkischen Vereinsbetrieb zur volkspolitischen Bewegung, München/Wien 1988.
44 Habel, Dokumente zur Sudetenfrage, S. 345.

boden und Arbeitsplatz zu schützen und um wieder aufwärts zu kommen: einig zu sein. [...] Wir gleichen einer Freiwilligen-Armee, die nach einer verlorenen Schlacht sich entschlossen und tapfer vor die Heimat stellt."[45]

Konrad Henlein verließ freiwillig seine „Heimat" in der Tschechoslowakei am 14. September 1938, schon zwei Wochen vor der berüchtigten Vier-Mächte-Konferenz in München, und erklärte vom bayerischen Städtchen Selb aus im Namen seiner Anhänger „Wir wollen heim ins Reich!" Gleichzeitig gründete er unter Hitlers Obhut paramilitärische Einheiten, das „Sudetendeutsche Freikorps",[46] die zu Kampfhandlungen von Deutschland aus zwecks Destabilisierung der Tschechoslowakei eingesetzt wurden, um Hitlers Forderungen nach der Abtretung tschechoslowakischer Grenzgebiete zu bekräftigen. Die mit ihm damals geflüchteten Paramilitärs (heute würde man von Terroristen sprechen) bezeichnete Henlein damals als die ersten Soldaten Sudetendeutschlands im Kampf „auf dem Boden unserer deutschen Vaterheimat".[47] Das Schlagwort „sudetendeutsche Heimat" wurde nun offen durch „gesamtdeutsche Heimat" im damals von Hitler schon realpolitisch konstruierten Großdeutschen Reich ersetzt. Dementsprechend pflegte man im nationalsozialistischen Dritten Reich den „Anschluss" Österreichs und der tschechoslowakischen Grenzgebiete auch als die „Heimkehr" oder „Heimholung" zu bezeichnen.

45 Konrad Henlein spricht. Reden zur politischen Volksbewegung der Sudetendeutschen, hrsg. von Rudolf Jahn, Karlsbad/Leipzig 1937, S. 19 f.; zur Illustration des antidemokratischen Denkens in der Sudetendeutschen Heimatfront vgl. Walter Brand, Die geistigen Grundlagen unserer Bewegung, Karlsbad 1935, und Konrad Henlein, Die deutschen Kulturaufgaben in der Tschechoslowakei, Karlsbad/Leipzig 1936.
46 Vgl. Werner Röhr, Das Sudetendeutsche Freikorps – Diversionsinstrument der Hitler-Regierung bei der Zerschlagung der Tschechoslowakei, in: Militärgeschichtliche Mitteilungen 52 (1993), Heft 1, S. 35–66, und Martin Broszat, Das Sudetendeutsche Freikorps, in: Vierteljahrshefte für Zeitgeschichte 9 (1961), S. 30–49.
47 Konrad Henlein, Reden in den Jahren 1937–38, hrsg. von Ernst Tscherne, Reichenberg 1939, S. 130.

In dem 1940 in Dresden erschienen repräsentativen Band *Großdeutschland* wurden die Verdienste der sudetendeutschen Heimatbewegung deshalb pathetisch gewürdigt: „Ein deutscher Stamm, der außerhalb aller Grenzen leben mußte, die Vaterland hießen, schrie in das Reich seine Rufe, die erschütternd und heroisch nachtönten im Binnendeutschland. Alle Bücher und alle Gedichte waren Gebete, die keinen anderen Gott mehr kannten als: deutsche Heimat."[48] Der sudetendeutsche Heimatbegriff ist eine vielseitig einsetzbare Chiffre, die häufiger mit ihren großdeutsch-nationalen Konnotationen kommuniziert, als dass sie eine individuell-humanistisch motivierte Fürsorge für einzelne Menschen zum Ausdruck bringen würde.

Wenn die Vertriebenen in der Bundesrepublik von der „verlorenen Heimat" sprechen, denken manche von ihnen an ihren verlorenen Privatbesitz, wogegen andere die „Heimat der sudetendeutschen Volksgruppe" meinen. Solche Missverständnisse vermochten nicht einmal angesehene sudetendeutsche Wissenschaftler zu klären, die selbst oft zu obskuren historischen Überlegungen neigten. Einige Beispiele aus den Werken von Ernst Schwarz (1895–1983), der 1930 bis 1945 als Professor der älteren deutschen Sprache und Literatur an der deutschen Universität in Prag und 1955–1963 als o. Professor für germanische und deutsche Philologie an der Universität Erlangen wirkte, können die Verwirrungen der sudetendeutschen Heimat-Rhetorik illustrieren.

Im ersten Band des Sudetendeutschen Jahrbuchs von 1924 findet sich ein Text von Ernst Schwarz über die Tschechen als die *Sudetenslawen*, die sich als die Sklaven der Awaren in Böhmen und Mähren niedergelassen hätten.[49] Im Jahre 1950 erklärte Schwarz dementsprechend, dass die Böhmischen Länder keine „Urheimat" der Tschechen

---

48 Großdeutschland, hrsg. von Hans Lerch, Dresden 1940, S. 101.
49 Ernst Schwarz, Die Landnahmezeit der Sudetenslawen, in: Sudetendeutsches Jahrbuch, Erster Band, Berichtsjahr 1924, hrsg. für die Adalbert-Stifter-Gesellschaft und im Auftrage und mit Unterstützung der Hauptstelle für deutsche Schutzarbeit von Otto Kletzl, Augsburg 1925, S. 10 ff.

seien: „Böhmen und Mähren gehören eben nicht zur Urheimat der Slawen, diese sind hier eingewandert. Sollte es einmal dazu kommen, daß die Wohnsitze der Völker nach dem Grundsatz der Urheimat bestimmt werden, so müssen die Tschechen den gesamten Sudetenraum verlassen."[50] Die Sudetendeutschen seien in seinen Augen besser dran: „Im Mitteleuropa, besonders in seinem östlichen Teil, sind zwei Völker einander begegnet, von denen die Deutschen hier zu Hause, die Slawen aber zum Großteil eingewandert sind."[51] Mit anderen Worten aus dem Jahre 1959: „Von den beiden Völkern, die im Raum Ostsee-Adria wohnen, sind die Deutschen als Nachkommen der Germanen hier zu Hause, während die Slawen vom 6. Jahrhundert ab eingewandert sind."[52] Solche sogar noch nach dem Zweiten Weltkrieg in der Bundesrepublik ohne kritisches Echo popularisierten „wissenschaftlichen Einsichten" nährten nicht nur auch weiterhin Ressentiments gegen die tschechische Nation, sondern vernebelten gleichzeitig den Zusammenhang zwischen dem verbrecherischen Krieg und der Vertreibung. „Welche Hoffnung bleibt den Sudetendeutschen?", fragte Schwarz 1950 und behauptete unbekümmert: „Sie haben ein unverlierbares Recht auf ihre Heimat."[53] Anstatt mit kritisch analytischem Denken zum sudetendeutschen politischen Leben beizutragen, lieferte der gefeierte Wissenschafter Ernst Schwarz lebenslang pseudowissenschaftliche Begründungen für die „heimatpolitischen" Ansprüche, die sudetendeutsche Politiker bis heute durchzusetzen versuchen.

50 Ernst Schwarz, Geschichte der deutschen Besiedlung, in: Die Deutschen in Böhmen und Mähren. Ein historischer Rückblick, hrsg. von Helmut Preidel, Gräfelfing bei München 1950, S. 108–131, hier S. 113.
51 Ernst Schwarz, Deutsche, Tschechen und Polen, in: Bohemia 1 (1960), S. 37–65, hier S. 37.
52 Ernst Schwarz, Begegnungen von Deutschen und Slawen in Mitteleuropa, in: Mitteilungen der Deutschen Pestalozzi-Gesellschaft, Arbeits- und Forschungsstelle für Ostkunde und Ostpädagogik 6 (1959), Nr. 1/2, S. 1–5, hier S. 1.
53 Ernst Schwarz, Sudetendeutsches Schicksal im Laufe der Jahrhunderte, Augsburg 1951, S. 63 (2. Aufl. München 1974).

Einer der bekanntesten von ihnen, Rudolf Lodgman von Auen (1877–1962), zeichnete sich zweimal in solchen Bestrebungen aus: zum ersten Mal, als er als „Landeshauptmann von Deutschböhmen" die separatistische großdeutsche Bewegung in den Gründungstagen der Tschechoslowakei 1918/19 führte, und zum zweiten Mal, als er drei Jahrzehnte später erster Sprecher der sudetendeutschen Volksgruppe in der Bundesrepublik wurde. Ähnlich wie Walter Brand hielt auch Lodgman die Sudetendeutsche Landsmannschaft für keinen „Trachten- oder Geselligkeitsverein", sondern betonte, dass sie „als die Vertretung einer der Heimat beraubten Volksgruppe"[54] anzusehen sei: „Wir kämpfen in dieser veränderten Welt nicht allein um die Wiedergewinnung von Teplitz, Eger, Troppau, Reichenberg, Krummau und Znaim, sondern wir kämpfen auch hier für eine freie Heimat in einem freien Deutschland."[55] Auch Lodgman sah in den Vertriebenen nicht hilfsbedürftige heimatlose Menschen und versuchte nicht, sie mit dem Ziel raschen Integration zu unterstützen: „Die Landsmannschaften sammeln keine ‚Vertriebenen', sondern ‚Landsleute' [...]. So hat die Idee der Landsmannschaften zeitlich und geistig unbeschränkte Bedeutung, sie hört nicht auf, wenn das Problem der ‚Vertriebenen' auf deutschem Boden materiell gelöst würde."[56] Lodgmans Ziel war „die nationale Befriedung und die Neuordnung des mitteleuropäischen Raumes".[57]

Die Sudetendeutsche Landsmannschaft spielte in der Entwicklung der Vertriebenenorganisationen in der Bundesrepublik eine wichtige Rolle nicht nur, weil sie zahlenmäßig groß war, sondern dank ihrer zahlreichen schon vor der Flucht und Vertreibung im „Kampf um die Heimat" erfahrenen Politiker. Deshalb war unter der Überschrift

---

54 Sudetendeutsche Zeitung, 23. 5. 1953.
55 Sudetendeutsche Zeitung, 15. 4. 1961.
56 Johannes-Dieter Steinert, Vertriebenenverbände in Nordrhein-Westfalen 1945–1954, Düsseldorf 1986, S. 156.
57 Rudolf Lodgman von Auen, Die Aufgabe der Sudetendeutschen, in: Der Europäische Osten, Heft 2, Februar 1957, S. 88–92, hier S. 91.

„Der sudetendeutsche Volkstumskampf" anlässlich des Pfingsttreffens 1954 in der *Deutschen National-Zeitung* das folgende Bekenntnis zu lesen: „Das Sudetendeutschtum kann sich jedenfalls bis zum letzten Augenblick seiner bisherigen Geschichte, ohne die Augen niederschlagen zu müssen, mit Stolz zu seiner Tradition bekennen [...]; wir schwören Haß und Rache ab, weil wir den Kampf um unsere Heimat und um unsere Rückkehr mit der blanken und reinen Waffe unserer vielhundertjährigen Geschichte und unseres unverjährbaren Rechtsanspruches führen wollen."[58]

Bekräftig wurde dieses Traditionsbekenntnis mit einem auf dem Titelblatt der Zeitung abgedruckten alt bekannten Bild des „Volksschwurs zu Eger 1922", auf dem der erste Sprecher der Landsmannschaft, Lodgman von Auen, in der Mitte der schwörenden Menschenmenge zu erkennen sei: „Auf dem Volkstag in Eger am 6. 10. 1922 fanden sich die Abgeordneten der nichtsozialdemokratischen sudetendeutschen Parteien im Alten Egerer Rathaus in dem Schwur zusammen, um das Selbstbestimmungsrecht der Sudetendeutschen weiter zu kämpfen."[59] Populär geworden sind die Bilder eines „Volksschwurs in Eger" allerdings schon im Jahre 1897, als sie zur „wichtigsten und bekanntesten Manifestation des Widerstandswillens gegen die Badenischen Sprachenverordnungen" geworden waren.[60] Damals war das

58 Deutsche National-Zeitung, Pfingsten 1954, S. 2.
59 Alois Harasko/Heinrich Kuhn, Rudolf Lodgman von Auen. Ein Leben für Recht und Freiheit und die Selbstbestimmung der Sudetendeutschen, Nürnberg 1984, S. 84.
60 Odsun. Die Vertreibung der Sudetendeutschen. Dokumentation zur Ursachen, Planung und Realisierung einer „ethnischen Säuberung" in der Mitte Europas 1848/49–1945/46 – Vyhnání sudetských Nemců. Dokumentace o prícinách, plánování a realizaci „etnické čistky" ve středu Evropy 1848/49–1945/46. Bd. 1: Vom Völkerfrühling und Völkerzwist 1848/49 bis zum Münchner Abkommen 1938 und zur Errichtung des „Protektorats Böhmen und Mähren" 1939 – Od probuzení národů a národnostních hádek 1848/49 k Mnichovské dohodě 1938 a zřízení „Protektorátu Čechy a Morava" 1939. Auswahl, Bearbeitung und Zusammenstellung Roland J. Hoffmann und Alois Harasko, Veröffentlichung des Sudetendeutschen Archivs, München 2000, S. 298.

westböhmische Städtchen Cheb (Eger) zum Zentrum deutschnationaler Krawalle geworden, die die Gleichstellung der beiden Sprachen, der deutschen und der tschechischen, im Königreich Böhmen zu verhindern versuchten.

Die 1918 „verweigerte Selbstbestimmung"

„Der Fehler liegt im Betrug der sogenannten ‚Friedensschlüsse' der Pariser Vorortverträge von 1919/20, wo die Gelegenheit versäumt wurde, den Prozeß der Ablösung des Legitimitätsprinzips der Staaten des ‚klassischen' alten Völkerrechts durch das ‚Selbstbestimmungsrecht der Völker' positiv und in einer gerechten Neuordnung abzuschließen und zu verwirklichen."[61]

Aus der Vorstellung, dass der Boden deutsch sei, wo deutsch gesprochen werde, ergaben sich für die deutschnationale Bewegung außerhalb des Deutschen Reiches unlösbare Probleme. Die seit Jahrhunderten von deutsch- und tschechischsprachiger Bevölkerung bewohnten Böhmischen Länder boten keine Möglichkeit, ihren „Boden" in einen „deutschen" und einen „tschechischen" Boden aufzuteilen. Die Liberalisierungs- und Demokratisierungsprozesse des ausgehenden 19. und frühen 20. Jahrhunderts brachten sowohl soziale Mobilität als auch das Streben nach Gleichstellung beider Bevölkerungsteile mit sich. Damit war in einem zweisprachigen Land die Bemühung, einen Landesteil durch einen politischen Abwehrkampf, wie es damals hieß, als „deutschen Boden" zu erhalten, zu einer unrealistischen Zukunftsvision geworden. Deshalb verloren ihre Vertreter zunehmend den Blick für ihre Nachbarn, politischen Partner und politischen Gegner und somit den Sinn für die politische Wirklichkeit. Da sie sich unrealistischen Zielsetzungen verschrieben hatten, vermochten sie die „Zweiteilung der Böhmischen Länder" nicht einmal in der Habsburger-

---

61 Sudetenpost, 20. 5. 1999.

monarchie durchzusetzen. Als sie sich 1918 den damals populären Begriff „nationale Selbstbestimmung" zu Eigen machten, daran territoriale Forderungen knüpften und bestrebt waren, durch ihre Anschlussbewegung das Deutsche Reich zu vergrößern, erhielt ihr politisches Tun am Ende des Ersten Weltkrieges donquichottsche Züge. Aus dem Erbe des tausendjährigen Zusammenlebens der zu zwei Drittel tschechisch- und zu einem Drittel deutschsprachigen Bevölkerung in den Ländern der Böhmischen Krone ließen sich keine zwei ethnisch homogener Staatsterritorien herauspräparieren.

„Das Selbstbestimmungsrecht der Deutschen in den Ländern Böhmen, Mähren und Österreich-Schlesien, die seit Jahrhunderten die gemeinsame Heimat von Tschechen und Deutschen waren, ist das politische Programm der Sudetendeutschen schon seit über 100 Jahren", erklärte im Jahre 1960 der Sprecher der Sudetendeutschen Landsmannschaft und Minister der damaligen Bundesregierung, Hans-Christoph Seebohm.[62] Dies war keine präzise historische Aussage, aber ein Bekenntnis zur altösterreichischen deutschnationalen Tradition. Seebohm trug gleichzeitig eine ähnlich unrealistische Forderung vor wie seine völkischen Vorgänger: „Heimatrecht und Selbstbestimmungsrecht sind unteilbar. [...] Wer glaubt, das Selbstbestimmungsrecht sei daran gebunden, daß die Menschen, die es als Volksgruppe ausüben wollen, in einem bestimmten Territorium leben und wirken müssen, wie das auch in unserem Land gelegentlich vertreten wird, der irrt sich. Das Selbstbestimmungsrecht einer Volksgruppe ist in erster Linie an das Vorhandensein der Volksgruppe und erst in zweiter Linie an das Gebiet gebunden, in dem die Menschen dieser Volksgruppe das Heimatrecht besitzen."[63] Damit brachte der führende su-

---

62   Hans-Christoph Seebohm (1903–1967) war 1959–1967 Sprecher der Sudetendeutschen Landsmannschaft (auch Sprecher der sudetendeutschen Volksgruppe genannt).
63   Kampf der Sudetendeutschen um das Heimatrecht. Sudetendeutsche Selbstbestimmung. Von Bundesminister Dr. Hans Christoph Seebohm, in: Der europäische Osten, Juli/August 1960, Heft 69/70, S. 396–405, hier S. 401.

detendeutsche und bundesdeutsche Politiker den bis heute populären Gedanken zum Ausdruck, dass die durch die Sudetendeutsche Landsmannschaft repräsentierte sudetendeutsche Volksgruppe im Nachbarstaat, wo sie das kollektive Heimatrecht beansprucht, auch noch das nationale Selbstbestimmungsrecht ausüben könnte, ohne dass die inzwischen in der BRD beheimateten Menschen zurückkehren müssten: Die Landsmannschaft würde sie in Verhandlungen mit der damals tschechoslowakischen und heute tschechischen Regierung einfach vertreten. Als Vorbild für seine Pläne präsentierte Seebohm Palästina: „Die Juden kehrten nach 2000 Jahren zurück [...]. Wer den in der ganzen Welt verstreuten Angehörigen des jüdischen Volkes die Möglichkeit der Rückkehr in ihre alte Heimat mit Nachdruck gegen größte Widerstände geschaffen hat und gesichert hat, muß auch bereit sein, dieses Recht für die vertriebenen ostdeutschen Volksgruppen und auch für die sudetendeutsche Volksgruppe anzuerkennen und sich für seine Verwirklichung einzusetzen."[64]

Da Seebohm offensichtlich nicht in der Lage war, die Vielfalt unterschiedlicher politischer Kontexte wahrzunehmen, zerbrach er sich auch nicht den Kopf mit Erinnerungen daran, dass der Ruf der deutschnationalen separatistischen Bewegung nach dem Recht auf Selbstbestimmung in der 1918 gegründeten Tschechoslowakei außerhalb von Deutschland und Österreich nirgends in Europa politische Unterstützung gefunden hatte. Die „Repräsentanten" von Deutschböhmen (wie sich die späteren Sudetendeutschen damals noch nannten) unter der Führung ihres selbsternannten Landeshauptmannes Lodgman von Auen vermochten schon nach dem Ersten Weltkrieg nicht einmal bei der eigenen Bevölkerung nennenswert Hilfe zu finden, wie der ausführlichste Chronist der „sudetendeutschen Freiheitsbewegung", der prononcierte Anhänger des deutschnationalen Gedankens, Paul Molisch, gezeigt hat.[65] Die Beamten zögerten, weil sie

64 Ebenda, S. 402.
65 Paul Molisch, Die sudetendeutsche Freiheitsbewegung in den Jahren 1918–1919, Wien/Leipzig 1932.

um ihre Bezüge besorgt waren, die Industriellen standen „aus wirtschaftlichen Erwägungen diesen Bestrebungen zweifelnd gegenüber", die zurückkehrenden Soldaten waren kampfmüde und sahen nicht ein, warum ihre tschechischen Kollegen entlassen, aber sie selbst auch weiterhin militärischen Dienst leisten sollten. Nicht einmal in der ad hoc organisierten Volkswehr soll das wünschenswertes politisches Bewusstsein zugunsten der nationalen Selbstbestimmung verbreitet gewesen sein: Es „meldeten sich zu ihr im Wesen nur Leute, die kein besseres Obdach und Unterkommen hatten. [...] Jene aber, die in einen bürgerlichen Beruf und in ihr eigenes Heim zurückkehren konnten, hatten sich von den alten Truppenkörpern entfernt und waren zumeist auch für diese neue Volkswehr nicht zu haben. In der Hauptsache ist also diese eine Arbeits- und Obdachlosenversorgung gewesen."[66] Darüber hinaus bewirkten die regionalen Unterschiede, dass viele deutschsprachige Kommunalpolitiker wie in Brünn der Vision eines Anschlusses an das Deutsche Reich ohnehin nicht viel abgewinnen konnten und sich lieber mit ihren tschechischen Mitbürgern zu arrangieren bemühten.

In Deutschland und in Österreich, wo Lodgmans separatistische Bewegung am ehesten Gehör fand, waren die sich allmählich neu formierenden staatlichen Behörden auch nicht bereit, die sudetendeutschen Rufe nach Selbstbestimmung mehr als rhetorisch zu unterstützen. Beispielhaft für die Haltung vieler hieß es in einem Erlass des Wiener Volkswehrkommandos vom 25. November 1918: „Der Krieg hat lange genug gedauert, er hat genug kostbares deutsches Blut gekostet. Wir wollen jetzt keine Kämpfe im eigenen Lande, sondern Ruhe und friedliche Arbeit." Nur eine Zusage wurde den Sudetendeutschen gewährt: „Der deutschösterreichische Staatsrat wird gegen jede Besitzergreifung rein deutscher Gebiete durch Nachbarstaaten feierlichen Protest einlegen."[67] Und so ist es auch geschehen: Vor dem Machterhalt durch Adolf Hitler unterstützten nicht einmal die

66 Ebenda, S. 89.
67 Ebenda, S. 81.

österreichischen und deutschen Regierungen die sudetendeutsche Forderung auf Selbstbestimmung mit politisch relevantem Nachdruck; die schon 1918 zugesagten „feierlichen Proteste" bewirkten lediglich, dass die „verweigerte Selbstbestimmung" bis heute zu einer der populärsten Redewendungen aller deutschvölkischen Agitation geworden ist.

Die sudetendeutschen Politiker subsumieren bis heute ihre Erinnerungen an die parlamentarisch-demokratische Tschechoslowakische Republik der Zwischenkriegszeit unter dem Schlagwort „1918–1938: Verweigerung des Rechtes auf Selbstbestimmung für die Sudetendeutschen".[68] Oft verdecken sie dabei sogar Hitlers antitschecho-slowakischen Expansionismus mit Schuldzuweisungen an die tschechische Nation: „Trotz einer demokratischen Verfassung war die ČSR ein ‚Völkerkerker' nicht nur für Deutsche, sondern auch für Polen, Ungarn und Slowaken. München 1938 war die Bankrotterklärung der gegen den Willen dieser Völker errichteten Tschechoslowakei."[69] Dass dabei Erinnerungen anderer Deutscher an diesen Staat überschattet werden, ist heute nur wenigen Deutschen bewusst.

So bekannte sich der ehemalige Redakteur des berühmten *Prager Tagblatts*, Rudolf Fuchs (1890–1942), der sich in seiner Londoner Emigration als „deutscher Schriftsteller aus Böhmen" bezeichnete („Ein Sudetendeutscher war ich nie"), vorbehaltlos zum tschechoslowakischen Staat. „Heute, da meine Heimat als ‚Protektorat' gegen ihren Willen wieder in einem Krieg verwickelt ist, gebe ich der Zuversicht Ausdruck, dass zu Ende dieses Krieges die Tschechoslowakei frei in einem freien Europa stehen wird", erklärte er in seiner Festrede zum 28. Oktober 1939 in London.[70] Der damals ebenfalls emi-

68 Die Sudetendeutschen. Eine Volksgruppe im Herzen Europas. Von der Frankfurter Paulskirche zur Bundesrepublik Deutschland, hrsg. v. Oskar Böse/Rolf-Josef Eibicht. Ausstellungskatalog, hrsg. vom Sudetendeutschen Rat, München 1989, S. 41.
69 Ebenda, S. 75.
70 Rudolf Fuchs, „Die Republik wird auferstehen!", in: Stimmen aus Böhmen. Eine Sammlung, London 1944, S. 2 f., hier S. 3.

grierte sozialdemokratische Politiker Franz Kögler (1891–1983) unterzog die sudetendeutsche Agitation von der „verweigerten Selbstbestimmung" in seinem 1943 in London unter dem Titel *Oppressed Minority?* veröffentlichten Buch einer ausführlichen Kritik. Viele seiner Beobachtungen haben bis heute nicht an Aktualität verloren; etwa seine Kritik an den schon damals im Exil populären Slogans wie „Die sudetendeutsche Frage ist eine europäische Frage" oder „Das sudetendeutsche Problem kann nur durch die künftige Friedenskonferenz gelöst werden".[71] Dies seien, empörte sich Kögler, Schlagworte „jener sog. Sudetendeutschen", die sogar während des Krieges, im Ausland lebend, agitierten, dass eine Rückkehr der Vor-München Tschechoslowakei undenkbar sei. Damit meinte er Wenzel Jaksch, den später führenden Vertriebenenpolitiker in der Bundesrepublik; in Köglers Augen repräsentierte die Tschechoslowakei, an deren Wiederherstellung er seine Zukunftshoffnungen knüpfte, „Kultur, Zivilisation und politische Freiheit".

Die diversen Erinnerungen an die erste Tschechoslowakische Republik spiegeln unterschiedliche kulturhistorische Traditionen wider, denen ihre Träger verbunden waren oder sind. Nicht die ethnische Zugehörigkeit bestimmt die Sicht der Vergangenheit, sondern einzelne kulturhistorische Kontinuitäten führen zur Fortsetzung der jeweiligen politischen Urteile. Die von sudetendeutschen völkischen Organisationen gepflegten Erinnerung an die parlamentarisch-demokratische Tschechoslowakische Republik aus der Zwischenkriegszeit als einen „Völkerkerker" sagt mehr über die Träger dieser Erinnerung als über jenen Staat selbst aus: Sie verweist auf die Kontinuität der sudetendeutschen völkischen Agitation, deren Klagelieder über die 1918 „verweigerte Selbstbestimmung" die politische und historische Komplexität auf ein hohles Schlagwort zu reduzieren pflegen und alle jene Erinnerungen ausgrenzen, die dem Bekenntnis zu politischer Freiheit, Demokratie und zum Internationalismus entsprungen

---

71 Frank Koegler, Oppressed Minority?, London 1943, S. 83.

sind. In der Bundesrepublik koexistieren beide Erinnerungskulturen, nur in den sudetendeutschen Organisationen dominiert die erstere, nicht, weil diese die „deutsche" Erinnerung darstellen würde, sondern weil im sudetendeutschen Milieu der Bundesrepublik völkische Traditionen gepflegt werden. Was ihren Trägern plausibel erscheint, sind jedoch keine selbstverständlichen, natürlichen und für andere einsichtigen Wahrheiten, sondern Bestandteile jahrzehntelang kultivierter und dadurch gefestigter Redeweisen sowie einiger weniger axiomatisch begründeter Denkmuster.

An der Pflege des Mythos von der „verweigerten Selbstbestimmung" beteiligen sich nicht nur die völkischen Rechten, sondern auch viele Sozialdemokraten, die sich in der Regel zugunsten des Internationalismus und gegen einen ethnischen Nationalismus zu engagieren pflegen. Josef Seliger (1870–1920), der heute bekannteste sudetendeutsche Sozialdemokrat, wirkte 1918/19 als „stellvertretender Landeshauptmann von Deutschböhmen", hielt kämpferische Reden über den sudetendeutschen Rechtsanspruch auf Selbstbestimmung und hoffte, dass „Deutschland eines Tages so stark sein werde, sich Deutschböhmen einzuverleiben, worauf wir unsere Politik auszurichten haben".[72] Seine Nachfolger in der Bundesrepublik, die sudetendeutschen Sozialdemokraten in der Seliger-Gemeinde, formulierten in ihrer programmatischen Grundsatzerklärung aus dem Jahre 1947 ihr bis heute nicht modifiziertes Bekenntnis so: „Hauptaufgabe der Seliger-Gemeinde wird sein, das Gedankengut des gesamtösterreichischen und des sudetenländischen Sozialismus in den Dienst einer föderalistischen Neugestaltung Gesamteuropas zu stellen. [...] Sie betrachtet das Selbstbestimmungsrecht der Völker als das einzig zulässige demokratische Ordnungsprinzip bei der Schaffung übernationaler Schicksalgemeinschaften. [...] Es ist das gute Recht der Ausgetriebenen und Unterdrückten, ihre freie Selbstbestimmung auf an-

---

72 Lothar Höbelt, Deutschösterreich und die Sudetendeutschen 1918–1919, in: Das Jahr 1919 in der Tschechoslowakei und in Ostmitteleuropa, hrsg. von Hans Lemberg/Peter Heumos, München 1993, S. 159–166, hier S. 164.

gestammtem Heimatboden zu fordern."⁷³ Deshalb wandten sich damals auch die führenden Politiker der Seliger-Gemeinde „als Sprecher des Sudetenvolkes", das „mehr als drei Millionen Menschen zählt, und das seit 1918 dreimal schon das Objekt willkürlicher Entscheidungen anderer war", an die „Unterzeichner des Potsdamer Übereinkommens und den Generalsekretär der Vereinten Nationen" mit dem „Anspruch auf eine Revision der Volksabschiebungsklausel im Potsdamer Übereinkommen".⁷⁴

Der einseitig unlösbare Konflikt zwischen den beiden 1918 sich bietenden staatsrechtlichen Alternativen in den Böhmischen Ländern – zwischen dem ethnisch begründeten deutschvölkischen Anspruch auf Selbstbestimmung einerseits und der Aufrechterhaltung der multikulturellen Gesellschaft und territorialer Integrität der historisch überlieferten staatrechtlichen Gemeinschaft der Böhmischen Länder andererseits – wird bis heute von den sudetendeutschen Politikern nicht mit Abstand als ein schwieriges politisch-diplomatisches Problem begriffen und beschrieben. In der Kontinuität der völkischen Tradition wird das beklagte vermeintliche „Unrecht von 1918" mit dem ähnlich beklagten vermeintlichen „Unrecht" der Vertreibung von 1945 vermischt. So wirbt etwa die Sudetendeutsche Landsmannschaft auf ihrer Internet-Homepage keineswegs nur mit Hinweisen auf den Erinnerungsort „Flucht und Vertreibung", sondern mit dem Slogan „Mißachtung ihres Selbstbestimmungsrechtes – Die Tragik der Sudetendeutschen".⁷⁵ Die neueste Variante auf dieses Thema bietet Peter Glotz in seinem Buch über *Die Vertreibung: Böhmen als Lehrstück*.⁷⁶ Während er seit Jahren den alten völkischen deutschen Opfermythos: „Einer Reihe von Völkern wurde das Selbstbestimmungsrecht zuge-

---

73   Habel, Dokumente zur Sudetenfrage, S. 693 f.
74   Ebenda, S. 697 f.
75   www.sudeten.de vom 9. 4. 2000.
76   Peter Glotz, Die Vertreibung: Böhmen als Lehrstück, München 2003; ausführlich dazu Eva Hahn/Hans Henning Hahn, Peter Glotz und seine Geschichtsbilder, in: Zeitschrift für Geschichtswissenschaft 52 (2004), H. 1, S. 72–80.

standen; den Deutschen aber nicht"⁷⁷ verbreitet, hat er sich neuerdings auch zum öffentlichen Anwalt der Vertriebenen gemacht. Wie selbstverständlich zählt Glotz immer noch die deutschsprachigen Bürger der Tschechoslowakei kollektiv zu den Opfern, als ob er sich nicht bei Historikern längst hätte eines Besseres belehren lassen können: „Keinesfalls können die offiziösen Erklärungen der [separatistischen deutschböhmischen, d. Verf.] Landesregierung als Beweismaterial für den Stand der öffentlichen Meinung gelten, da sie nur einen Zustand nationaler Einmütigkeit suggerierten, den Reichenberg für wünschenswert hielt", fasste 1972 der österreichische Historiker Hanns Haas seine Forschungen über die Haltung der deutschsprachigen Bevölkerung 1918/19 zusammen.⁷⁸ Susanne Maurer-Horn wies 1997 in ähnlicher Weise darauf hin, dass unmittelbar nach dem Ersten Weltkrieg „nationale Ziele für die Bevölkerung nicht im Vordergrund gestanden zu haben" scheinen: „Sie erfuhr ohnehin erst eine Woche nach der Konstituierung Deutschböhmens, daß es Deutschböhmen überhaupt gab. Die Provinz wurde in Wien konstituiert [...]. Spontane Massenbewegungen und Willenskundgebungen der Bevölkerung für eine staatliche Trennung Deutschböhmens vom tschechischsprachigen Siedlungsgebiet gab es zu der Zeit nicht. Aus der Bevölkerung wurden vielmehr Forderungen nach einer Verständigung zwischen der Landesregierung und den Tschechen laut."⁷⁹ Peter Glotz propagiert weiterhin den Mythos von den unerfüllten Sehnsüchten nach Selbstbestimmung sowie das altbekannte antitschechoslowakische Klagelied: „Der Donauraum, dessen Einheit noch Bismarck beschworen hatte, wurde in lebensunfähige Kleinstaaten zerlegt."⁸⁰

77 Peter Glotz, Der Irrweg des Nationalstaates. Europäische Reden an ein deutsches Publikum, Stuttgart 1990, S. 104.
78 Hanns Haas, Die deutschböhmische Frage 1918–1919 und das österreichisch-tschechoslowakische Verhältnis, in: Bohemia 13 (1972), S. 336–383, hier S. 350.
79 Susanne Maurer-Horn, Die Landesregierung für Deutschböhmen und das Selbstbestimmungsrecht 1918/1919, in: Bohemia 38 (1997), S. 37–55, hier S. 40.
80 Glotz, Die Vertreibung, S. 102.

Das Traurigste an den Klageliedern von der „verweigerten Selbstbestimmung" ist aber, dass darin alle jene Deutsche vergessen werden, die dem Zusammenleben mit ihren tschechischen Nachbarn in einem gemeinsamen Staat keineswegs ablehnend gegenüberstanden und eine realistischere, klügere und humanere Option sahen, als es jene Alternative bot, die die Anhänger der völkischen sudetendeutschen Bewegung verfochten. Das politische Versagen der sudetendeutschen völkischen Bewegung wird bis heute mit dem Schlagwort „verweigerte Selbstbestimmung" weder als solches beklagt noch kritisch aufgearbeitet. Die Opfer der Gewalt beider Weltkriege und die Opfer der beiden Friedensregelungen scheinen sich im deutschen kollektiven Gedächtnis in einem nach wie vor ungelösten Spannungsverhältnis gegenüberzustehen.

Neben dem alljährlichen Sudetendeutschen Tag gehören die „Festakte" und „Kundgebungen" zum „Tag der Selbstbestimmung" zu den wichtigsten sudetendeutschen öffentlichen Feierlichkeiten. Dabei wird der Zusammenstöße zwischen deutschen Demonstranten und den tschechoslowakischen Polizei- und Streitkräften vom 4. März 1919 erinnert, denen 54 Menschen zu Oper fielen. „Der 4. März 1919 war das blutige Sinnbild dessen, daß man das Versprochene nicht nur nicht eingehalten, sondern brutal mit Füßen getreten hat",[81] erläuterte der Vorsitzende der Sudetendeutschen Landsmannschaft Bernd Posselt im Jahre 2003 seine Deutung dieser Feierlichkeiten: „Wir brauchen endlich eine gerechte Völkerordnung in Europa."[82] Stehen die Sudetendeutschen Tage für die Demonstration der politischen Kraft der sudetendeutschen Organisationen, so steht der Erinnerungsort „4. März 1919" für die kulturhistorische Kontinuität: „Einmal im Jahr, am 4. März, dürfen die Sudetendeutschen trauern, dürfen an ihre Leiden erinnern und an die Verbrechen, deren Opfer sie geworden sind", erläuterte der Völkerrechtler Otto Kimminich diese Tradition Jahre 1988, als hätten nicht so viele Sudetendeutsche seitdem

---

81 Bernd Posselt, zit. in: Sudetendeutsche Zeitung, 14. 3. 2003.
82 Sudetendeutsche Zeitung, 9. 3. 2001.

Traurigeres erlebt.[83] Im Jahre 2003 verdeutlichte der Vertriebenenbeauftragte in Hessen, Rudolf Friedrich, dass es sich in Wirklichkeit keineswegs nur um das Erinnern handelt: „Vor 84 Jahren haben Schüsse tschechischen Militärs auf unbewaffnete sudetendeutsche Männer, Frauen und Kinder die Forderung nach Selbstbestimmung brutal und nachhaltig erstickt. Der Tag der Selbstbestimmung, den die Sudetendeutschen seither begehen, ist daher mehr als bloße Erinnerung." Dieser Tag zeige eine Aufgabe: „Die deutsch-tschechische Nachbarschaft setzt die Respektierung des Rechts voraus. Grundlage müssen die Anerkennung und Verwirklichung des Selbstbestimmungsrechtes sein."[84]

Die Feierlichkeiten zur Erinnerung an den 4. März 1919 finden alljährlich nicht nur in Deutschland, sondern auch in Österreich statt. Manchmal fallen sie besonders imposant aus, wie etwa im Jahre 1999. In Wien schickten damals der österreichische Bundespräsident, Thomas Klestil, sowie der Bundeskanzler Dr. Viktor Klima und der Vizekanzler Dr. Wolfgang Schüssel Grußworte, und die österreichische Bundesregierung wurde an dem Festakt vom Verteidigungsminister Werner Fasslabend vertreten. In Deutschland fand damals eine besonders eindrucksvolle Veranstaltung in Offenbach statt, mit „viel Prominenz und Seiner Kaiserlichen Hoheit", wie es in dem Bericht der *Sudetendeutschen Zeitung* hieß.[85] Der ehemalige Thronfolger Otto von Habsburg, zu jener Zeit Mitglied des Europäischen Parlaments für die CSU und Präsident der Paneuropa-Union, sprach in seiner Festrede vom „Schwindel" des Jahres 1918 und forderte eine „geistige und religiöse Erneuerung Europas" ein. Auch an die Worte des sudetendeutschen Historikers Emil Franzel wurde dabei erinnert: Der sudetendeutsche Freiheitskampf habe mit dem 4. März 1919 „seine Blutweihe empfangen".[86]

83 Otto Kimminich, Europäisches Schicksal in der Sudetenfrage, München 1988, S. 5.
84 Sudetendeutsche Zeitung, 7. 3. 2003.
85 Sudetendeutsche Zeitung, 2. 4. 1999.
86 Ebenda. Franzels Bild der „Blutweihe" gehört zum festen Bestandteil des Rituals, vgl. z. B. die schon zitierte Rede von Rudolf Friedrich von 2003, in: Sudetendeutsche Zeitung, 7. 3. 2003, oder den unten zitierten Terminus „Blutzeugen" von Konrad Henlein.

Ein uneingeweihter Besucher hätte meinen können, dass der 4. März 1919 zu den Erinnerungen der anwesenden Vertriebenen gehöre. In Wirklichkeit können sich nur noch ganz wenige heute an das Jahr 1919 persönlich erinnern. Vielmehr hat die sudetendeutsche völkische Bewegung mit diesem Erinnerungsort schon in der Zwischenkriegszeit das zentrale symbolische Sinnbild ihrer großdeutschen und antitschechoslowakischen Agitation konstruiert. In Tschechien erinnert man sich dabei an die nationalsozialistische Instrumentalisierung dieses Gedenktages, etwa an die Deutung dieses Erinnerungsortes durch Konrad Henlein aus dem Jahre 1939: „Die Toten des 4. März 1919 sind sudetendeutsche Blutzeugen für Großdeutschland. Ihre Opfersaat ist für uns Lebende zur schönsten Ernte reif geworden. Wenn wir nun als freie deutsche Menschen leben, dann soll stets ihr geheiligtes Vermächtnis in unseren Herzen brennen, daß wir zu jeder Stunde für des Volkes Freiheit und der Heimat Frieden zum größten und letzten Opfer bereit sein müssen."[87] Kurz nach dem Anschluss der tschechoslowakischen Grenzgebiete an das Großdeutsche Reich brachte hier der Gründer der Sudetendeutschen Heimatfront seine Freude darüber zum Ausdruck, dass die langjährige Sehnsucht nach dem, was die sudetendeutsche völkische Bewegung als „Selbstbestimmung" verstanden hatte, erfüllt wurde. Deshalb werden in Tschechien Erinnerungen wach, die in Deutschland heute kaum jemand kennt und daher auch nicht versteht, wenn Bernd Posselt heute noch in demselben Zusammenhang vom „blutigen Sinnbild" spricht und sagt: „wir brauchen endlich eine gerechte Völkerordnung in Europa". Auch der Begriff „Selbstbestimmung" bildet einen traditionsreichen Aspekt des sudetendeutsch-tschechischen Dialogs mit spezifischen Konnotationen.

---

87 Oskar Lukas, 4. März 1919. Das sudetendeutsche Blutopfer für Großdeutschland, Karlsbad/Leipzig 1939.

Das „Recht auf die Heimat" in der BRD

Das Lieblingsthema aller Vertriebenenpolitiker, das „Recht auf die Heimat", gehört nicht nur zu den unbeliebten Themen in Tschechien, sondern war auch in der Bundesrepublik von Anfang an umstritten.[88] Schon im Parlamentarischen Rat sprach sich 1949 Theodor Heuss gegen einen Antrag, das „Recht auf die Heimat" als ein Grundrecht im Grundgesetz zu verankern, aus: „Ich halte den Ausdruck ‚Jeder Mensch hat ein Recht auf seine Heimat' für eine rechtspolitisch unmögliche Formulierung. Schon der Begriff Heimat überhaupt ist ein Gefühlsbegriff, der gar nicht rechtlich zu umschreiben ist. Es gab einmal einen Unterstützungswohnsitz dadurch, daß man irgendwo geboren ist. Aber das Wort ‚Heimat' ist, so weit ich sehe, überhaupt keine Rechtsvorstellung. Und das, was Herr Dr. Seebohm dann vorgetragen hat – daß wir damit eine Rechtsunterlage für, ich weiß nicht welche Auseinandersetzungen mit der Welt bekämen –, ist barer Illusionismus; das hat mit einer realistischen Erfassung der Dinge schlechthin nichts zu tun – verzeihen Sie –, das ist eine innenpolitisch gesehene Darstellung. Auch wäre der Gedankengang, daß mit diesem Satz ein verfassungsrechtlicher Anspruch auf die Unterstützung dieser Millionen von Menschen begründet wäre, eine seltsame Verdrehung einfacher Dinge."[89]

Trotzdem fand die Vorstellung, dass der Begriff „Recht auf die Heimat" eine scheinbar selbstverständliche und natürliche Rechts-

---

88 Es handelt sich um einen ins Tschechische, aber auch in andere Sprachen, unübersetzbaren Begriff. „Es ist nicht leicht, den deutschen Ausdruck ‚Recht auf die Heimat' im Englischen wiederzugeben", gibt der bekannteste deutsche Experte Otto Kimminich zu. Vgl. Otto Kimminich, Das Recht auf die Heimat. Ein universelles Menschenrecht, München 1996, S. 13.
89 Parlamentarischer Rat, Sitzung des Hauptausschusses vom 18. 1. 1949, zit. nach: Das Recht auf die Heimat. Vorträge und Aussprachen, hrsg. im Auftrag der Evangelischen Akademie, Arnoldshain, und des Albertus Magnus Kollegs, Königstein von Dr. Dr. Kurt Rabl, 4 Bde., München 1958–1960, hier Bd. 4, S. 315.

norm beschreibe, rasch Eingang in das bundesdeutsche politische Vokabular. Der Begriff selbst wurde nicht durch das Nachschlagen in juristischer Fachliteratur gefunden, sondern zur Begründung einer klaren politischen Forderung erfunden und konstruiert. Sudetendeutsche Politiker und Juristen spielten dabei eine Vorreiterrolle.[90]

Schon in der „Eichstätter Erklärung" sudetendeutscher Politiker und Wissenschaftler vom 30. November 1949 wurde der Begriff „Heimat" mit einer Forderung verknüpft: „Unsere unabdingbare Forderung ist die Rückgabe der Heimat in den Sprachgrenzen und Siedlungsverhältnissen von 1937." Dabei ging es nicht um die Rückgabe der „Heimat" einzelner Vertriebener, sondern um „die Herstellung eines tragbaren Verhältnisses zwischen Deutschland und seinen westslawischen Nachbarn". Die Voraussetzung dafür sei „die Bereitschaft der Tschechen und Polen, den vertriebenen Deutschen ihre Heimat zurückzugeben", während die Vertriebenen verstehen sollten, „daß ihr gesamtes Verhalten diesen außenpolitischen Notwendigkeiten unterzuordnen ist". Den „Kampf um die Wiedergewinnung ihrer Heimat" sollten die Sudetendeutschen und alle Vertriebenen „in das große Ringen um die christlich-humanistische Wiedergeburt Europas" einordnen.[91] Somit rekonstituierte sich vier Jahre nach der zweiten großen deutschen Niederlage im 20. Jahrhundert erneut eine um die Revision der Nachkriegsvereinbarungen der Siegermächte bemühte sudetendeutsche Bewegung, die nicht nur den Blick auf gesamtdeutsche Ziele zu richten versuchte, sondern darüber hinaus um die Reorganisation von ganz Europa bemüht war.

90 Schon auf dem Ersten Bundeskongress der Vereinigten Ostdeutschen Landsmannschaften 1951 hielt der gebürtiger Prager Rudolf Laun die Festrede über das „Recht auf die Heimat", die zum ersten viel zitierten Grundlagentext im Vertriebenenmilieu geworden war. Rudolf Laun, Das Recht auf die Heimat, Hannover-Darmstadt 1951. Für die Indizien der mentalen Kontinuitäten sind dabei Launs 1919 entstandenen Schriften zu beachten. Rudolf Laun, Die tschechoslowakischen Ansprüche auf deutsches Land, Wien 1919 und ders./I. Lange, Czecho-Slovak Claims on German Territory, The Hague 1919.
91 Habel, Dokumente zur Sudetenfrage, S. 717.

Die von Konrad Adenauer geführte Bundesregierung schloss sich dem Bekenntnis zum „Recht auf die Heimat", wie es in der Stuttgarter Charter der Heimatvertriebenen 1950 postuliert war, jedoch erst weitere fünf Jahre später, am Palmsonntag 1955 an: „Die allgemeinen Menschenrechte müssen nach Auffassung der Bundesregierung auch das Recht auf die Heimat einschließen."[92] Am 28. September 1956 erklärte dann dementsprechend der Staatssekretär im Auswärtigen Amt im Deutschen Bundestag: „Die Bundesregierung hat stets das am 5. August 1950 in der Stuttgarter Charter der deutschen Heimatvertriebenen geforderte Recht auf die Heimat auf der Grundlage des Selbstbestimmungsrechts der Völker als politisches Ordnungsprinzip anerkannt. [...] Die Bundesregierung ist auch bemüht, dem Prinzip des Rechtes auf die Heimat mit allen geeigneten Mitteln zu internationaler Anerkennung zu verhelfen."[93] Diese Politik unterstützte auch die damals oppositionelle SPD.

Praktisch bedeutete diese politische Heimat-Doktrin in der BRD, dass führende deutsche Politiker zwar der „Anwendung von Gewalt" ihre Absage erteilten, jedoch mit friedlichen Mitteln die Ziele der Vertriebenenverbände und damit die Forderung nach der Revision der Vertreibung zu verfolgen versprachen. Damit wurde die politische Tradition jener „feierlichen Proteste" fortgesetzt, die den sudetendeutschen Politikern schon nach dem Ersten Weltkrieg in Österreich versprochen worden sind. Eine juristische Begründung der Rechtsansprüche, die im Namen des „Rechts auf die Heimat" erhoben werden, musste aber erst mühsam geschaffen werden. Deutsche Fachleute waren sich nämlich dessen bewusst, „daß die Konstruktion eines ‚Rechts auf die Heimat' als eines kollektiven Rechts mit außerordentlichen Schwierigkeiten verbunden ist".[94]

---

92 Rabl, Das Recht auf die Heimat, Bd. 1, S. 104.
93 Ebenda, S. 104 f.
94 Peter Schneider, Idee und Struktur eines kollektiven Rechts auf die Heimat, in: Rabl, Das Recht auf die Heimat, Bd. 2, S. 59–74, hier S. 69.

In den Jahren 1958–1960 fanden in der Evangelischen Akademie Arnoldshain (Taunus) sowie im Albertus Magnus Kolleg in Königstein (Taunus) vier „Fachtagungen" statt, die solche Schwierigkeiten beheben sollten.[95] Geleitet wurden sie von Kurt Rabl (1909–1992), dem ehemaligen Rechtsberater der Sudetendeutschen Heimatfront und ihres Chefs Konrad Henlein. Er hatte 1938 an den Erpressungen der Prager Regierung unmittelbar vor dem Münchner Abkommen teilgenommen, sich danach als Berater des „Führers" der Karpatendeutschen Partei, Franz Karmasin, in der Slowakei an der Errichtung eines quasi-selbständigen Slowakischen Staates unter der Obhut des Dritten Reiches beteiligt und schließlich als Leiter der Abteilung Rechtsetzung beim Reichskommissar für die besetzten niederländischen Gebiete Arthur Seyß-Inquart in Den Haag gewirkt.[96]

Da sich die anwesenden Fachleute einig waren, dass das Völkerrecht kein „Recht auf die Heimat" kannte, erklärte Kurt Rabl gleich zu Beginn: „Wenden wir uns zunächst dem menschenrechtlichen Aspekt der Frage zu, so müssen wir feststellen, daß das Wort ‚Heimat' oder gar der Begriff ‚Recht auf die Heimat' weder im Text der Allgemeinen UNO-Erklärung über die Menschenrechte vom 10. Dezember 1948 noch auch in irgend einer anderen völkerrechtlichen Erklärung oder Konvention vorkommt, die in der Erklärung der Bundesregierung vom 28. September 1956 erwähnt worden sind."[97] Um die internationale Durchsetzung der damals erarbeiteten neuen deutschen Begriffskonstruktion bemühen sich seitdem deutsche Juristen

95 Die Referate sowie Diskussionen sind in den schon zitierten vier Tagungsbänden erschienen: Rabl, Das Recht auf die Heimat; eine Zusammenfassung der wichtigsten Referate ist später erschienen als Das Recht auf die Heimat. Vorträge – Thesen – Kritik, hrsg. im Auftrag der Evangelischen Akademie, Arnoldshain, und des Albertus Magnus Kollegs, Königstein, sowie in Verbindung mit der Forschungsstelle für Nationalitäten- und Sprachenfragen, Marburg/L. von Dr. Dr. Kurt Rabl, München 1965.
96 Zur Biografie und Tätigkeit von Kurt Rabl vgl. Karel Fremund, Z Činnosti poradců nacistické okupační moci. Výběr dokumentů, in: Sborník archivních prací 16 (1966), H. 1, S. 3–46.
97 Ebenda, Bd. 1, S. 8 f.

und Politiker unermüdlich, wenn auch bisher mit mäßigem Erfolg. Dass es sich dabei um eine juristische Konstruktion handelte, die territoriale Ansprüche begründen sollte und die Revision der Potsdamer Entscheidungen der Alliierten Siegermächte über den Transfer (wie es damals offiziell hieß) der deutschen Bevölkerung aus der Tschechoslowakei und Polen zum Ziel hatte, ist in der deutschen Öffentlichkeit kaum jemandem bewusst.

Die Vertreter der sudetendeutschen Organisationen haben 1961 ihre Version der Forderung nach Revision der Vertreibung in der bis heute als gültig anerkannten programmatischen „Stellungnahme des Sudetendeutschen Rates zur Sudetenfrage" aus dem Jahre 1961 formuliert und ihre Vorstellungen über das „Recht auf die Heimat" in folgender Weise erläutert: „In unserem Falle verstehen wir darunter das Recht der sudetendeutschen Volksgruppe auf Rückkehr in ihre Heimat und auf ungestörtes Leben daselbst in freier Selbstbestimmung. Die Verhältnisse in Europa – auch zwischen der Bundesrepublik Deutschland und der Tschechoslowakei – können erst dann als normalisiert angesehen werden, wenn dieses Recht verwirklicht sein wird. Wir bekennen uns zum Selbstbestimmungsrecht als dem Recht der Völker und Volksgruppen, ihren politischen, wirtschaftlichen, sozialen und kulturellen Status frei zu bestimmen. Über das Schicksal der Sudetendeutschen und ihres Territoriums darf daher nur mit ihrer ausdrücklichen Zustimmung verfügt werden."[98]

„Das Recht auf die Heimat gilt"

Als der Bayerische Ministerpräsident Edmund Stoiber im Jahre 2002 Bundeskanzler werden wollte, warb er mit der Behauptung: „Das Recht auf die Heimat gilt."[99] Dabei erläuterte er nicht, was er sich

---

98 Zit. nach Habel, Dokumente zur Sudetenfrage, S. 769.
99 Zit. nach http://regierungsprogramm.cdu.de/regierungsprogramm-02-06-b.pdf vom 19. 2. 2004.

genau darunter vorstellte, machte jedoch klar, dass die Freizügigkeit und Niederlassungsfreiheit im Rahmen der EU nur *ein Schritt* hin zur Verwirklichung des Rechtes auf die Heimat der deutschen Vertriebenen seien. Damit trägt auch Edmund Stoiber zu der altbekannten deutsch-österreichischen politischen Tradition bei, mit der die Agitation völkischer sudetendeutscher Politiker unterstützt wird, laut genug, um in Tschechien ein beruhigtes Vergessen der sudetendeutschen völkischen Tradition aus der ersten Hälfte des 20. Jahrhundert nicht aufkommen zu lassen, aber nicht zu laut, um sich selbst nicht ins politische Abseits hineinzumanövrieren. Als sehr bedenklich ist darüber hinaus der Umstand zu bewerten, dass es sich hier nicht nur um die Meinungsäußerung eines prominenten Politikers handelt, sondern um Passagen aus dem Wahlprogramm der CDU/CSU, die nicht zu Unrecht beansprucht, die Hälfte des politischen Spektrums der Bundesrepublik Deutschland zu repräsentieren.

Zu Beginn des 21. Jahrhunderts hallen die nach der Revision der Nachkriegsordnungen von 1918 und von 1945 rufenden Stimmen über die bayerisch-tschechische Grenze wie die Geräusche eines unfassbaren Trugbilds ins Landesinnere Tschechiens hinein bis nach Prag. Das Wissen darüber, dass es sich keineswegs um Stimmen einiger verbitterter Vertriebenengruppen handelt, die mit ihren Erinnerungen nicht zurecht kommen, sondern dass der *Anspruch, das Sudetengebiet als ihr Heimatland tatsächlich zu besitzen,* die programmatische Grundlage eines staatlich finanzierten institutionellen Gefüges bildet, erweckt Assoziationen mit jenen Vereinen, die das sog. Grenzland- und Auslandsdeutschtum in der Weimarer Republik im Namen großdeutsch-völkischer Zielvorstellungen unterstützten und den Boden für eine Subversion durch die Fünfte Kolonne Adolf Hitlers vorbereiteten. Die Tatsache, dass viele deutsche Journalisten unter dem einen oder anderen Vorwand (wie „Miloš Zemans empörende Äußerungen" oder „Beneš-Dekrete") die Schlagworte der völkischen sudetendeutschen Propaganda bis in die Schlagzeilen der deutschen Medien immer wieder in die öffentliche Debatte einbringen, bestärkt die beunruhigenden Erinnerungen in Tschechien zusätzlich. Die problemlosen Alltagserfahrungen von Millionen Deutschen und Tschechen in ihren Kontakten scheinen dem Bedrohungsgefühl zwar zu widersprechen, aber der Mangel an Verständnis vieler Deutscher für die kulturhistorische Kontinuität der sudetendeutschen völkischen Tradition und die bisher ausgebliebene Distanzierung deutscher Politiker von sudetendeutschen Forderungen tragen zum Fortleben jener Tradition bei, die zu den tschechischen traumatischen Erinnerungsorten des 20. Jahrhundert gehört.

Ein Überblick über die sudetendeutschen Vorschläge zur Gestaltung der sudetendeutsch-tschechischen Beziehungen, die seit der Gründung der Bundesrepublik in der Vertriebenenpresse gemacht wurden, wäre sehr lang und böte für viele Deutsche Überraschungen. So etwa schlug 1956 der bis heute verehrte Gründer der Ackermann-Gemeinde und damalige Bundestagsabgeordnete Hans Schütz (1901–1982) vor, dass „von tschechischer Seite" auf die „Ausdehnung des tschechischen Volkstums und der tschechischen Sprache über die Sprach- und Siedlungsgrenze von ehedem hinaus" verzichtet werden müsse, wenn es zu einer Versöhnung kommen solle: „Unter den heutigen Umständen bedeutet das die Bereitschaft zu einer Zurücknahme der tschechischen Einwanderung aus den sudetendeutschen Gebieten und zu einer Anerkennung des Heimatrechtes der ausgewiesenen Sudetendeutschen auf diese Siedlungsgebiete."[100] Im Klartext bedeutete es, dass das Sudetengebiet ähnlich wie 1938 wieder geräumt und diesmal der Sudetendeutschen Landsmannschaft zur Verwaltung übergeben werden solle. Günter Reichert, 1992–2000 Präsident der Bundeszentrale für politische Bildung und gegenwärtig der Landesobmann der Sudetendeutschen Landsmannschaft in Nordrhein-Westfalen, stellte im Jahre 1986 dagegen fest: „Es wird also irgendeine Form der ‚Staatlichkeit' ausgewählt werden müssen, in der Deutsche,

---

[100] Genossenschaft gleichberechtigter Völker. Tschechisch-Sudetendeutsche Beziehungen als Problem westlicher Friedens- und Freiheitspolitik, München 1956, S. 98.

Tschechen und gegebenenfalls Slowaken ihre Zukunft gestalten." Dabei skizzierte er eine Reihe von Optionen: eine weitgehende „Autonomie der sudetendeutsche Volksgruppe in einem gemeinsamen Staatsverband mit Tschechen", ein sudetendeutscher „Gliedstaat [...] in einem Bundesstaat" Tschechoslowakei, ein „europäisiertes, internationalisiertes Territorium am Rande nationaler Kerngebiete" oder „die Bildung eines eigenen sudetendeutschen Staates".[101]

In den neunziger Jahren hat sich zwar manches verändert, aber vieles blieb auch beim Alten. Die Diskussion innerhalb der Vertriebenenverbände „zu den außenpolitischen Konzepten für den ehemaligen Reichsgau Sudetenland" entwickelte sich trotz des neuen Vertrags zwischen der Bundesrepublik und der Tschechoslowakei von 1992 weiter.[102] Als allgemein geteilte Prämisse galt nach wie vor die alte großdeutsch-völkische Vorstellung von der tschechischen Usurpation deutschen Bodens, wie es etwa Alfred Ardelt, Präsidiumsmitglied der Bundesversammlung der Sudetendeutschen Landsmannschaft und 1986–2000 ihr Landesobmann in Niedersachsen, zusammenfasste: „Die Tschechen haben das deutsche Land 1918 besetzt, sie mussten es 1938 herausgeben, sie haben es 1945 erneut besetzt und sie halten es besetzt. Das muß unsere Position sein."[103] Daraus ergebe sich: „Den Tschechen darf nichts genommen werden, was ihnen gehört. Das Sudetenland gehört ihnen nicht, das haben sie besetzt, und das halten sie weiter besetzt."[104] Während Ardelt die Folgen des Ersten Weltkriegs zu revidieren bemüht war, gab sich der Leitartikel der *Sudetendeutschen Zeitung* vom 26. 4. 2002 mit der Revision des Potsdamer Abkommens von 1945 zufrieden: „Die Ergebnisse des

101 Witiko Brief, 30. Januar 1987, F. 1.
102 Vgl. Salzborn, Heimatrecht und Volkstumskampf, S. 105.
103 Die Tschechoslowakei. Das Ende einer Fehlkonstruktion. Die Sudetendeutsche Frage bleibt offen, hrsg. von Rolf-Josef Eibicht u. a., Berg 1992, S. 111.
104 Alfred Ardelt, Unverzichtbare Grundsätze einer sudetendeutschen und Ostdeutschen Heimatpolitik ohne Tabus, in: Rolf-Josef Eibicht (Hrsg.), 50 Jahre Vertreibung.. Der Völkermord an den Deutschen. Ostdeutschland – Sudetenland, Rückgabe statt Verzicht, Tübingen 1995, S. 162–170, hier S. 169.

Zweiten Weltkriegs sind tot [...], das Potsdamer Protokoll hat keinerlei völkerrechtliche Qualität."

Die Erkenntnis, dass das Völkerrecht keineswegs ein Ausdruck (sudeten)deutscher Rechtsvorstellungen, sondern ein komplexes Gefüge aus international anerkannten Vereinbarungen sei, scheint sich im sudetendeutschen völkischen Milieu immer noch nicht durchgesetzt zu haben.

Tschechische Politiker sind meist schlecht informiert und ratlos; zu unrealistisch erscheinen die sudetendeutschen Zielvorstellungen den meisten Tschechen. Holt sich etwa die tschechische Regierung Rückendeckung bei ihren (und Deutschlands) Verbündeten USA und Großbritannien, die die Gültigkeit ihrer im Potsdamer Abkommen festgehaltenen Nachkriegsvereinbarungen über die Umsiedlung der deutschen Bevölkerung aus Osteuropa bestätigen, dann erklären prompt sudetendeutsche Experten, dass die Worte amerikanischer oder britischer Diplomaten, etwa „die am 14. Februar 1996 abgegebenen Erklärungen der politischen Abteilungen der Außenministerien in Washington und London zum Potsdamer Abkommen völlig wirkungslos" seien.[105] Für tschechische Politiker ist es deshalb nicht leichter als für Antje Vollmer, sich darüber Klarheit zu verschaffen, was sudetendeutsche Politiker eigentlich wollen. Wenn die Sudetendeutsche Landsmannschaft „den Rechtsanspruch auf die Heimat, deren Wiedergewinnung und das damit verbundene Selbstbestimmungsrecht der Volksgruppe durchzusetzen" versucht, ist es zumindest unklar, ob sie etwa das vermeintlich „besetzte deutsche Land" zu befreien und die „Ergebnisse des Zweiten Weltkrieges" zu revidieren versucht. Nur eine breite öffentliche deutsche Debatte kann hier Klärung bringen.

Wenn das „Recht auf die Heimat" gelten und die „Anerkennung und Verwirklichung des Selbstbestimmungsrechtes" zu den Voraussetzungen einer guten deutsch-tschechischen Nachbarschaft gehören sollen, wie Edmund Stoiber und Rudolf Friedrich meinen, dann wäre

---

105 Otto Kimminich, Das Recht auf die Heimat. Ein universelles Menschenrecht, München 1996, S. 12.

es nach mehr als einem halben Jahrhundert Zeit zu klären, wie das beanspruchte Heimat- und Selbstbestimmungsrecht nach den Vorstellungen seiner Protagonisten zu implementieren wäre und ob es dafür in Deutschland überhaupt einen tragbaren Konsens gäbe. Die Klagen sudetendeutscher Politiker über ein mangelhaftes Verständnis in der deutschen Öffentlichkeit für die Sudetenfrage als einer „unerledigten Geschichte" sind möglicherweise berechtigt, und die deutschen Steuerzahler wissen gar nicht, welche politischen Zielvorstellungen die von ihnen finanzierten Organisationen verfolgen. Auf jeden Fall sind die sudetendeutschen Politiker mit ihren Zukunftsplänen schon viel zu lange in der Isolation einer ungenügend beachteten Nische der deutschen demokratischen Öffentlichkeit sich selbst überlassen worden.

Der Anspruch sudetendeutscher Politiker, *das Sudetengebiet als ihr Heimatland tatsächlich zu besitzen*, ist unrealistisch, und je länger er stillschweigend aufrechterhalten wird, um so neurotischer werden sich die (sudeten)deutsch-tschechischen Beziehungen entwickeln. Das ambivalente Schweigen der deutschen Öffentlichkeit trägt nicht zur Beruhigung der Gemüter bei. Es sind nicht die Erinnerungen an Flucht und Vertreibung der Deutschen nach dem Zweiten Weltkrieg, die im sudetendeutsch-tschechischen Dialog Schwierigkeiten bereiteten, wie so viele Deutsche irrtümlicherweise glauben. Vielmehr wird die Gegenwart von den fortwirkenden Überbleibseln der Vergangenheit belastet. Zwischen vielen Deutschen und vielen Tschechen steht nach wie vor die sudetendeutsche völkische Tradition als die eigentliche Barriere für einen friedlichen Abschied von einer traurigen und leidvollen Vergangenheit. Der Historiker Karel Richter hat es in dem 2003 in Prag veröffentlichten Sammelband *Ohne die Dämonen der Vergangenheit: Die Tschechisch-deutschen Beziehungen in den Schicksalsmomenten der gemeinsamen Geschichte* so formuliert: „Auf den alljährlichen Vertriebenentreffen, die von der Sudetendeutschen Landsmannschaft in München organisiert werden, erklingt immer wieder die alte Forderung nach dem Recht auf Selbstbestimung und dem auf die Heimat. Das kann nicht anders wahrgenommen werden als eine Bemühung, dass das tschechische Grenzland zum sudetendeutschen Siedlungsgebiet erklärt und den Sudetendeutschen das Recht zugestanden wird, es wieder zu besiedeln und dort ihre Selbstbestimmung auszuüben, so wie sie es seit dem Jahre 1918 forderten. Wie wenn es keinen Krieg gegeben hätte, wie wenn es keine Niederlage des großdeutschen und sudetendeutschen Nationalsozialismus gegeben hätte. Einige Repräsentanten der Landsmannschaft möchten das Rad der Geschichte in das Jahr 1938 zurückdrehen und den henleinschen Mißerfolg diesmal unter dem Vorwand einer neuen, gesamteuropäischen Ordnung korrigieren. Der Transfer der Sudetendeutschen, so wie der polnischen Deutschen, die beide durch das Potsdamer Abkommen gebilligt wurden, kann aus heutiger Sicht kritisiert werden, ja auch verurteilt werden, aber es kann nicht durch einen Massentransfer in umgekehrter Richtung wiedergutgemacht werden. Die Deutschen aus den tschechischen Gebieten und aus den an Polen angeschlossenen Gebieten müssen sich damit abfinden, daß der Verlust ihrer ursprünglichen Heimat zu den unersetzbaren Kriegsverlusten gehört wie die Verluste an Menschenleben. Wenn sich die Sprecher einiger Sudetendeutschen an ihre nationalistischen Mythen festklammern, sind sie auf einem Irrweg."[106]

Seit dem Sturz der kommunistischen Diktatur ist in Tschechien eine schier unüberschaubare Menge von Literatur entstanden, in der die damaligen Lebensbedingungen und das Leid der deutschsprachigen Bevölkerung detailliert geschildert werden,[107] und es gehört mitt-

106 Bez démonů minulosti. Česko-německé vztahy v osudových okamžicích společné minulosti. Kolektiv autorů pod vedením Karla Richtera, Praha 2003, S. 11.
107 Slavěna Rohlíková, Vysídlení Němců z Československa. Výběrová bibliografie z let 1945–2001 [Die Aussiedlung der Deutschen aus der Tschechoslowakei. Auswahlbibliographie für die Jahre 1945–2001], in: Soudobé dějiny 9, 2002, S. 168–186; Věra Břeňová, Vysídlení Němců a jeho reflexe v současných českoněmeckých vztazích. Výběrová bibliografie článků z časopisů a sborníků vydaných v letech 1990-2001 [Die Aussiedlung der Deutschen und deren Widerschein in den gegenwärtigen tschechisch-deutschen Beziehungen. Auswahlbibliografie von Zeitschriftenaufsätzen und Beiträgen in Sammelbänden aus den Jahren 1990–2001], in: Soudobé dějiny 9, 2002, S. 348–367.

lerweile zum öffentlichen Ritual, das Bedauern darüber zum Ausdruck zu bringen. Die überall in Tschechien spürbar ablehnende Haltung gegenüber allen Spuren der in Deutschland kaum bekannten sudetendeutschen völkischen Tradition hängt jedoch nicht mit den Erinnerungen an den Zweiten Weltkrieg und die Vertreibung zusammen, sondern mit der fortdauernden Pflege und politische Wirkung dieser Tradition. Sie hätte längst zu einem vergangenen und überwundenen tschechischen Trauma der ersten Hälfte des 20. Jahrhunderts werden können, aber stattdessen wurde diese Tradition zum längsten tschechischen Trauma des 20. Jahrhunderts, ohne dass es absehbar ist, wann sie kritisch aufgearbeitet und ad acta gelegt werden kann.

ANDREAS MIX

Juristische Ermittlungen und historische Forschung in Polen
Von der „Hauptkommission" zum Institut des Nationalen Gedenkens

Die Erinnerung an den Zweiten Weltkrieg und die Besatzungszeit nehmen im kollektiven Gedächtnis der polnischen Gesellschaft einen zentralen Platz ein. Dem Institut des Nationalen Gedenkens (Instytut Pamięci Narodowej, IPN) und seiner Vorläuferinstitution in der Volksrepublik, der Hauptkommission zur Untersuchung der Hitleristischen Verbrechen in Polen, kommt dabei eine besondere Bedeutung zu. An ihrer Arbeit, der strafrechtlichen Ermittlung, Dokumentation und wissenschaftlichen Forschung, lassen sich die Veränderungen in der offiziellen Erinnerung an Krieg und Besatzungszeit beispielhaft ablesen.

Die demografischen und materiellen Verluste Polens während des Zweiten Weltkriegs und der zwei Besatzungen, der deutschen und der sowjetischen, waren immens: Von den 35 Millionen polnischen Staatsbürgern wurden knapp 6 Millionen in den Jahren von 1939 bis 1945 ermordet, unter ihnen mindestens 2,7 Millionen polnische Juden.[1] Industrie und Landwirtschaft waren zerstört und große Teile

---

[1] Vgl. Hans-Jürgen Bömelburg/Bogdan Musial, Die deutsche Besatzungspolitik in Polen 1939–1945, in: Deutsch-polnische Beziehungen 1939–1945–1949. Eine Einführung. Hrsg. von Włodzimierz Borodziej/Klaus Ziemer, Osnabrück 2000, S. 43–111; Wanda Krystyna Roman, Die sowjetische Okkupation der polnischen Ostgebiete 1939 bis 1941, in: Die polnische Heimatarmee. Geschichte und Mythos der Armia Krajowa seit dem Zweiten Weltkrieg. Hrsg. von Bernhard Chiari, München 2003, S. 87–109. Vgl. auch den Beitrag von Piotr Madajczyk in diesem Band.

des kulturellen Erbes vernichtet. Obwohl Polen Mitglied der siegreichen Antihitlerkoaliton war, gehörte es dennoch zu den Verlierern des Kriegs. Unter dem Druck der Sowjetunion wurde das polnische Staatsgebiet verkleinert und nach Westen verschoben, mehr als 1,5 Millionen Polen sind aus den Ostgebieten zwangsweise umgesiedelt worden und ein sowjetisches Herrschaftssystem wurde eingeführt, das erst nach mehrjährigen bürgerkriegsähnlichen Auseinandersetzungen etabliert werden konnte.

Die Strafverfolgung der NS-Verbrechen in Polen

Über die strafrechtliche Verfolgung der nationalsozialistischen Verbrechen bestand zwischen der Exilregierung in London und den neuen kommunistischen Machthabern ein Konsens. Bereits während des Kriegs hatte die polnische Exilregierung begonnen, die deutschen Kriegsverbrechen zu dokumentieren und öffentlich anzuklagen.[2] Die Londoner Exilregierung gehörte zu den Unterzeichnern der Moskauer Deklaration vom 30. Oktober 1943, in der die Alliierten erklärten, Deutsche, die Kriegsverbrechen in den besetzten Ländern begangen hatten, an die entsprechenden Nationen zur Aburteilung auszuliefern. Die von Stalin erzwungene Anerkennung der kommunistisch dominierten provisorischen Regierung der nationalen Einheit führte schließlich dazu, dass es den neuen, mit der Sowjetunion verbündeten Machthabern oblag, die deutschen Verbrechen zu ahnden. Nicht verfolgt werden konnten unter diesen Bedingungen die sowjetischen Verbrechen der Besatzungszeit von 1939 bis 1941. Sie gehörten bis zum Ende der Volksrepublik Polen zu den „weißen Flecken" in der offiziellen Erinnerung. Auch die Ermittlungen der deutschen Verbre-

---

2   Vgl. Elżbieta Kobierska-Motas, Rząd Polski na Emigracji wobec problemu dokumentowania niemieckich przestęstw wojennych, in: Pamięc i Sprawiedliwość. Biuletyn Głównej Komisji Badania Zbrodni przeciwko Narodowi Polskiemu/Instytutu Pamięci Narodowej Nr. 37 (1995), S. 175–202.

chen in den ehemaligen polnischen Ostgebieten, die nach 1945 den Sowjetrepubliken von Litauen, Weißrussland und der Ukraine zugeschlagen wurden, waren den polnischen Behörden entzogen.

Auf Beschluss des von der Roten Armee unterstützen Polnischen Komitees für die Nationale Befreiung (Polski Komitet Wyzwolenia Narodowego, PKWN) begannen bereits im August 1944 polnisch-sowjetische Kommissionen mit der Untersuchung der deutschen Verbrechen in den befreiten polnischen Gebieten westlich des Bugs.[3] Im November desselben Jahres wurden in einem ersten Prozess SS-Angehörige des Konzentrationslagers Majdanek in Lublin angeklagt. Grundlage für die Aburteilung lieferte ein im August 1944 verabschiedetes Dekret, das die Strafbemessung für NS-Verbrechen festlegte.[4] Im Frühjahr 1945 ermittelte eine polnisch-sowjetische Kommission auch in Auschwitz.[5] Für die weitere Untersuchung der NS-Verbrechen gründete der Landesnationalrat (Krajowa Rada Narodowa, KRN) Ende März 1945 die Hauptkommission zur Untersuchung der deutschen Verbrechen in Polen (Główna Komisja Badania Zbrodni Niemieckich w Polsce).[6] Ihr erster Direktor wurde Alfred Fiderkiewicz, ein ehemaliger Auschwitzhäftling.[7] Die Hauptkommission unterstand dem Justizministerium. Ihre Aufgabe war das Sammeln von Beweismitteln über die deutschen Verbrechen in Polen, die Veröffentlichung von Untersuchungsergebnissen und die Zusammenarbeit mit den Al-

---

[3] Vgl. Czesław Pilichowski, Problematyka badania zbrodni hitlerowskich i ścigania ich sprawców w latach 1944/45–1980, in: 35-lecie Głównej Komisji Badania Zbrodni Hitlerowskich w Polsce. Sesja plenarna 10 listopad 1980 r. Praca zbiorowa, Warszawa 1982, S. 27–37.

[4] Das „August-Dekret" wurde bis 1949 gemäß den Richtlinien des IMT mehrfach novelliert.

[5] Vgl. Maria Gacek, Okręgowa Komisja Badania Zbrodni Hitlerowskich w Krakowie. Działalność w latach 1945–1979, in: 35-lecie Głównej Komisji, S. 272.

[6] Vgl. Główna Komisja Badania Zbrodni Niemieckich w Polsce i jej oddziały terenowe w 1945 roku. Wybór dokumentów. Hrsg. von Mieczysław Motas, Warszawa 1995.

[7] Vgl. Nekrolog, in: Biuletyn Głównej Komisji Badania Zbrodni Hitlerowskich w Polsce Nr. 25 (1972), S. 10 ff.

liierten bei der Verfolgung von Kriegsverbrechern. Am Prozess gegen die Hauptkriegsverbrecher vor dem Internationalen Militärtribunal in Nürnberg (IMT) war Polen nicht mit einer eigenen Delegation vertreten. Polnische Juristen unterstützten jedoch die sowjetischen Vertreter.[8] Insbesondere für die Ermittlungen gegen den Generalgouverneur Hans Frank konnten sie wichtiges Beweismaterial liefern.

Die Hauptkommission arbeitete eng mit der ebenfalls 1945 gegründeten Polnischen Militärmission zur Untersuchung der deutschen Kriegsverbrechen (Polska Misja Wojskowa Badania Niemieckich Zbrodni Wojennych) zusammen. Die Militärmission betrieb bei den alliierten Besatzungsmächten in Deutschland die Suche und Auslieferung von Kriegsverbrechern an Polen. Auf die Kriegsverbrecherlisten der United War Crimes Commission (UNWCC) ließen die polnischen Behörden über 7400 Personen eintragen.[9] Bis 1950 überstellten die Alliierten mehr als 1800 von ihnen. Zu ihrer Aburteilung gründete die polnische Regierung 1946 das Oberste Nationaltribunal (Najwyższy Trybunał Narodowy, NTN), das, gestützt auf die Grundsätze des IMT, bis 1948 insgesamt sieben Prozesse gegen prominente Vertreter der deutschen Besatzungsmacht führte, u. a. gegen die Gauleiter vom Wartheland und von Danzig-Westpreußen und die Kommandanten der Konzentrationslager Auschwitz und Płaszów.[10]

8   Vgl. Mieczysław Motas, Delegacja Polska w Norymberdze 1945–1946, in: Pamięc i Sprawiedliwość. Biuletyn Głównej Komisji Badania Zbrodni przeciwko Narodowi Polskiemu/Instytutu Pamięci Narodowej Nr. 40 (1997/98), S. 57–85.

9   Vgl. Elżbieta Kobierska-Motas, Ekstradycja przestępców wojennych do Polski z czterech stref okupacyjnych Niemiec 1946–1950. 2 Bde., Warszawa 1991/92; Bogdan Musial, NS-Kriegsverbrecher vor polnischen Gerichten, in: Vierteljahrshefte für Zeitgeschichte 47 (1999), S. 22–56.

10 Vor dem NTN wurden der Gauleiter des Warthelands, Arthur Greiser, der Gauleiter von Danzig-Westpreußen, Albert Forster, der Regierungschef des GG, Dr. Josef Bühler, der Gouverneur des Districts Warschau, Dr. Ludwig Fischer, der Kommandant des KL Płaszów, Amon Göth, der Kommandant des KL Auschwitz, Rudolf Höß, und vierzig Angehörige der Lager-SS aus dem KZ Auschwitz angeklagt.

Die Mehrzahl der Prozesse führten jedoch die regionalen Gerichte. Bei ihren Ermittlungen wurden sie von den Außenstellen der Hauptkommission unterstützt. In dreizehn größeren polnischen Städten waren von 1945 bis 1949 diese Bezirkskommissionen tätig.[11] In Zusammenarbeit mit den lokalen Behörden sicherten sie Dokumente, suchten und vernahmen Zeugen, führten Tatortbesichtigungen und Exhumierungen durch. Den Bezirkskommissionen fielen damit die Hauptaufgaben bei den Ermittlungen zu. An ihrer Arbeit beteiligten sich Juristen und Mediziner, aber auch bekannte Persönlichkeiten des öffentlichen Lebens wie die Schriftstellerin Zofia Nałkowska.[12] Der prominenteste Prozess vor einem Bezirksgericht fand 1951 in Warschau statt, als der ehemalige SS- und Polizeiführer Jürgen Stroop wegen der Niederschlagung des Warschauer Ghettoaufstands angeklagt und zum Tode verurteilt wurde. Bis Anfang der fünfziger Jahre wurden insgesamt knapp 5500 Deutsche und Deutschstämmige von polnischen Gerichten wegen Kriegsverbrechen und Verbrechen gegen die Menschlichkeit verurteilt.[13]

Die Ergebnisse ihrer Untersuchungen machte die Hauptkommission der Öffentlichkeit zugänglich. Im Warschauer Nationalmuseum eröffnete sie bereits 1946 eine Ausstellung über deutsche Verbrechen während der Okkupation. Im gleichen Jahr erschien auch die erste Ausgabe des Bulletins der Hauptkommission, das sich zu einem wichtigen Publikationsorgan für die Erforschung des Zweiten

---

11 Bezirkskommissionen wurden in Bydgoszcz, Częstochwa, Gdańsk, Katowice, Krakau, Lublin, Łódź, Poznań, Radom, Siedlce, Tarnów, Warschau und Wrocław gegründet. Vgl. Główna Komisja.
12 Die Arbeit der Hauptkommission schilderte Nałkowska, eine bekannte Romanschriftstellerin aus der Zwischenkriegszeit, in einer Reihe von Erzählungen, die in der Volksrepublik Polen zur schulischen Pflichtlektüre gehörten. Vgl. Zofia Nałkowska, Medaliony, o. O. 1946.
13 Vgl. Edmund Dmitrów, Vergangenheitspolitik in Polen 1945–1989, in: Borodziej/Ziemer, Beziehungen, S. 239. Auf der Grundlage des „August-Dekrets" verfolgten die kommunistischen Behörden auch polnische Kollaborateure und politische Gegner wie Angehörige der Heimatarmee.

Weltkriegs und der Besatzungszeit entwickelte.[14] In den ersten Heften erschienen Beiträge über die Konzentrations- und Vernichtungslager in Polen, über die Verbrechen von Wehrmacht, SS und Polizei und die wirtschaftliche Ausbeutung des Generalgouvernements – Themen, die auch in den folgenden Jahrzehnten die polnische Forschung zum Zweiten Weltkrieg bestimmten.

Im Dezember 1949 wurde die Hauptkommission zur Untersuchung der deutschen Verbrechen in Polen in Hauptkommission zur Untersuchung der Hitleristischen Verbrechen (Główna Komisja Badania Zbrodni Hitlerowskich w Polsce) umbenannt – eine Referenz an den neuen sozialistischen Bruderstaat DDR, der die antifaschistischen Traditionen der deutschen Geschichte für sich reklamierte. Der Kalte Krieg und die Gründung der beiden deutschen Staaten führten dazu, dass die Alliierten die Auslieferung mutmaßlicher Kriegsverbrecher an Polen 1949 einstellten. Nachdem die Strafprozesse abgeschlossen waren, wurden die Bezirkskommissionen bis auf eine Ausnahme aufgelöst und die Zahl der Mitarbeiter der Hauptkommission deutlich verringert.[15] Nicht mehr die Unterstützung der nationalen und alliierten Ermittlungsbehörden bei der Strafverfolgung der NS-Ver-

14 Biuletyn Głównej Komisji Badania Zbrodni Niemieckich w Polsce, ab 1949 Biuletyn Głównej Komisji Badania Zbrodni Hitlerowskich w Polsce. Von 1991 bis 1994 erschien es unter dem Titel Biuletyn Głównej Komisji Badania Zbrodni przeciwko Narodowi Polskiemu/Instytutu Pamięci Narodowej. Seit 1995 trägt es den Titel Pamięć i Sprawiedliwość. Biuletyn Głównej Komisji Badania Zbrodni przeciwko Narodowi Polskiemu/Instytutu Pamięci Narodowej.
15 Vgl. Ryszard Walczak, Die NS-Verbrechen im Spiegel der Ermittlungen der Hauptkommission, in: Tomasz Kranz (Hrsg.), Die Verbrechen des Nationalsozialismus im Geschichtsbewußtsein und in der historischen Bildung in Deutschland und Polen, Lublin 1998, S. 69 f. Die Bezirkskommission Krakau bestand bis 1953. Vgl. Gacek, Okręgowa Komisja, S. 274. Die Auflösung der Bezirkskommissionen geschah in der Hochzeit des polnischen Stalinismus, der von massiven Repressionen der staatlichen Sicherheitsorgane geprägt war. Aufgelöst wurde 1950 auch die Polnische Militärmission in Berlin.

brechen, sondern die Dokumentation und Erforschung des Krieges und der Besatzungszeit standen nunmehr im Mittelpunkt der Arbeit der Hauptkommission. In Zusammenarbeit mit dem Westinstitut in Poznań, dem Polnischen Militärinstitut, den Gedenkstätten in den ehemaligen Konzentrationslagern und anderen nationalen Institutionen entstanden Quelleneditionen und Darstellungen über die Besatzungszeit und die NS-Verbrechen. So wurden beispielsweise der Bericht des SS- und Polizeiführers Jürgen Stroop über die Zerstörung des Warschauer Ghettos, Auszüge aus dem Diensttagebuch des Generalgouverneurs Hans Frank und die Aufzeichnungen des Kommandanten von Auschwitz Rudolf Höß in Polen bereits in den fünfziger Jahren veröffentlicht.[16]

Die Tätigkeit der Hauptkommission seit den sechziger Jahren

Die strafrechtlichen Ermittlungen der Hauptkommission erfuhren Anfang der sechziger Jahre eine Wiederbelebung, in deren Folge bis 1965 die Bezirkskommissionen reaktiviert und z. T. neu gegründet wurden.[17] Der Anstoß hierzu kam aus der Bundesrepublik, wo Ende der fünfziger Jahre die Verfolgung der NS-Verbrechen systematisch aufgenommen wurde. Eine wichtige Aufgabe kam dabei der 1958 von den Justizministern der Bundesländer gegründeten Zentralen Stelle der Landesjustizverwaltungen zur Aufklärung nationalsozialistischer Verbrechen zu (kurz: Zentrale Stelle).[18] Bei ihren Ermittlungen stie-

---

16 Vgl. Stanisław Piotrowski, Dziennik Hansa Franka, Warszawa 1956; ders., Sprawozdanie Juergena Stroopa o zniszczeniu Getta Warszawskiego, Warszawa 1948; Autobiografia Rudolfa Hoessa, in: Biuletyn Głównej Komisji Badania Zbrodni Hitlerowskich w Polsce Nr. 7 (1951), S. 59–221.
17 Bezirkskommissionen existierten in Białystok, Bydgoszcz, Gdańsk, Katowice, Kielce, Koszalin, Krakau, Lublin, Łódź, Olsztyn, Opole, Poznań, Rzeszów, Szczecin, Warschau, Wrocław und Zielona Góra.
18 Vgl. Adalbert Rückerl, NS-Verbrechen vor Gericht. Versuch einer Vergangenheitsbewältigung, Heidelberg ²1984, S. 139–151.

ßen deren Mitarbeiter rasch auf Schwierigkeiten. Nicht nur die Orte der größten nationalsozialistischen Verbrechen, sondern auch zahlreiche Beweismittel befanden sich in den Ländern des Ostblocks, insbesondere in Polen. Da die Bundesrepublik und die Volksrepublik Polen keine diplomatischen Beziehungen unterhielten, gestaltete sich die Zusammenarbeit zwischen den bundesdeutschen und polnischen Ermittlungsbehörden zu einem Politikum. Bereits 1959, ein Jahr vor Ablauf der Verjährung für die während des Nationalsozialismus verübten Verbrechen des Totschlags, hatte die Hauptkommission der Zentralen Stelle die Auswertung von Dokumenten aus ihren Beständen angeboten.[19] Das Material sahen die deutschen Staatsanwälte in der polnischen Militärmission beim Alliierten Kontrollrat in Berlin ein. Rechtshilfe leistete die Hauptkommission den deutschen Ermittlungsbehörden auch im Frankfurter Auschwitzprozess bei der Suche nach Zeugen und bei der spektakulären Ortsbesichtigung des Gerichts im ehemaligen Konzentrationslager im Dezember 1964.[20]

Vor der Verjährung der während des Nationalsozialismus begangenen Mordtaten intensivierten auf Beschluss der Bundesregierung die deutschen Ermittlungsbehörden ihre Arbeit. Im Dezember 1964, ein Jahr vor Ablauf der Verjährungsfrist, bat die Zentrale Stelle die Hauptkommission um die weitere Auswertung ihrer Bestände. Anfang 1965 konnten deutsche Staatsanwälte daraufhin erstmals in polnischen Archiven Material einsehen.[21] Nach der im März 1965 vorläufig verlängerten Verjährungsfrist weitete die Hauptkommission ihre Rechtshilfe für die Zentrale Stelle und die mit den jeweiligen Anklagen befassten Staatsanwaltschaften aus.

19   Ebenda, S. 153.
20   Vgl. Wacław Bielawski, Wizje lokalne w latach 1964–1979 Przysięgłych RFN w Polsce, in: Zbrodnie i sprawcy. Ludobójstwo hitlerowskie przed sądem ludzkości i historii. Hrsg. von Czesław Piliochwski, Warszawa 1980, S. 854–864.
21   Vgl. Rückerl, NS-Verbrechen, S. 170.

In die Debatten, die in der Bundesrepublik seit den sechziger Jahren über die Verjährung der NS-Verbrechen geführt wurden, griff die Hauptkommission wiederholt durch öffentliche Stellungnahmen ein.[22] In Polen war die Verjährung der nationalsozialistischen Gewaltverbrechen 1964 aufgehoben worden.[23] Die vom Justizministerium unternommenen Bemühungen um die Auslieferung von Kriegsverbrechern nach Polen blieben jedoch erfolglos. Der ehemalige Kommandant der Vernichtungslager Sobibór und Treblinka, Franz Stangl, wurde von den brasilianischen Behörden ebenso an die Bundesrepublik überstellt wie die ehemalige Aufseherin aus dem KZ Lublin, Hermine Braunsteiner-Ryan, die von den USA ausgeliefert wurde.[24]

Die Hauptkommission bezeichnete in ihren Veröffentlichungen die bundesdeutsche Strafverfolgung unter Hinweis auf das Ausmaß der in Polen begangenen Verbrechen als völlig unzureichend. Als Beleg für das fehlende Bemühen, die NS-Verbrechen zu ahnden, galt die geringe Zahl der in Bundesrepublik tatsächlich Verurteilten, die oft jahrelange Dauer der Verfahren und die Tatsache, dass hochrangige Vertreter der Besatzungsmacht wie der ehemalige Höhere SS- und Polizeiführer im Warthegau und dem Generalgouvernement, Wilhelm Koppe, oder der für die Verbrechen an der Zivilbevölkerung während des Warschauer Aufstands verantwortliche SS-General Heinz Reinefarth von bundesdeutschen Gerichten nicht verurteilt wurden.[25]

22 Vgl. Czesław Pilichowski, Es gibt keine Verjährung, Warszawa 1980, S. 174 f.
23 Vgl. Rapport über den Stand der Untersuchung der Verbrechen gegen den Frieden, der Kriegsverbrechen und Verbrechen gegen die Menschlichkeit sowie der Verfolgung deren Täter. Hrsg. von der Hauptkommission zur Untersuchung der Naziverbrechen in Polen, Warszawa 1981, S. 5.
24 Vgl. Czesław Pilichowski, Działalność Głównej Komisji i Okręgowych Komisji Badania Zbrodni Hitlerowskich w Polsce w latach 1965–1966, in: Biuletyn Głównej Komisji Badania Zbrodni Hitlerowskich w Polsce Nr. 17 (1967), S. 261; Franciszek Rafałkowski, Ekstradycja zbrodniarzy hitlerowskich po II wojnie światowej, in: Zbrodnie i sprawcy, S. 833–845.
25 Vgl. Czesław Pilichowski, Działalność Głównej Komisji i Okręgowych Komisji Badania Zbrodni Hitlerowskich w Polsce w 1967 r, in: Biuletyn Głównej Komisji Badania Zbrodni Hitlerowskich w Polsce Nr. 18 (1968), S. 156, 173;

Mitarbeiter der Hauptkommission arbeiteten an der von der Volksrepublik Polen 1968 eingebrachten UN-Resolution mit, die vorsah, Kriegsverbrechen und Verbrechen gegen die Menschlichkeit ohne zeitliche Befristung zu ahnden und bereits eingetretene Verjährungen rückwirkend aufzuheben.[26] Die Bundesregierung lehnte die Resolution wegen ihres rückwirkenden Geltungsanspruchs ab, was zu neuen Vorwürfen seitens der Hauptkommission führte. Die Weigerung der Bundesregierung, internationales Recht zur Anwendung zu bringen, galt als Beleg für den fehlenden Willen zur strafrechtlichen Aufarbeitung der nationalsozialistischen Verbrechen. Ebenso heftig kritisierte die Hauptkommission eine 1968 verabschiedete Änderung des bundesdeutschen Strafgesetzbuchs, die eine Verurteilung von NS-Tätern wegen Beihilfe zum Mord ohne den Nachweis niederer Beweggründe ausschloss.[27] Damit waren „Schreibtischtäter" praktisch von der Strafverfolgung ausgenommen. Im Vorfeld der letzten großen Verjährungsdebatte in der Bundesrepublik 1979 appellierte die Hauptkommission gemeinsam mit anderen internationalen Organisationen, die nationalsozialistischen Verbrechen ohne zeitliche Befristung strafrechtlich zu ahnden. Die endgültige Aufhebung der Verjährung für Mord durch den Beschluss des Bundestags 1979 wertete die Hauptkommission als einen Erfolg ihrer Arbeit.[28]

ders., Verjährung, S. 174–177; Stanisław Kania, Zbrodnie hitlerowskie w Polsce, Warszawa 1983, S. 41 f.

26 Vgl. Alfons Klafkowski, Węzłowe problemy ścigania zbrodniarzy wojennych w aspekcie prawa międzynarodowego i konwencji ONZ dnia 26 XI. 1968 r, in: Stan i perspektywy badań w zakresie zbrodni hitlerowskich. Materiały z konferencji naukowej w dniach 27–28 kwietnia 1970 r. Bd. 1, Warszawa 1973, S. 113–125.

27 Vgl. Rückerl, NS-Verbrechen, S. 190 ff. Als niedere Beweggründe galten Grausamkeit, Heimtücke und Rassenhass, die dem Täter als Motive seiner Handlungen nachgewiesen werden mussten.

28 Vgl. Zbrodnie hitlerowskie nie powinny nigdy i nigdzie ulec przedawieniu. Oswiadczenie Głównej Komisji Badania Zbrodni Hitlerowskich w Polsce w związku z uchwałą Bundestagu, in: Zbrodnie i sprawcy, S. 15 ff.

Als positives Beispiel gegenüber den bundesdeutschen Bemühungen um die Ahndung der NS-Verbrechen führte die Hauptkommission immer wieder die Arbeit der DDR-Gerichte an, die jedoch seit Ende der sechziger Jahre NS-Verbrechen nicht mehr systematisch verfolgten.[29] Wie sehr die Stellungnahmen der Hauptkommission von den Konfrontationen des Kalten Kriegs und dem Bemühen der kommunistischen Regierung geprägt waren, antideutsche Ressentiments zur Integration der polnischen Gesellschaft zu instrumentalisieren, verdeutlichen die wiederholten Revisionismusvorwürfe an die Bundesregierung. Der publizistische Kampf gegen den westdeutschen Revisionismus, Militarismus und Neonazimus gehörte zu den erklärten Aufgaben der Hauptkommission. Dazu zählte auch die Agitation gegen die Vertriebenenverbände und deren Berichte über Verbrechen bei der „Umsiedlung" der Deutschen aus den „wiedergewonnenen polnischen Gebieten" in Schlesien, Pommern und Westpreußen.[30]

29 Vgl. Pilichowski, Verjährung, S. 177 f. Von 1969 bis 1989 sind von DDR-Gerichten 59 Urteile wegen NS-Verbrechen verhängt worden. Alfred Streim, Zur Strafverfolgung von NS-Verbrechen in der Bundesrepublik Deutschland und der ehemaligen DDR, in: Pamięć i Sprawiedliwość. Biuletyn Głównej Komisji Badania Zbrodni Przeciwko Narodowi Polskiemu/Instytutu Pamięci Narodowej Nr. 38 (1995), S. 40; Günther Wieland, Der Beitrag der deutschen Justiz zur Ahndung der in den besetzten Gebieten verübten NS-Verbrechen, in: Werner Röhr (Hrsg.), Europa unterm Hakenkreuz. Analysen, Quellen, Register, Heidelberg 1996, S. 405.
30 Vgl. Rezolucja i wnioski konferencji, in: Stan i perspektywy, S. 415–419, Rafał Fuks, Przeszłość hitlerowska i działalność w okresie okupacji w Polsce aktualnych przywódców organizacji rewizjonistycznych w NRF, in: ebenda, S. 371–376; Andrzej Brożek, Stan badań w dziedzinie strat materialnych i biologicznych narodu polskiego w latach II wojny światowej a problem fałszerstw w NRF, in: ebenda, S. 357–369; Józef Szłapczyński, Rola zachodnioniemieckich nauk politycznych w zbrodniach hitlerowskich, in: ebenda, S. 401–404; Blandyna Meissner, Rozpętanie II wojny światowej przez III Rzeszę w świetle historiografii zachodnioniemieckiej, in: ebenda, S. 381–386. Die Beiträge dieser Tagung, die im April 1970 stattfand, wenige Monate vor der Unterzeichnung des Warschauer Vertrages, enthalten massive Vorwürfe gegen den westdeutschen Revisionismus.

In die Propaganda mischten sich 1968, als eine von der Kommunistischen Partei initiierte antizionistische Kampagne mehrere tausend polnische Juden zur Emigration zwang, auch antisemitische Töne. In einer 1968 veröffentlichten Resolution drückte die Hauptkommission „Empörung und Protest" gegen die „verleumderischen zionistischen und neonazistischen antipolnischen Kampagnen" aus. Zugleich verurteilte sie den Krieg der Amerikaner in Vietnam und die „unberechtigte Aneignung des arabischen Lands" durch Israel als „Verbrechen gegen die Menschlichkeit und Kriegsverbrechen".[31] Die Hauptkommission untersuchte zwar von Anfang an die Verfolgung und Ermordung der polnischen Juden, doch ihr Schicksal wurde in der polnischen Geschichtsschreibung zunehmend als Teil des Martyriums der polnischen Nation vereinnahmt. Vorwürfe gegen den Antisemitismus in der polnischen Gesellschaft oder wegen der Kollaboration bei der nationalsozialistischen Judenverfolgung wies die Hauptkommission unter Hinweis auf die Solidarität und Hilfe für die „polnischen Staatsbürger jüdischen Glaubens" in der Besatzungszeit zurück.[32]

Trotz aller mitunter heftigen propagandistischen Sperrfeuer leisteten die Hauptkommission und ihre Außenstellen den bundesdeutschen Ermittlungsbehörden seit den sechziger Jahren umfangreiche Rechtshilfe. Die Aufnahme diplomatischer Beziehungen zwischen der Bundesrepublik und der Volksrepublik Polen Anfang der siebziger Jahre formalisierte die weitere Zusammenarbeit. Die Hauptkommission wurde zu einem der wichtigsten Partner der Zentralen Stelle und den mit den jeweiligen Verfahren betrauten Gerichten. So stützte sich beispielsweise der Anfang der siebziger Jahre vor dem Hamburger Landgericht geführte Prozess gegen den ehemaligen Kommandeur der Sicherheitspolizei in Warschau, Dr. Ludwig Hahn, ebenso

---

31 Vgl. Rezolucja plenum Głównej Komisji Badania Zbrodni Hitlerowskich w Polsce, in: Biuletyn Głównej Komisji Badania Zbrodni Hitlerowskich w Polsce Nr. 18 (1968), S. 180 f.
32 Vgl. Kania, Zbrodnie hitlerowskie, S. 35; Aleksander Smolar, Unschuld und Tabu, in: Babylon Nr. 2 (1987), S. 40.

maßgeblich auf Beweismittel der Hauptkommission wie der Düsseldorfer Majdanek-Prozess. Insgesamt basierten zwei Drittel der zwischen 1970 und 1979 von der Zentralen Stelle eingeleiteten Vorermittlungsverfahren auf Material, das von der Hauptkommission zu Verfügung gestellt wurde.[33] Dabei handelte es sich um fotokopierte oder mikroverfilmte Dokumente, Fotografien, Filme, Tatortskizzen und Aussagen von Zeugen, die von der Hauptkommission gesucht und vernommen wurden. Die Hauptkommission vermittelte den deutschen Ermittlungsbehörden außerdem Besichtigungen der Tatorte. Von 1965 bis 1984 führten die Hauptkommission und ihre Außenstellen insgesamt über 13 000 Untersuchungen durch, bei denen mehr als 138 000 Zeugen verhört wurden.[34]

Seit den sechziger Jahren intensivierte die Hauptkommission ihre internationale Zusammenarbeit. Die Kontakte beschränkten sich dabei nicht nur auf Ermittlungsbehörden und Archive der Staaten des Warschauer Pakts. Dokumente, Zeugenaussagen und Untersuchungsergebnisse tauschte die Hauptkommission auch mit westeuropäischen und amerikanischen Behörden aus. So unterstützte sie in den achtziger Jahren beispielsweise US-Gerichte bei ihren Ermittlungen gegen Personen, die bei ihrer Einbürgerung die Beteiligung an nationalsozialistischen Verbrechen verheimlicht hatten.[35]

Auf nationaler Ebene arbeiteten die Hauptkommission und die Bezirkskommissionen bereits früh mit verschiedenen Verbänden und staatlichen Institutionen zusammen. Dazu gehörten Universitäten, wissenschaftliche Institute wie die Polnische Akademie der Wissenschaften (Polska Akademia Nauk, PAN), Veteranenverbände wie der

33 Vgl. Rückerl, NS-Verbrechen, S. 200; Wacław Szulc, Pomoc prawna w sprawach o ściganie zbrodniarzy hitlerowskich, in: Zbrodnie i sprawcy, S. 846–853.
34 Vgl. Walczak, Ermittlungen, S. 71; Beitrag zum Nationalsozialistischen Nachlass in Polen aus der Sichtweise der Hauptkommission zur Untersuchung der Verbrechen an der Polnischen Nation, dem Institut des Nationalen Gedenkens, in: Pamięć i sprawiedliwość Nr. 39 (1996), S. 223–226.
35 Vgl. Walczak, NS-Verbrechen, S. 70–73.

Verband der Kämpfer für Freiheit und Demokratie (Związek Bojowników o Wolność i Demokrację, ZBoWiD) und der Rat zum Schutz der Denkmäler des Kampfes und des Martyriums (Rada Ochrony Pomników Walki i Męczeństwa). Die Hauptkommission führte nationale und internationale wissenschaftliche Kongresse über den Zweiten Weltkrieg, die Okkupation und die strafrechtliche Ahndung von NS-Verbrechen durch, publizierte Quelleneditionen und Monografien.[36] Mit dem Rat zum Schutz der Denkmäler des Kampfes und des Martyriums gab die Hauptkommission beispielsweise eine Enzyklopädie der nationalsozialistischen Lager auf polnischem Territorium heraus und eine Publikationsreihe, die die Orte der deutschen Verbrechen in Polen dokumentiert.[37]

Die Hauptkommission nach dem Systemwechsel von 1989/90

Der Systemwechsel von 1989/90 bildete für die Hauptkommission eine Zäsur, in deren Folge sich ihre Arbeitsfelder grundlegend erweiterten. Bereits seit 1984 führte sie den Zusatz Institut des Nationalen Gedenkens, doch erst nach dem Ende der Volksrepublik und dem Zusammenbruch der sowjetischen Hegemonialmacht öffnete sich auch der Blick auf die „weißen Flecken" der jüngsten polnischen Geschichte. Als Symbol der sowjetischen Verbrechen galt lange die Ermordung von über 15 000 polnischen Offizieren durch sowjetische Sicherheitsdienste in Katyn und zwei weiteren Orten im Frühjahr 1940. Bis zum Ende der achtziger Jahre war das Thema Katyn ein Tabu in der offiziellen Erinnerung der Volksrepublik Polen. Das Schweigen über die

---

36 Vgl. Stanisław Kania, Publikacje Głównej Komisji Badania Zbrodni Hitlerowskie w Polsce 1945–1982, Warszawa 1983. Die Bibliografie verzeichnet 2533 Titel.

37 Vgl. Czesław Pilichowski (Hrsg.), Obozy hitlerowskie na ziemiach polskich 1939–1945. Informator encyklopedyczny, Warszawa 1979; Rejestr miesjc i faktów zbrodni popełnionych przez okupanta hitlerowskiego na ziemiach polskich w latach 1939–1945.

Täterschaft trug entscheidend zur moralischen Delegitimierung der kommunistischen Partei bei.[38] Die Untersuchungen zu den Verbrechen in Katyn wurden in Polen im Sommer 1989 eingeleitet. Historiker, Juristen und Archivare der Hauptkommission waren an den Arbeiten beteiligt, deren Ereignisse in umfangreichen Dokumentationen in den neunziger Jahre publiziert wurden.[39]

Im April 1991 wurden die Aufgaben der Hauptkommission gesetzlich neu bestimmt. Aus der Hauptkommission zur Untersuchung der Hitleristischen Verbrechen in Polen – Institut des Nationalen Gedenkens wurde die Hauptkommission zur Untersuchung der Verbrechen gegen die Polnische Nation – Institut des Nationalen Gedenkens (Główna Komisja Badania przeciwko Nardowi Polskiemu – Instytut Pamięci Narodowej). Die grundlegende Organisationsstruktur blieb unverändert. Die Hauptkommission unterstand weiterhin dem Justizministerium. Ihr angeschlossen waren die Bezirkskommissionen. Der Schwerpunkt der Arbeit verschob sich von der Erforschung der nationalsozialistischen Okkupation auf die Untersuchung der sowjetischen Besatzungszeit und der unmittelbaren Nachkriegsjahre. So entstanden wissenschaftliche Arbeiten über die Deportationen aus den sowjetisch besetzten Gebieten Ostpolens zwischen 1939 und 1941, über die Verfolgung von Angehörigen der Heimatarmee (Armia Krajowa, AK) nach 1944 und über die Pazifizierung der Landbevölkerung in den Nachkriegsjahren.

In dem 1991 vom Parlament verabschiedeten Gesetz wurden die Untersuchung der nationalsozialistischen und stalinistischen Verbrechen sowie die Aufarbeitung von Kriegsverbrechen und Verbrechen gegen die Menschlichkeit als Aufgabe der Hauptkommission bezeichnet.[40]

38 Vgl. Gerd Kaiser, Katyń. Das Staatsverbrechen – das Staatsgeheimnis, Berlin 2002.
39 Vgl. Katyń. Dokumenty zbrodni. 2 Bde., Warszawa 1995/98.
40 Das Gesetz abgedruckt in: Biuletyn Głównej Komisji Badania Zbrodni przeciwko Narodowi Polskiemu/Instytutu Pamięci Narodowej Nr. 33 (1991), S. 14 ff.

Als stalinistische Verbrechen galten die bis zum 31. Dezember 1956 verübten Straftaten, insbesondere die der staatlichen Sicherheitsdienste. Der Beginn der Verjährungsfrist für diese Verbrechen wurde auf das Jahr 1989 festgelegt. Der auf einem Kompromiss zwischen den alten Eliten und Teilen der ehemaligen Opposition basierende „dicke Schlussstrich" (gruba kreska) unter die kommunistische Vergangenheit erschwerte die Strafverfolgung der stalinistischen Verbrechen jedoch nachhaltig.[41] Anders als in Deutschland blieben die überlieferten Akten der Sicherheitsdienste zunächst unter Verschluss. Eine umfassende Lustration der Mitarbeiter im öffentlichen Dienst fand nicht statt. Die ersten Urteile in Strafprozessen gegen Angehörige des Sicherheitsdienstes wegen Verbrechen aus den fünfziger Jahren ergingen erst 1996.

Die Gründung des Instituts des Nationalen Gedenkens

Die nach langem innenpolitischen Streit in der zweiten Hälfte der neunziger Jahre vollzogene Abkehr vom „dicken Schlussstrich" unter die kommunistische Vergangenheit veränderte die Aufgaben der Hauptkommission abermals grundlegend.[42] Aus der Hauptkommission zur Untersuchung der Verbrechen an der Polnischen Nation – Institut des Nationalen Gedenkens wurde im Dezember 1998 das Institut des Nationalen Gedenkens. Es ist offiziell von den Staatsorganen unabhängig, wird aber durch den öffentlichen Haushalt finan-

---

41 Vgl. Helga Hirsch, Bewältigen oder verdrängen? Der deutsche und der polnische Umgang mit der jüngsten Geschichte, in: Ewa Kobylińska/Andreas Lawaty (Hrsg.), Erinnern, vergessen, verdrängen. Polnische und deutsche Erfahrungen, Wiesbaden 1998, S. 78–86.
42 Vgl. Transodra Nr. 16 (1997); Dokumentation der Konferenz „Umgang mit der Vergangenheit in Deutschland und Polen – aufdecken oder zudecken?", Stettin, 28.–30. 6. 1996; Dorota Koczwańska-Kalita, Das Institut des Nationalen Gedenkens – Hauptkommission zur Verfolgung von Verbrechen gegen die polnische Nation, in: Inter Finitimos Nr. 19/20 (2001), S. 106–111.

ziert. Der Präsident des IPN wird für eine Dauer von fünf Jahren vom Sejm gewählt. Dem IPN untergeordnet sind drei Abteilungen:
- die Hauptkommission zur Verfolgung von Verbrechen gegen die Polnische Nation (Główna Komisja Ścigania Zbrodni przeciwko Narodowi Polskiemu)
- das Archiv
- das Büro für öffentliche Bildung.

Die Hauptkommission zur Verfolgung von Verbrechen gegen die Polnische Nation und ihre zehn Außenstellen führen die strafrechtliche Ermittlungsarbeit der alten Hauptkommission weiter.[43] Knapp einhundert Staatsanwälte untersuchen die nationalsozialistischen und kommunistischen Verbrechen und die auf polnischem Territorium begangenen Kriegsverbrechen und Verbrechen gegen die Menschlichkeit. Die Untersuchung der kommunistischen Verbrechen ist jedoch nicht mehr auf die Zeit bis 1956 beschränkt, sondern umfasst die gesamte Zeit der Volksrepublik Polen bis 1989. Die neuen Schwerpunkte der Arbeit lassen sich an den von der Hauptkommission und ihren Außenstellen eingeleiteten Ermittlungen ablesen. Von den über 1300 in den Jahren 1998 bis 2000 eingeleiteten Untersuchungsverfahren bezogen sich mehr als 900 auf kommunistische Verbrechen. Bisher ist in rund vierzig Fällen Anklage erhoben worden. Dabei handelt es sich fast ausschließlich um kommunistische Verbrechen.[44]

Das Archiv des IPN übernahm die Bestände der alten Hauptkommission.[45] In den neunziger Jahren wurden sie durch die Kooperation mit zahlreichen ausländischen Archiven erweitert. Das IPN arbeitet mit dem Bundesarchiv, dem Holocaust Memorial Museum in Washington und der Gedenkstätte Yad Vashem, aber auch mit

43 Bezirkskommissionen existieren in Białystok, Gdańsk, Katowice, Krakau, Lublin, Łódź, Poznań, Rzeszów, Warschau und Wrocław. Delegaturen befinden sich in Bydgoszcz, Gorzów, Kielce, Koszalin, Olsztyn, Radom und Szczecin.
44 Vgl. Offizielle Information des IPN: www.ipn.gov.pl/inf_kszpnp.html.
45 Vgl. Offizielle Information des IPN: www.ipn.gov.pl/inf_buad.html.

Archiven in Russland und anderen Nachfolgestaaten der Sowjetunion zusammen. Das Archiv verwahrt außerdem die Akten der staatlichen Sicherheitsdienste aus der Volksrepublik Polen und Bestände aus dem Verteidigungs- und Innenministerium. Das Material ist nach dem Vorbild der „Birthler-Behörde" für die wissenschaftliche Forschung und für die Arbeit der neu geschaffenen Lustrationsgerichte zugänglich, und auch die polnischen Bürger können die von den Sicherheitsdiensten über sie angelegten Akten einsehen.

Einen wichtigen neuen Arbeitsbereich im IPN übernimmt das Büro der öffentlichen Bildung.[46] Zu seiner Aufgabe gehört die Weiterbildung von Lehrern, die Erstellung von Lehrmaterialien für den Schulunterricht und die Organisation von Ausstellungen. Seit Februar 2001 gibt das Büro für öffentliche Bildung auch eine eigene, monatlich erscheinende Zeitschrift heraus.[47] Darüber hinaus publiziert das IPN laufend Quelleneditionen, Erinnerungsberichte und Forschungsarbeiten und veranstaltet wissenschaftliche Konferenzen. Das Spektrum der Themen umfasst die nationalsozialistische und die sowjetische Okkupation, den Mord an den polnischen Juden und die Geschichte der Volksrepublik. Schwerpunkte bilden dabei die Phase der Durchsetzung der kommunistischen Herrschaft, die Epoche des Stalinismus, die verschiedenen Streik- und Protestbewegungen in den Jahren 1956 bis 1980 sowie die Zeit des Kriegsrechts von 1981 bis 1983. Auch Aspekte, die in der offiziellen Erinnerung der Volksrepublik aus politischen Gründen tabuisiert waren, wie der polnisch-ukrainische Krieg in Galizien und Wolhynien in den vierziger Jahren, die zwangsweise Umsiedlung von Ukrainern aus Südostpolen 1946 und die Internierung von Deutschen in polnischen Arbeitslagern nach Kriegsende, erschließt das IPN durch Publikationen und Ausstellungen.

---

46 Vgl. Offizielle Information des IPN: www.ipn.gov.pl/inf_bep.html.
47 Biuletyn Instytutu Pamięci Narodowej.

Zusammenfassung

Das Institut des Nationalen Gedenkens erfüllt weitaus mehr Funktionen als die Hauptkommission zur Untersuchung der Hitleristischen Verbrechen in der Volksrepublik Polen. Die vorrangige Aufgabe der 1945 gegründeten Hauptkommission war es, die nationalen und alliierten Ermittlungsbehörden bei der Strafverfolgung der nationalsozialistischen Verbrechen zu unterstützen. Nachdem die Prozesse gegen die Kriegsverbrecher Ende der vierziger Jahre abgeschlossen waren und die Alliierten keine weiteren Personen an Polen mehr auslieferten, verlagerte sich der Schwerpunkt der Arbeit von der strafrechtlichen Ermittlung zur Dokumentation und wissenschaftlichen Erforschung von Krieg und Besatzungszeit. Die staatsanwaltschaftlichen Untersuchungen gewannen erst in den sechziger Jahren wieder an Bedeutung, als die Hauptkommission den bundesdeutschen Gerichten umfangreiche Rechtshilfe bei der Strafverfolgung nationalsozialistischer Verbrechen gewährte. Die Hauptkommission war dabei immer auch ein Instrument der Geschichtspolitik. Der propagandistische Kampf gegen den westdeutschen Revisionismus gehörte ebenso dazu wie das Schweigen über die sowjetischen Verbrechen. Diese „weißen Flecken" konnten erst nach dem Systemwechsel von 1989/90 systematisch erschlossen werden. Die neu gegründete Hauptkommission leistete dabei mit ihrer Arbeit einen entscheidenden Beitrag. Der nach 1989 zunächst gezogene „dicke Schlussstrich" unter die kommunistische Vergangenheit blockierte die strafrechtliche Aufarbeitung der stalinistischen Verbrechen. Das Institut des Nationalen Gedenkens ist das Produkt der Ende der neunziger Jahre vollzogenen vergangenheitspolitischen Wende. Welche Ergebnisse die Strafverfolgung der kommunistischen Verbrechen zeigen wird, bleibt abzuwarten. Abseits der spektakulären staatsantwaltschaftlichen Ermittlungsarbeit erforscht das IPN zahlreiche bisher nur unzureichend erschlossene Aspekte der polnischen Zeitgeschichte. Die Ergebnisse werden durch Publikationen, Ausstellungen, Bildungsangebote für Schüler und Lehrer einer breiten Öffentlichkeit zugänglich gemacht. Das IPN erfüllt damit Aufgaben, die in der Bundesrepublik von verschiedenen Institutionen übernommen werden. Es ist gleichsam Zentrale Stelle, „Birthler-Behörde", Institut für Zeitgeschichte und Bundeszentrale für Politische Bildung in einem.

Piotr Madajczyk

Die polnische Erinnerung an die deutsche und sowjetische Besatzungspolitik während des Zweiten Weltkriegs

Der Zweite Weltkrieg hatte eine ganz andere Dimension als frühere Kriege, und entsprechend beeinflussten seine Folgen in fast allen Bereichen des gesellschaftlichen und staatlichen Lebens langfristig die private und kollektive Erinnerung in Polen. Der Krieg brachte für Polen die Verschiebung von zwei Grenzen – der östlichen und der westlichen. In der Folge des Krieges wuchs die Akzeptanz in der Gesellschaft und in den politischen Eliten für die Verschiebung der Westgrenze. Damit war aber zunächst nicht die Anerkennung von Verlusten im Osten verbunden. Diese Anerkennung entwickelte sich langsam, sie setzte sich erst in den siebziger Jahren in der polnischen Gesellschaft durch. Die Folge des Krieges war nicht nur die Westverschiebung Polens, sondern auch die Zuordnung zur sowjetischen Einflusszone, das Aufzwingen des kommunistischen Systems. Damit verband sich das Gefühl, im Krieg lange Zeit allein gelassen und nach dem Krieg ohne Protest des Westens in die sowjetische Einflusszone eingegliedert worden zu sein. Das Stichwort „Jalta" spielte eine wichtige Rolle bis zum Ende der achtziger Jahre.

Betrachten wir die einzelnen Bereiche der Erinnerung genauer:[1]
1) Die langfristige Tradierung der Erinnerung an den Krieg bezog sich erstens auf die biologischen Verluste: 644 000 Soldaten fie-

---

[1] Bestimmte Aspekte der Bedeutung des Jahres 1945 für Polen analysierte Włodzimierz Borodziej, Das Jahr 1945 in der polnischen Geschichte, in: Nordost-Archiv. Zeitschrift für Regionalgeschichte 1996, Heft 1, S. 75–93.

len in Kämpfen, die Zahl der zivilen Opfer war um ein Vielfaches höher. Insgesamt wurde die Zahl der polnischen Opfer zuerst auf ca. 6 Millionen Menschen geschätzt, heute auf ca. 5 Millionen, was mit der alltäglichen Feststellung korrespondiert, dass jede polnische Familie enge oder entfernte verwandte Opfer zu beklagen hatte.[2] Das Leben vieler Personen und Familien wurde langfristig durch den Krieg beeinflusst, durch den Verlust nahe stehender Personen wie auch durch die Tatsache, dass ca. 600 000 Personen in Folge des Krieges in verschiedenem Maß arbeitsunfähig waren und an gesundheitlichen Schäden litten. Es ist die Generation der Menschen mit persönlichen Erfahrungen, die jedoch seit den achtziger Jahren das aktive gesellschaftliche Leben verlassen hat und in immer geringerer Zahl vertreten ist. Als eine besonders schmerzliche Erinnerung blieb die Germanisierung der Mehrheit von ca. 200 000 polnischen Kindern, die die deutschen Behörden während des Kriegs den Eltern wegnahmen. Die Erinnerung an die Opfer der sowjetischen Besatzung war nicht so stark, wofür vor allem zwei Gründe zu nennen sind: Erstens war die sowjetische Politik bei aller Brutalität auf Unterjochung und nicht auf Ausrottung ausgerichtet; zweitens wurde die Erinnerung an Opfer des Sowjetsystems sehr früh aus der Öffentlichkeit verdrängt und im breiteren Umfang (Schulen usw.) nicht weitergegeben.

2) Die Frage der Opfer hängt eng mit der Frage nach den gesellschaftlichen Folgen des Krieges zusammen. Die demografische und statistische Erfassung der Opfer bedeutete für die polnische

---

2   Die Zahl von 6 Millionen galt in Polen sehr lange als erwiesen (vgl. Zygmunt Mańkowski, Druga wojna światowa. Osądy, bilansy, refleksje, Lublin 1996), obwohl einige glaubten, dass es eine pauschale Zahl sei, die auch verschiedene indirekte Verluste (kleinere Geburtenzahl, größere Sterblichkeit usw.) einzubeziehen versuchte. Zurzeit gewinnt die Meinung Oberhand, dass die Zahl der Opfer ca. 5 Millionen Menschen betrug, davon 3 Mio. jüdischer und 2 Mio. polnischer Nationalität oder Abstammung.

Gesellschaft die Erfahrung des deutschen und sowjetischen Terrors: Lager, Deportationen zur Zwangsarbeit nach Deutschland, Verschickung der Soldaten der polnischen Untergrundorganisationen in die Sowjetunion, Exekutionen, Zwangsaussiedlungen, Ghettos und Zuschauen bei der Ausrottung der jüdischen Bevölkerung. Eine Folge dieser Erfahrungen war das Gefühl der Bedrohung, die von den „Deutschen" ausging, wobei man später dabei oft nicht zwischen DDR und BRD unterschied. Dieses Gefühl wurde umso stärker und anhaltender, weil es von den kommunistischen Behörden als ein bequemes Werkzeug der Integration der Gesellschaft unter die eigene Herrschaft und des Ausschaltens jeder Opposition benutzt wurde. Diese Stimmung unterlag erst Ende der achtziger, Anfang der neunziger Jahre grundsätzlichen Veränderungen, als in der polnischen Gesellschaft das Feindbild der Deutschen die Unterstützung der Mehrheit verloren hatte. Im gesellschaftlichen Kontext hatte die Zerstörung der gesellschaftlichen Strukturen durch die deutsche und sowjetische Politik eine besondere Bedeutung. Diese Politik wurde während des Krieges konsequent von beiden Besatzungsmächten betrieben: von der deutschen: AB-Aktion, eine fast vollständige Ausrottung der polnischen Eliten in den annektierten polnischen Westgebieten und teilweise im Generalgouvernement; von der sowjetischen: Katyń und die Deportationen aus den annektierten polnischen Ostgebieten. Die Verluste waren besonders stark unter der Intelligenz, unter hoch qualifizierten Arbeitern, Technikern und auch lokalen Eliten.

Ebenso wichtig war die Destabilisierung der Gesellschaft – in materieller Hinsicht, aber auch in Bezug auf die Traditionsüberlieferung. Die Lage nach der Zerstörung der materiellen Grundlagen schilderte der bekannte polnische Emigrant und Journalist Juliusz Mieroszewski: „Anfang 1939 hatte ich" – schrieb er an Jerzy Giedroyc – „eine große Kapitalanlage, ein eigenes Mietshaus und eine gut bezahlte Arbeitsstelle; Anfang September 1939 hatte ich noch ein

Auto und einen Anzug, Mitte September nur den Anzug." Dieser Journalist, der im Exil blieb und in der Pariser „Kultura" entscheidend die neue Idee der deutsch-polnischen Beziehungen gestaltete, erreichte nie wieder wirtschaftliche Sicherheit. Solche persönlichen Erfahrungen waren Teil eines breiteren gesellschaftlichen Prozesses, wie am Beispiel Warschaus und der dortigen Mittelschicht am besten zu sehen ist. Es wurde nicht nur die Stadt zerstört (die Verluste der Stadtbevölkerung wurden insgesamt in Polen auf 50 % geschätzt), sondern unwiederbringlich ein kulturelles und gesellschaftliches Zentrum und die Tradition alteingesessener Familien, die oft nur ein paar Fotos retten konnten. Die Erbitterung darüber ist noch heute spürbar, wenn man ältere Mitglieder solcher Warschauer Familien interviewt.[3]

3) Dauerhafte Spuren hinterließen die wirtschaftlichen Zerstörungen unter beiden Besatzungen – geschätzt auf fast 40 % des nationalen Vermögens aus der Vorkriegszeit. Ohne in Einzelheiten zu gehen, wäre hier die Zerstörung ganzer wirtschaftlicher Strukturen zu erwähnen: Verkehr und Transport, Hafen, Gebäude oder sogar ganze Städte, Landwirtschaft, Kahlschlag der Wälder. Kriegszerstörungen, Konfiskationen und Verdienstausfall summierten sich zu großen materiellen Problemen besonders für die Familien, die ihre Mitglieder verloren hatten.

Wirtschaftliche Schäden aus der Kriegszeit spielten in den ersten Nachkriegsjahren eine große Rolle, später lag die Ursache der ökonomischen Probleme Polens immer mehr bei den Fehlern der Wirtschaftsplanung und bei strukturellen Gegebenheiten. Der Zweite Weltkrieg wurde für die Behörden zu einem bequemen Alibi, um eigene Fehler zu vertuschen. In Alltagsgesprächen klagten die Menschen weniger über die Kriegszerstörungen als über

---

[3] Diese Interviews wurden innerhalb des vom polnischen Komitee für Wissenschaftsforschungen finanzierten Projekts „Zwangsaussiedlung der Deutschen aus Polen (1945–1948) – Bedeutung in der polnischen Öffentlichkeit und in den deutsch-polnischen Beziehungen" im Jahre 2001 durchgeführt.

das Aufzwingen eines wirtschaftlichen Systems nach dem Kriege, das eine erfolgreichere Entwicklung unmöglich machte.

4) Schwerwiegender und schlimmer, weil unumkehrbar, waren die kulturellen kriegsbedingten Verluste. Es waren Schäden aufgrund der Kriegshandlungen, aber auch bewusste Zerstörungen oder Raub von Denkmälern, Museen, Bibliotheken, Archiven und Kunstsammlungen. Als Beispiele kann man die Zerstörung Warschaus und die absichtliche Verbrennung der polnischen Nationalbibliothek anführen.

Von der sowjetischen Seite hat Polen andere Verluste erlitten. Zwar wurde auch von den Sowjets vieles geraubt oder einfach zerstört und ausgebrannt, dominante Bedeutung hatte aber der Verlust traditioneller Zentren des kulturellen und wissenschaftlichen Lebens: Lemberg und Wilna. Dies war ein kultureller Umbruch, auch wenn heute, nach fast sechzig Jahren, politisch die Chance für eine zukunftsorientierte Gestaltung der Beziehungen Polens mit den östlichen Nachbarnationen besteht.

Man weiß heute nicht genau, was von der deutschen und was von der sowjetischen Seite geraubt wurde und wo sich diese Gegenständen befinden. Die Frage der Rückgabe der kulturellen Güter bleibt eine Belastung in den deutsch-polnischen Beziehungen, sie ist weiterhin emotionsgeladen, was öffentliche Diskussionen ebenso wie Reaktionen zeigen, die die Erwähnung dieser Frage bei verschiedenen offiziellen Veranstaltungen begleiten.[4] Für die deutsche Seite haben die jetzt in Krakau lagernden musikalischen Sammlungen aus der Preußischen Staatsbibliothek besondere Bedeutung.

Polnische Kulturgüter wurden entweder zerstört oder zerstreut und befinden sich heute vielfach in Privateigentum. Obwohl die

4 Über diese aktuelle Problematik erschien in letzter Zeit ein Essay des Journalisten und Kenners der deutsch-polnischen Problematik Włodzimierz Kalicki, Ostatni jeniec wielkiej wojny, in: Ostatni jeniec wielkiej wojny. Polacy i Niemcy po 1945 roku, Warszawa 2002, S. 351–444.

Sammlung in Krakau zweifellos dem deutschen und nicht dem polnischen Kulturkreis zugehört, spiegelt sich in polnischen Diskussionen bei diesem Thema sofort die Erinnerung an den Zweiten Weltkrieg: Polen soll zurückgeben, was sich im Lande befindet, die deutsche Seite kann das nicht, weil polnische Kulturgegenstände zerstört oder zerstreut wurden. Polen soll also wieder die Rechnung für den Krieg bezahlen. Eine gerechte Lösung gibt es wohl nicht, und beide Seiten müssen Kompromisse machen.

5) Der Zweite Weltkrieg hat die polnische nationale Ideologie stark geprägt. Viele Polen waren sich aber nicht darüber bewusst, wie stark die kollektive Erinnerung an diesen Krieg ihre nationalen Vorstellungen geformt hat. Unter dem Einfluss des Krieges wurde die Idee Polens als eines homogenen Nationalstaates geprägt, die Grenzen der polnischen Nation wurden enger gezogen, Kriterien der Zugehörigkeit zur „eigenen" Nation neu definiert. Entsprechend erfolgte die Ablehnung der nationalen Minderheiten als eines Teiles Polens, der polnischen Gemeinschaft und der polnischen Geschichte. Unter dem Eindruck der Erinnerungen an die zahlreichen Konflikte mit vielen Mitgliedern der nationalen Minderheiten während des Krieges wurden diese Gruppen pauschal als Fünfte Kolonne, als Bedrohung für Polen angesehen. Der Begriff „Fünfte Kolonne" wurde zwar meist in Bezug auf die Deutschen benutzt, aber keinesfalls nur, weil er Beziehungen mit allen Minderheiten betraf, die über die Loyalität zwischen dem „eigenen" Staat und der „eigenen" Nation entscheiden mussten. Insgesamt bedeutete das, dass die nationalen Minderheiten – Juden und Minderheiten in Ostpolen (Ukrainer, Weißrussen, Litauer) – in der kollektiven Erinnerung als Gruppen galten, die den polnischen Staat in schwieriger Zeit im Stich ließen. Im Fall der Juden war die Lage noch komplizierter, weil Polen Zeugen ihrer Ermordung waren und einige von ihnen die Situation für materielle Vorteile ausnutzten.

Diese beide Bereiche – die Erinnerung an die Sympathie eines Teiles der Minderheiten für eine andere Nation oder einen anderen Staat, verallgemeinert auf die ganze Gruppe, und die unbequeme Erinnerung, Zeuge der Ausrottung der Juden gewesen zu sein – kamen in den jüngsten Diskussionen in Polen um Jedwabne deutlich zum Vorschein. Die negative Einstellung zu den Deutschen war umso stärker, weil während des Krieges die positiven Elemente des Bildes der Deutschen in Polen zerstört wurden. Zwar eskalierte der deutsch-polnische Konflikt schon vor dem Krieg, aber in der Zwischenkriegszeit wurden bei allen negativen Stereotypen auch positive Eigenschaften der Deutschen wahrgenommen. Unter dem Eindruck der Erfahrungen aus dem Zweiten Weltkrieg wurde das Bild eindeutig negativ.[5] Diese Betrachtungsweise dominierte bis Ende der achtziger Jahre, ein halbes Jahrhundert, in dem Deutsche in allen Umfragen zu den unbeliebtesten Nationen gerechnet wurden.

Nach 1945 kam es zu einer Verdrängung der Ostgebiete und ihrer Rolle in der polnischen Geschichte und Kultur aus dem öffentlichen Gedächtnis, teilweise aber auch aus der individuellen Erinnerung. Zur Staatsideologie, die auch eine breite Akzeptanz in der Gesellschaft fand, wurde der Mythos eines tausendjährigen deutsch-polnischen Kampfes. Ziel und Krönung dieses Kampfes sollte die Festlegung der Grenze an Oder und Neiße und die Wiedereinverleibung der im Westen „wiedergewonnenen Gebiete" sein. Um diesen Mythos zur gesellschaftlichen Tatsache zu machen und mit Hilfe der nationalen und nationalistischen Gefühle die eigene Position zu stärken, setzten die kommunistischen Behörden den polnischen Westgedanken ein.[6] Sie stellten Ziele dieser polnischen Ideologie aus der Vorkriegszeit, die

---

5   Tomasz Szarota, Niemcy i Polacy. Wzajemne postrzeganie i stereotypy, Warszawa 1996, S. 149 f.
6   Zu erwähnen wäre, dass seit den neunziger Jahren eine interessante Diskussion über den polnischen Westgedanken (auch Westforschung genannt) und dessen Beziehung zur deutschen Ostforschung im Gange ist. Vgl. dazu Jan M. Piskorski/Jörg Hackmann/Rudolf Jaworski (Hrsg.), Deutsche Ostforschung und polnische Westforschung im Spannungsfeld von Wissenschaft und Politik. Disziplinen im Vergleich, Osnabrück 2002.

starke nationalistische Züge trug und den Schwerpunkt des polnischen Staates im Westen sah, als die eigenen vor, um damit zu begründen, dass sie die polnische Staatsraison am besten verwirklichten. Die Erinnerung an die Zeit des Krieges war in den ersten Nachkriegsjahren, wenn man das so bezeichnen kann, etwas Natürliches. In den folgenden Jahren der Volksrepublik Polen wurde sie aber auf besondere Weise modifiziert und zu einem wichtigen Element der Legitimation der kommunistischen Herrschaft. Selbstverständlich benutzten Regierung und Behörden verschiedene Mittel, um ihre Macht zu legitimieren, und sie mussten sich nicht unbedingt auf die Geschichte beziehen.[7] Weil die Erinnerung an den Krieg einem bestimmten politischen Ziel dienen sollte, musste sie selektiv sein, um eine passende offizielle (um mit der Zeit auch kollektive) Erinnerung zu prägen:

Die Elemente der Erinnerung, die sich mit der Sowjetunion verbanden – sowjetische Aggression am 17. September 1939, sowjetische Repressalien in den polnischen Ostgebieten in der ersten Besatzungsperiode bis Juni 1941, das Schicksal der Polen in der Sowjetunion während des Krieges, wiederholte sowjetische Repressalien gegen die polnische Unabhängigkeitsbewegung seit 1944, der sowjetische Anteil an der Bildung und die Festigung der polnischen kommunistischen Behörden –, wurden tabuisiert. Dies konnte aber nie vollständig geschehen, obwohl in den Nachkriegsjahren die Überlieferung, auch in vielen Familien, unterbrochen wurde, weil man oft dachte, dass eine antikommunistische Tradition der Eltern eine unnötige Belastung für die Kinder bedeuten würde.

Wie das Beispiel von Katyń zeigt, wurden diese Erinnerungen nie umfassend ausgelöscht, sondern nur verdrängt, und während der

---

[7] Der erste Versuch, diese Problematik zu erfassen, wurde erst in letzter Zeit von Marcin Zaremba, Komunizm, legitymizacja, nacjonalizm. Nacjonalistyczna legitymizacja władzy komunistycznej w Polsce, Warszawa 2002, unternommen.

Systemkrisen kehrten sie wieder in die Öffentlichkeit zurück. Katyń wurde zu einem Erinnerungsort eines großen Teiles (der Mehrheit vermutlich erst seit den achtziger Jahren) der polnischen Gesellschaft. Das Kluft zwischen individueller und öffentlicher Erinnerung hatte auch andere negative Folgen. Die Symbole der sowjetischen Unterdrückung konnten nicht kritisch diskutiert und verifiziert werden, sie wurden sogar für einen Teil der Gesellschaft zu Symbolen des „polnischen" Geschichtsbewusstseins. Ein Beispiel dafür ist die Zahl der Opfer der sowjetischen Deportationen in den Jahren 1939–1941, die auf ca. 1 Million Menschen geschätzt wurde, bis in den achtziger Jahren durch den Zugang zu sowjetischen Archiven geklärt werden konnte, dass sie ca. 300 000 betrug.

Wenn von einem „Teil der Gesellschaft" gesprochen wird, dann deshalb, weil sich auf Grund der fehlenden objektiven Umfragen aus der Zeit der Volksrepublik keine Zahlenangaben verifizieren lassen. Die Zahl der Menschen, die sich persönlich an die sowjetische Unterdrückung erinnern konnten, war nicht konstant und unter verschiedenen politischen Umständen nicht gleich erkennbar. Zuerst hatten wir eine große Zahl an Übersiedlern aus den ehemaligen polnischen Ostgebieten, die sich auf Grund der eigenen Erfahrungen an die sowjetische Besatzungspolitik und an Repressalien erinnerten. Es gab auch viele Personen, die in der letzten Phase des Krieges unter den sowjetischen Repressalien gelitten hatten. Seit den fünfziger Jahren wurde diese Gruppe aber aus der Öffentlichkeit verdrängt, ihre Erfahrungen wurden in den Schulen usw. nicht weiter vermittelt, und viele dieser Personen glaubten oft selbst, es sei besser, ihre schmerzlichen Erfahrungen den Nachkommen nicht zu überliefern.

Mit dem Generationswechsel schrumpfte daher das Wissen über die sowjetischen Repressalien und die Unterdrückung. Seit den sechziger Jahren traten Generationen ins gesellschaftliche Leben, die während oder nach dem Krieg geboren wurden. Sie bekamen in der Öffentlichkeit keine Informationen über die sowjetischen Repressalien.

Negative Erinnerungen, die sich mit dem Dritten Reich verbanden, wurden tradiert (hier ist besonders an die detaillierte Erforschung der Geschichte der deutschen Besatzung durch polnische Historiker zu erinnern). Dabei machte man schon kurz nach dem Krieg den Versuch eines Erinnerungs-„Spagats" – die kommunistische DDR war offiziell ein Bruderstaat. Die Mehrheit der Gesellschaft teilte aber diese Überzeugung nicht. Was die offizielle Propaganda als „westdeutschen Revisionismus" bezeichnete, wurde von vielen einfach als „deutsche Bedrohung" verstanden und war in Erfahrungen des Zweiten Weltkrieges fest verankert.

Die offizielle polnische Propaganda blieb aber nicht ganz erfolglos, auch weil die westdeutsche Gesellschaft große Probleme mit der kritischen Betrachtung der eigenen Vergangenheit hatte und der polnischen Öffentlichkeit immer wieder Material zur Kritik an die Hand gab. Man konnte beliebig westdeutsche Äußerungen zitieren, die zweifellos die deutsche Schuld in Frage zu stellen versuchten. Die Karte des „deutschen Revisionismus" wurde in den sechziger Jahren intensiv ausgespielt, und Umfragen zeigten, dass man in Polen den Frieden vor allem durch die BRD und ihr Streben nach Wiederbewaffnung bedroht sah. Aufgrund dieser Stimmung konnte die Regierung die Unterstützung eines Teiles der nicht links orientierten Öffentlichkeit gewinnen. Die Botschaft der polnischen Bischöfe an ihre deutschen Brüder vom November 1965 mit den bekannten Worten „Wir vergeben und bitten um Vergebung" bedeutete erst einen Anfang der Veränderungen. Entscheidend ist hier nicht die Tatsache, dass die zweite Hälfte der sechziger Jahre von starken Ausbrüchen nationalistischer Gefühle und weiterhin von Parolen über den „westdeutschen Revisionismus" geprägt war. Wichtiger scheint, dass auch mit der Kirche verbundene und offene Menschen glaubten, dass die Zeit für eine Versöhnung noch nicht reif sei.

In den siebziger Jahren wurde die Erinnerung an den Zweiten Weltkrieg schwächer. Der Warschauer Vertrag von 1970 und die polnische Öffnung gegenüber dem Westen – nicht vergleichbar mit den heutigen Kontakten, aber auch nicht vergleichbar mit den sechziger Jahren – setzten der antideutschen Propaganda gewisse Schranken. Die neue Führung versuchte offener und pragmatischer zu sein. Gleichzeitig kam es zu einer – nicht unbegrenzten – Öffnung gegenüber anderen Gesellschaften. Zwischen Polen und der DDR wurde ein visumfreier Verkehr eingeführt. Die Zahl der Reisenden in die und von der Bundesrepublik Deutschland stieg stark an. Westdeutschland wurde immer weniger als tödliche Bedrohung angesehen, stattdessen ergaben sich für viele Polen Chancen auf ein besseres Leben oder wenigstens auf eine kurzfristige, gut bezahlte Saisonarbeit.

Interessanterweise führten die Unruhen in Polen 1970 nicht zu antirussischen (oder antisowjetischen) Parolen. Es scheint also, dass auch die Erinnerung an die sowjetische Politik während des Krieges verblasste. Man fand sich in Polen mit den neuen Grenzen ab, der Ruf nach Wilna oder Lemberg erschallte nicht. Diese Städte blieben nur für Ältere eine lebhafte Erinnerung, die dort ihre Jugend verbracht hatten.

Die achtziger Jahre waren durch eine Erneuerung des Interesses an Geschichte gekennzeichnet, was auch damit zusammenhängt, dass der damalige politische Kampf auch eine Auseinandersetzung um die historische Machtlegitimation war. In diesem Kontext war es verständlich, dass die Erinnerung an den Zweiten Weltkrieg wieder große Bedeutung gewann. Besonders aber wurde an Aspekte erinnert, die nach 1945 verschwiegen wurden oder eng mit der Machtlegitimationsfrage verbunden waren. Diese Problematik wurde ebenso in den offiziellen wie auch in den illegalen Veröffentlichungen diskutiert.

Zum ersten Bereich gehörten die verschwiegenen oder ungelösten Probleme vor allem aus der Zeit der deutschen Besatzung, die für die Geschichte der Kommunistischen Partei unbequem waren, z. B. blutige Machtkämpfe in der Partei während des Zweiten Weltkriegs, undurchsichtige Kontakte mit der deutschen Seite oder Anschuldigungen, weil deutsche Hilfe bei der Beseitigung politischer Gegner in

Anspruch genommen worden sei. Diese Fragen sind aber für unsere Analyse weniger wichtig, weil sie nicht NS-Verbrechen und damit nicht die Erinnerung an das deutsche Verhalten betrafen. Die Problematik ist relativ gut erforscht, und es lässt sich kaum mehr Neues finden – außer der Enthüllung von politisch brisanten Geheimnissen.

Zum zweiten, wichtigeren Bereich gehörten in den Diskussionen der achtziger Jahre Fragen über die sowjetische Besatzung und die damit verbundenen Repressalien. Es war eine Zeit, in der massenhaft Texte aller Gattungen über die sowjetische Politik während des Zweiten Weltkrieges und die verschiedenen Formen der sowjetischen Unterdrückung veröffentlicht wurden. Eine große Nachfrage bestand nach Erinnerungen, die diese Problematik betrafen; sie wurden in großen Auflagen verkauft. Nachgeholt wurden Schilderungen der Morde von „Katyń", über sowjetische Deportationen und Lager. Emotionen waren dabei unvermeidbar.

Die Erinnerung an die deutsche Besatzungspolitik spielte keine bedeutende Rolle, was man auch daran sieht, dass es nur vereinzelte Versuche gab, mit Hilfe von Parolen über die (west)deutsche Gefahr die Gesellschaft auf die Seite der Regierung zu ziehen. Zwar berichteten die Massenmedien in diesem Sinne. Weil sie dabei aber meist auch auf die amerikanische Bedrohung verwiesen, wurde mehr der Kontext des Kalten Krieges als der der Erinnerung an den Zweiten Weltkrieg wahrgenommen. Die Wirkung solcher Propaganda war gering.

Als letztes wichtiges Element ist der Wandel der nach dem Zweiten Weltkrieg geltenden Dogmen der polnischen Außenpolitik innerhalb der oppositionellen Eliten in zu erwähnen: 1. Jan Józef Lipski verneinte das einseitige Recht zur Aussiedlung der Deutschen; er sprach in diesem Zusammenhang auch über die enge Beziehung zwischen Patriotismus und Nationalismus;[8] 2. In Bezug auf die Rolle Deutschlands wurde langsam Abschied von dem im Zweiten Weltkrieg verankerten Denken genommen, dass die Teilung Deutschlands die Sicherheit Polens

---

[8] Jan Józef Lipski, Powiedzieć sobie wszystko ... Eseje o sąsiedztwie polsko-niemieckim, Gliwice/Warszawa 1996.

bedeute. Deutschland wurde immer stärker als Verbündeter auf dem Weg nach Europa angesehen, die Teilung Deutschlands als ein Hindernis auf diesem Weg. Dieses Denken betraf Ende der siebziger Jahre nur einen Teil der oppositionellen Eliten, es gewann seit 1989 an politischer Bedeutung, als diese Eliten zu Machteliten wurden.

Über die Form der kollektiven Erinnerung an den Zweiten Weltkrieg seit den neunziger Jahren gibt es verschiedene Meinungen. Czesław Madajczyk, der bekannte Historiker der deutschen Besatzungspolitik in Polen und Europa, meinte, dass „die NS-Besatzung heute keine Rolle mehr im politischen Bewusstsein der polnischen Gesellschaft spielt. Sie wurde zur Geschichte [...]. Sie besteht weiter nur im Bewusstsein der älteren Generation, die gegen die Besatzer kämpfte. [...] Viele junge Polen beschäftigen sich nicht gern mit der ‚czasami pogardy' (‚Zeit der Menschenverachtung')." Ein anderer polnischer Historiker, Tomasz Szarota, glaubt, dass der Krieg weiterhin entscheidend das Gedächtnis der Polen prägt.[9] Das Urteil von Madajczyk befindet nach meiner Meinung nicht darüber, welche Rolle der Krieg im polnischen kollektiven Gedächtnis heute spielt, sondern wie sich diese Rolle seit den neunziger Jahren veränderte und abschwächte. Die Bedeutung verringerte sich fast im materiellen Sinn – mit jedem Jahr wird die Zahl derer kleiner, die der Erlebnisgeneration angehören. Das politische Interesse für diese Problematik verringerte sich in den sechziger und siebziger Jahren. Auch verringerte sich die Zahl der Forscher, die sich diesem Thema widmeten.

Eine ähnliche Tendenz lässt sich bei der Erinnerung an die sowjetische Besatzung und die Repressalien feststellen. Mit den Verlusten im Osten hat sich die Mehrheit der Gesellschaft abgefunden, auch wenn bisweilen von einem Teil der polnischen Landsmannschaften

9   Szarota, Niemcy i Polacy, S. 14; Czesław Madajczyk, Die NS-Besatzung im historischen, politischen und allgemeinen Bewusstsein der Polen in der Nachkriegszeit, in: Tomasz Kranz (Hrsg.), Die Verbrechen des Nationalsozialismus im Geschichtsbewußtsein und in der historischen Bildung in Deutschland und Polen, Lublin 1998, S. 42.

etwas anderes zu hören ist. Grundsätzlich betrachtet man diese Frage als abgeschlossen, träumt nicht von Wilna oder Lemberg, auch wenn Gefühle dafür noch vorhanden sind. Die Lebenspläne für die Zukunft orientieren sich meist in die westliche Richtung.

Seit Anfang der neunziger Jahre erfolgte in der Gesellschaft ein Abbau der Angst vor Deutschland und der Ausbau der Beziehungen zwischen den beiden Staaten und Gesellschaften, die Schwächung des feindlichen Stereotyps der „Landsmannschaften" und eine Normalisierung in Bezug auf die deutsche Minderheit in Polen, die auch immer seltener als eine Bedrohung („Fünfte Kolonne") angesehen wird. Nicht selten vernimmt man die Meinung, dass der Abbau der alten Stereotypen in Polen in Bezug auf die Deutschen schneller vorangegangen ist als in Deutschland in Bezug auf Polen.

Vielleicht spielt bei dem Perspektivenwechsel die wachsende Bedeutung der regionalen Aspekte eine wichtige Rolle, die man in Deutschland „Heimat", in Polen „kleines Vaterland" nennt. Diese auf die Region bezogene, weniger zentralistische Perspektive, die die nationalen Grenzen nicht so stark in den Vordergrund rückt, könnte dazu beitragen, dass der Zweite Weltkrieg nicht als das alles überragende Ereignis der Geschichte betrachtet wird. Es handelt sich dabei gewiss nur um eine Tendenz, die sich aber abzeichnet, obwohl es natürlich auch eine gegenläufige und stärkere nationale Tendenz gibt.

Auch der Generationswechsel spielt eine Rolle: Die heutigen Schüler wissen oft kaum etwas über die Ereignisse in Polen in den achtziger Jahren, vom Zweiten Weltkrieg ganz zu schweigen. Bei dem oben erwähnten Interview-Projekt[10] konnten wir feststellen, dass der Begriff „Volksdeutsch" für junge Leute eine andere Bedeutung hat als für die ältere Generation. Für Zeitzeugen ist der Terminus grundsätzlich ein Synonym für „Verräter", für die Nachkriegsgeneration zwar weiterhin negativ konnotiert, aber nicht mehr stark mit Emotionen beladen. Bei der jungen Generation zeigte sich, dass sie den aus dem

10 Vgl. Anmerkung 3.

Zweiten Weltkrieg stammenden Begriff aus der Perspektive der Volksrepublik Polen betrachtet. Er ist negativ besetzt, aber vergleichbar mit anderen negativen Erscheinungen in der polnischen Geschichte. Das Urteil von jungen Leuten über „Volksdeutsche" lautet zusammengefasst: Wer nach 1945 in die kommunistische Partei eingetreten ist, machte das aus opportunistischen Gründen; ebenso handelten die, die in den achtziger Jahren ihre Loyalität dem kommunistischen Regime gegenüber bekundeten.

Vielleicht ist es deswegen berechtigt, die Erinnerung an den Krieg als „Gedächtnis der höchsten Instanz" zu bezeichnen[11] – es ist nicht täglich sichtbar, aber behält seine Schlüsselbedeutung weiter, darüber hinaus ist es ein wichtiges Funktions- und keinesfalls nur ein Speichergedächtnis.

Den gegenwärtigen Erinnerungsdiskurs kann man vielleicht als Suche nach einem Gleichgewicht bezeichnen: Gleichgewicht zwischen Erinnerung an das eigene Leid und Erinnerung an das Leid der anderen.

Der Moment für eine Korrektur des kollektiven Gedächtnisses ist derzeit vermutlich nicht optimal, weil in Transformationsperioden alte Identifikationen und gesellschaftliche Strukturen geschwächt, zerstört oder modifiziert und neu bewertet werden. Das hat Unsicherheiten zur Folge. Wer das Eigenbild und anerkannte Autoritäten in Frage stellen will, benötigt einen inneren Halt, ein bestimmtes Maß an Selbstvertrauen. Umbruchzeiten sind meist keine Phasen des Selbstvertrauens.

Ein weiteres Problem betrifft die Weitergabe der Erinnerung an den Zweiten Weltkrieg an die jüngeren Generationen. Es gelang meines Erachtens nicht, ein für das junge Polen attraktives Bild des polnischen Widerstandes zu schaffen, das zudem in Konflikt mit der Tendenz geraten wäre, das Schicksal der Opfer zu betonen.[12] Ein solches

---

11 Edmund Dmitrów, Pamięć i zapomnienie w stosunkach polsko-niemieckich, „Przegląd Zachodni" 2000, Nr. 1, S.1–18, hier S. 17.
12 Madajczyk, Die NS-Besatzung, S. 31–42.

Bild hätte als Stoßdämpfer gegen Emotionen, die bei den Diskussionen über negative Seiten der polnischen Geschichte entstehen müssen, dienen können.

Die Unsicherheit auf polnischer Seite nachvollziehbar, denn wir leben in einer Zeit der globalen Umwandlungen in der Geschichtsbetrachtung. Es ist bekannt, dass das kollektive Gedächtnis die Geschichte nicht objektiv widerspiegelt – einige Ereignisse gewinnen an Gewicht, andere geraten in die Vergessenheit. Es bleibt offen, inwieweit das Schicksal Polens während des Zweiten Weltkrieges dabei modifiziert und an das neue Bild angepasst wird. Diese Frage gewinnt in der Zeit der Globalisierung an Bedeutung. Es wird sogar darüber diskutiert, ob nicht eine neue Teilung erfolgt in solche Nationen, die ihre Geschichte „gewinnen" oder „verlieren", weil sie imstande sind, ein globales kollektives Gedächtnis mitzugestalten – oder nicht.

Während Feliks Tych konstatiert, dass das Wissen in der polnischen Gesellschaft über den Holocaust ziemlich gering ist (was auch insgesamt über den Zweiten Weltkrieg gesagt werden kann) und die antisemitischen Stereotypen weiterhin Bestand haben,[13] sind andere der Meinung, dass man diesen Makel nicht beseitigen kann, indem man ein Bild des Krieges übernimmt, das die nationale Vielfalt der Kriegsopfer zu wenig berücksichtigt.[14]

Der Wandel des kollektiven Gedächtnisses vollzieht sich auch in Deutschland. Als Anzeichen dafür sind etwa die Diskussionen über die Zwangsmigrationen nach dem Zweiten Weltkrieg (Stichwort: „Im Krebsgang" von Günter Grass) oder über den „Bombenkrieg" zu er-

13 Feliks Tych, Długi cień zagłady. Szkice historyczne, Warszawa 1999, S. 71–93.
14 Zdzisław Krasnodębski, Przywracanie pamięci. List z Tel Awiwu, Znak 2000, Nr. 6, S. 9–24, hier S. 10. Es ist eine These, die man vorsichtig betrachten sollte, weil auch Gegenargumente zu finden sind. Zu erwähnen wäre hier z. B. das vor kurzem in Deutschland erschienene kritische, aber sehr sachliche und umfangreiche Buch über die polnische Heimatarmee während des Zweiten Weltkrieges: Bernhard Chiari unter Mitarbeit von Jerzy Kochanowski, Die polnische Heimatarmee. Geschichte und Mythos der Armia Krajowa seit dem Zweiten Weltkrieg, München 2003.

wähnen. Diese Verlagerungen sind von besonderer Bedeutung, weil sie mit dem erwähnten steigenden Interesse für das Schicksal der Opfer korrespondieren. Ein Vergleich zwischen beiden Ländern zeigt, dass die Erinnerung an den Zweiten Weltkrieg in Deutschland und in Polen einem beständigen Wandel unterliegt, der aber keinesfalls parallel verläuft. Die Interessen, Emotionen und Schwerpunkte liegen anders.

Das führt uns zur Leitfrage dieses Bandes: Wann ziehen wir endlich einen Schlussstrich? Die Antwort lautet vermutlich: Noch sehr lange nicht, die Fragen werden nur ganz andere. Die Zugehörigkeit der Westgebiete zu Polen ist heute kein ernsthaftes Diskussionsthema. Ebenso akzeptiert der Großteil der Bevölkerung, auch die ältere Generation, den Verlust der polnischen Ostgebiete. Seit den neunziger Jahren ist zunehmend offensichtlich geworden, dass die Angst vor der Bedrohung durch Deutschland schwindet. Es festigt sich die Überzeugung, dass die deutsche Seite ihre Schuld am Zweiten Weltkrieg gegenüber Polen anerkennt. Für einen großen Teil der jüngsten Generation ist Deutschland zu einem Hoffnungsträger für eine bessere Zukunft in Europa geworden. Diese Einstellung bezieht sich natürlich nicht auf sozial randständige Gruppen, die bei ihren Ängsten auch an alte Feindbilder anknüpfen.

Die Haltung gegenüber der Sowjetunion hat sich ebenfalls entspannt, obwohl eine mit Deutschland vergleichbare Schuldanerkennung sowjetischer- bzw. russischerseits gegenüber Polen nicht erfolgte. Wie die Entwicklung der Demokratie und der öffentlichen Diskussionen in Russland verlaufen wird, wissen wir nicht; dabei ist zu bedenken, dass der Erinnerungsdiskurs über den Zweiten Weltkrieg in Russland ganz anders geführt wurde als in Polen. Zudem betreffen die polnischen Verluste im Osten, abgesehen von den Repressalien und der Unterdrückung, heute nicht mehr Russland, sondern die Nachfolgestaaten (Litauen, Weißrussland, Ukraine).

Der Berliner Publizist Joachim Trenkner hat einen Beitrag verfasst, der auch im Krakauer „Tygodnik Powszechny" abgedruckt wurde. Kein Land, so schrieb er, sei so stark wie Deutschland in seine Geschichte verwickelt und kein Land führe so viele heftige historische Diskussionen. Die Vertreibungsdiskussion scheint eine Entlastungsdiskussion zu sein, die nicht zuletzt der Danziger Günter Grass auslöste, der jahrzehntelang die Regel verteidigte, dass deutsches Leid nicht gegen deutsche Verbrechen aufgerechnet werden dürfe. Nun sollen die Deutschen berechtigt sein, auch zu Opfern gezählt zu werden.[15]

Es besteht gewiss die Versuchung, dass gesellschaftliche Prozesse, die sich auf das kollektive Gedächtnis beziehen, zu einseitig in den Kategorien einer politischen Kalkulation interpretiert werden. Dabei kann es zu potenziellen Gefahren für die polnische (wie auch deutsche) Erinnerung an den Zweiten Weltkrieg kommen. Nach den letzten Zahlungen an die Zwangsarbeiter können wir heute in diesem Bereich vielleicht über die Möglichkeit sprechen, einen bestimmten Schlussstrich zu ziehen. Nur „einen bestimmten", weil das polnische und das deutsche kollektive Gedächtnis auch in der Zukunft unterschiedlich sein werden und der Zweite Weltkrieg eine andere Rolle für beide Gesellschaften spielen wird. Die Diskussionen über die „Vertreibung" oder das geplante „Zentrum gegen Vertreibungen" können, falls sie nicht europäisiert werden, die Gefahr heraufbeschwören, dass Polen und Deutsche mit einem Wettrennen um den Opferstatus beginnen – vielleicht vergleichbar mit dem bisweilen zwischen Polen und Juden geführten.

15 http://www.tygodnik.com.pl/numer/274810/trenkner.html.

Beate Kosmala

Polen – Juden – Deutsche
Die Debatte um die Ereignisse in Jedwabne

Im Mai 2000 erschien in Polen ein Buch mit dem Titel „Nachbarn. Geschichte der Vernichtung eines jüdischen Städtchens" von Jan Tomasz Gross.[1] Gegenstand ist der Massenmord an der jüdischen Bevölkerung von Jedwabne im Juli 1941, einer Kleinstadt im Nordosten Polens. Jedwabne gehörte zum Landkreis Łomża im Bezirk Białystok. Nachdem die deutsche Wehrmacht im September 1939 auch in dieses Gebiet vorgedrungen war, zog sie sich nach wenigen Wochen zurück und überließ es gemäß dem geheimen Zusatzprotokoll des Hitler-Stalin-Paktes den Sowjets, die dort bis zum 22. Juni 1941 die Besatzer waren.

Die Veröffentlichung dieses Buches zeitigte große Wirkung. Am 1. September 2000 eröffnete das neu gegründete Institut für Nationales Gedenken (Instytut Pamięci Narodowej/IPN) ein Ermittlungsverfahren zur Aufklärung dieses Verbrechens, begleitet von einer historisch-wissenschaftlichen Untersuchung. Zwei Monate später erschienen die ersten Artikel zum „Fall Jedwabne" als Auftakt einer umfassenden und leidenschaftlich geführten Diskussion quer durch alle Schichten Polens. Es entfaltete sich eine Debatte, an der sich neben Fachgelehrten zahlreiche Journalisten und namhafte Persönlichkeiten des öffentlichen Lebens beteiligten. Nach Adam Michnik hat die Auseinandersetzung

---

[1] Jan T. Gross, Sąsiedzi. Historia Zagłady Żydowskiego miasteczka [Nachbarn. Geschichte der Vernichtung eines jüdischen Städtchens], Sejny 2000. Die deutsche Ausgabe (Übersetzung der amerikanischen Originalausgabe) erschien unter dem Titel „Nachbarn. Der Mord an den Juden von Jedwabne", München 2002. Im Folgenden beziehe ich mich auf diese Ausgabe.

um das Verbrechen von Jedwabne gar „etwas von einer polnischen Dreyfus-Affäre", wie er in seinem Vorwort zur deutschen Übersetzung des Buches von Gross schreibt.[2]

Ende des Jahres 2002 schließlich legte das IPN zwei umfangreiche Bände vor, die die Forschungs- und Arbeitsergebnisse einer größeren Gruppe von Historikern und wissenschaftlichen Mitarbeitern mehrerer Institutionen präsentieren.[3]

Auch die deutsche Öffentlichkeit wurde seit dem Herbst 2000 regelmäßig und fachkundig in zahlreichen Artikeln der großen Printmedien unterrichtet. Seit Anfang des Jahres 2002 liegt dem deutschen Leser eine umfangreiche Dokumentation der Debatte im östlichen Nachbarland in der Übersetzung vor, die wichtige Beiträge in ihrer chronologischen Abfolge präsentiert.[4]

Welchen Inhalt hat Gross' Buch und worin liegt die Brisanz dieses Inhalts? Bis März 2001 war auf der Inschrift eines Gedenksteins, der in den sechziger Jahren am Ortsausgang von Jedwabne errichtet worden war, zu lesen: „Ort der Hinrichtung der jüdischen Bevölkerung. Gestapo und Nazi-Gendarmerie verbrannten 1600 Personen bei lebendigem Leib. 10. 7. 1941."[5] Gross enthüllt in seinem Buch einen anderen Verlauf des Geschehens. Nach seiner Darstellung haben zahlreiche polnische Einwohner von Jedwabne, ohne von den bereits anwesenden deutschen Besatzern dazu gezwungen worden zu sein, am 10. Juli 1941 die Juden ermordet. Dies geschah kurz nach

---

2   Ebenda, Vorwort, S. 10. Michnik ist Gründer und Chefredakteur der größten polnischen Tageszeitung Gazeta Wyborcza. Er war führendes Mitglied der demokratischen Opposition Polens seit den 60er-Jahren.
3   Wokół Jedwabnego [Rund um Jedwabne], hrsg. von Paweł Machcewicz/ Krzysztof Persak, Bd. I, Studien; Bd. II, Dokumente, Warszawa 2002.
4   Ruth Henning (Hrsg.), Die „Jedwabne-Debatte" in Polen. Dokumentation, in: Transodra 23, Deutsch-Polnisches Informationsbulletin, Potsdam 2002. Mit dieser ausgezeichneten Dokumentation wird ein Einblick in wesentliche Argumentationsstränge des auf hohem Niveau geführten öffentlichen Diskurses ermöglicht.
5   Kalendarium, in: Transodra 23, S. 6.

dem deutschen Überfall auf die Sowjetunion am 22. Juni. Die polnischen Täter holten an diesem Tag ihre jüdischen Nachbarn aus den Häusern, drangsalierten sie und erschlugen viele zunächst in Einzelaktionen mit primitiven Waffen. Dann beschlossen sie, bis zum Abend alle Juden auf einen Schlag zu töten, indem sie sie in eine Scheune trieben und verbrannten.

Gross geht davon aus, dass sich, wie in der zitierten Inschrift, am 10. Juli 1941 1600 Juden in Jedwabne befanden, von denen nur sieben das Massaker überlebt hätten. Gestützt auf Dokumente und Zeugenberichte rekonstruiert er detailliert die blutigen Ereignisse.[6] Die Brisanz dieser Darstellung liegt auf der Hand: Die fast mythische Überlieferung, es habe in Polen keine Kollaboration mit den deutschen Besatzern gegeben, und die Grundannahme, die ethnisch polnische Bevölkerung sei nirgendwo in die Vernichtung der polnischen Judenheit verstrickt gewesen, werden dadurch in Frage gestellt. Wenngleich Gross keinen Zweifel daran lässt, dass die Deutschen „die unbestrittenen Herren über Leben und Tod"[7] waren und ohne ihre Billigung keine größeren Gewaltaktionen stattfinden konnten, sieht er sie im Falle des Massakers von Jedwabne als „Zuschauer" und polnische Einwohner als „Täter". In den Beiträgen zur Debatte spiegeln sich Entsetzen über den von Gross enthüllten Massenmord, harsche Kritik an Auswahl und Umgang mit Quellen und Zweifel an Teilen der Darstellung.

---

6   Obwohl im Mai 1949 21 Angeklagte vor Gericht gestellt und einer von ihnen zum Tode und elf weitere zu Haftstrafen verurteilt wurden, fand der Prozess in der zeitgenössischen Presse kaum Erwähnung und der Pogrom wurde vergessen. Inzwischen steht in der Auseinandersetzung über Gross' Buch die Frage nach Schuld und Verantwortung, nach dem Wissen über die eigene Geschichte und Gegenwart im Vordergrund.
7   Gross, Nachbarn, S. 62.

Kritik an den Quellen

Jan T. Gross[8] legte seiner Darstellung die Zeugenaussage des Überlebenden Szmul Wasersztajn aus Jedwabne zugrunde, der 1945 den ersten und umfassendsten Bericht über das Massaker verfasst hat. Übrigens war die Dokumentarfilmerin Agnieszka Arnold diejenige, die den Bericht Wasersztajns Anfang der neunziger Jahre im Archiv des Jüdischen Historischen Instituts in Warschau gefunden und als Erste gelesen hatte.[9] Eine weitere Quelle sind Zeugenaussagen aus den eilig und nachlässig durchgeführten Gerichtsverfahren von 1949 und 1953 in Łomża, den Jahren des „tiefsten Stalinismus", gegen Täter des Massakers, außerdem mehrere Augenzeugenberichte aus dem 1980 erschienenen Gedenkbuch der Jedwabner Juden und schließlich Gespräche des Autors mit Einwohnern der Stadt 1998.

Die Kritik polnischer Zeithistoriker richtete sich v. a. gegen Gross' dünne Quellenbasis und den als fahrlässig bezeichneten Umgang mit diesen Quellen. Ein wichtiger Vorwurf war, er habe die Frage nach der Rolle der Deutschen bei der Entstehung und Durchführung des Pogroms und des Massenmords (Duldung, Anstiftung, Mittäterschaft) nicht hinreichend beleuchtet. Haben deutsche Einsatzgruppen den Mord angestiftet oder gar durchgeführt? Oder waren am fraglichen Tag tatsächlich nur eine kleine Gruppe von Gestapoleuten bzw. Angehörige eines Polizeipostens vor Ort? Außerdem wurde die Zahl der Opfer als viel zu hoch kritisiert. (Die Zahl der Ermordeten wird 2001

---

8   Jan Tomasz Gross, geb. 1947, ist Professor für Politische Wissenschaften an der University of New York. Er emigrierte nach dem März 1968 aus Polen und lebt seitdem in den USA.

9   Agnieszka Arnold fuhr 1997 mit Wasersztajns Bericht in der Hand nach Jedwabne, um mit den Einwohnern ins Gespräch zu kommen. 1999 drehte sie den Film „Wo ist mein älterer Bruder Kain?" und 2001 „Nachbarn", dessen Titel Jan T. Gross mit ihrem Einverständnis für sein Buch wählte. Vgl. dazu: Dieses Zählen von Skeletten. Janina Paradowska spricht mit Agnieszka Arnold, in: Polityka, Nr. 15/2001, zit. n. Transodra 23, S. 252–257.

auf höchstens 500 geschätzt.[10] Tatsache bleibt, dass am 10. Juli 1941 in Jedwabne von polnischen Einwohnern ein grausamer Massenmord an Juden verübt wurde. Nicht völlig geklärt sind allerdings die Umstände, d. h. die genaue Rolle der anwesenden Deutschen und die Zahl der Opfer. Eine offene Frage bleibt das Warum.

Sowjetische Besatzung 1939–1941

Ein weiterer zentraler Kritikpunkt an Gross besteht darin, dass er die Schrecken der sowjetischen Besatzung (1939–1941), die das ohnehin schwierige polnisch-jüdische Verhältnis schwer belastete, und das damit verbundene Leiden der polnischen Bevölkerung nicht gebührend berücksichtigt habe. Tomasz Szarota stellt fest, der Einfluss der sowjetischen Besatzung komme bei Gross entschieden zu kurz, sodass ein seiner Meinung nach wesentlicher Aspekt unbeachtet bleibe. So vermutet er, dass sich am Massenmord in Jedwabne eine Gruppe von Bewohnern umliegender Dörfer beteiligte, die am 22. Juni 1941 aus dem Gefängnis von Łomża entlassen worden und in ihre Dörfer zurückgekehrt waren. Ihrer Überzeugung nach seien sie ins Gefängnis gekommen, weil Juden sie beim NKWD verraten hatten.[11]

Die sowjetische Besatzung musste in der Tat zur extremen Belastung der Ende der dreißiger Jahre ohnehin gespannten polnisch-jüdischen Beziehungen werden. Zum Zeitpunkt der sowjetischen Invasion in Ostpolen konnte die dort ansässige Bevölkerung nicht wissen, dass die Rote Armee im Begriff war, das geheime Zusatzprotokoll des deutsch-sowjetischen Nichtangriffspakts zu realisieren. In einer breit angelegten Propagandakampagne begründeten die Sowjets ihren Ein-

---

10 Kalendarium, S. 21.
11 Rauch über Jedwabne. Gespräch mit dem Historiker Tomasz Szarota und dem Publizisten Andrzej Kaczyński, in: Dziennik Bałtycki, 2. 2. 2001, zit. n. Transodra 6, S. 132–137, hier S. 132.

marsch mit dem Schutz der „belorussischen und ukrainischen Brüder", die sich in der Vorkriegszeit im polnischen Staat als benachteiligte Minderheiten gefühlt hatten.

In den folgenden Monaten, bis zum 22. Juni 1941, gehörten dann die früheren polnischen Ostprovinzen zum Herrschaftsbereich der Sowjetunion und wurden offiziell Teil der Belorussischen bzw. Ukrainischen Sowjetrepubliken, was die ethnischen Beziehungen im höchsten Maße belastete. Teile der lokalen Bevölkerung, „besonders die Weißrussen und Juden, und zu einem geringeren Ausmaß die Ukrainer und Polen", vor allem aber die 300 000 bis 400 000 jüdischen Flüchtlinge aus dem deutschen Okkupationsgebiet hatten zur Erbitterung weiter Kreise der polnischen Bevölkerung die einmarschierende Rote Armee „freudig begrüßt", was die Polarisierung unter den ethnischen Gruppen verschärfte. Von den Sowjets wurden sie ihrerseits mit der Parole „Willkommen in der sowjetischen Nationalitätenfamilie" begrüßt. Zum ersten Mal in der Geschichte dieser Region wurde auch den Juden formale Gleichberechtigung garantiert.[12] Krystyna Kersten weist darauf hin, dass gerade im Osten Polens die staatliche Integration der jüdischen Bevölkerung am wenigsten vorangeschritten war und dass Ende der dreißiger Jahre ein Großteil der polnischen öffentlichen Meinung, getragen von Regierungslager und nationalistischer Opposition, der Auffassung war, die jüdische Minderheit solle das Land verlassen. Damit hatten sie den Juden das Recht entzogen, Polen als ihr Vaterland zu betrachten.

Sogleich nach der Annexion setzte die Sowjetisierung aller Lebensbereiche ein, Industrie und Banken wurden verstaatlicht, ab Mitte 1940 die Landwirtschaft kollektiviert, was von den verschiedenen Gruppen der jüdischen Bevölkerung unterschiedlich aufgenommen wurde. Die Mehrheit der Juden war nicht prokommunistisch. Aber die Rote Armee wurde von Teilen der jüdischen Bevölkerung Ost-

---

[12] Paweł Korzec/J.-Ch. Szurek, Jews and Poles under Soviet Occupation (1939–41), in: Polin. A Journal of Polish Jewish Studies 4 (1989), S. 208.

polens, vor allem von den Flüchtlingen aus West- und Mittelpolen, als Retter vor der Bedrohung durch die Deutschen gesehen. Dies brachte „den Juden" von Seiten vieler Polen, die unter der sowjetischen Okkupation am meisten verfolgt wurden, den pauschalen Vorwurf der „jüdischen Kollaboration" mit den Bolschewisten ein, ein Stereotyp, das auch im Generalgouvernement verbreitet wurde und zur Verstärkung der antijüdischen Ressentiments beitrug. Die sowjetische Politik trieb endgültig einen Keil zwischen die ethnisch polnische und jüdische Bevölkerung.

Zur Diskussion der Frage nach dem Einfluss der sowjetischen Besatzung soll an dieser Stelle der Warschauer Historiker Andrzej Żbikowski, Mitarbeiter des Jüdischen Historischen Instituts in Warschau, zu Wort kommen, der der Auffassung ist, Gross habe die zugänglichen Quellen sorgfältig analysiert, die Dynamik der Ereignisse verfolgt und die Täter ausgemacht.[13] Żbikowski glaubt nicht, dass allein der Hass der Polen wegen des Verhaltens eines Teils der jüdischen Bevölkerung unter der sowjetischen Besatzung ausschlaggebend war für die Pogrome im Bezirk Białystok und Ostgalizien. Aufgrund der im Jüdischen Historischen Institut gesammelten Dokumente konnte er mehr als 50 „lokale" Pogrome in kleinen Städten der Kresy (ehemalige ostpolnische Grenzgebiete) ausmachen.

Für die Mörder – so Żbikowskis These – hatte die Überzeugung von der jüdischen Kollaboration mit den Sowjets nur den Vorwand für straflose Raub- und Mordtaten geliefert; es sei durchgängig und exzessiv geraubt worden.[14] Er zitiert dabei aus dem von Szymon Datner[15] 1946 gesammelten Material über antijüdische Gewaltausbrüche Einheimischer nach der Ankunft der Deutschen, meist von Deutschen initiiert, in den Ortschaften Zaręby Kościelne, Stawiski,

---

13 Andrzej Żbikowski, Es gab keinen Befehl, in: Rzeczpospolita, 4. 1. 2001, zit. n. Transodra 23, S. 88–93, hier S. 88.
14 Żbikowski, Es gab keinen Befehl, S. 90.
15 Vgl. den folgenden Abschnitt.

Wąsosz, Wizna, Kolno und Tykocin. Bezeichnend war, dass den Pogromen immer ein Spektakel vorausging, das dazu diente, die Opfer zu demütigen und lächerlich zu machen: Es wurden Thora-Rollen beschmutzt oder verbrannt und die Juden gezwungen, sowjetische Denkmäler zu zerstören. Hier hätte man sich eine deutlichere Analyse Żbikowskis gewünscht. Die zitierten Zeugenaussagen legen den Schluss nahe, dass neben der Schuldzuweisung an der Verschleppung polnischer Offiziers- oder Polizistenfamilien durch die Sowjets auch andere Elemente des traditionellen Judenhasses eine Rolle spielten. Ein dominierendes und durchgängiges Motiv war wohl der straflose Raub jüdischen Eigentums.

Der Historiker Tomasz Strzembosz (Warschau/Lublin) wendet sich besonders dezidiert sowohl gegen die „schockierenden Behauptungen" bei Gross als auch gegen die Ausführungen Żbikowskis. In seinem Artikel „Die verschwiegene Kollaboration"[16] argumentiert er, die jüdische Bevölkerung, „vor allem die Jugend und die arme Stadtbevölkerung", habe die einmarschierende Rote Armee „massenhaft" begrüßt, und dies sei auch Gross bekannt, der die entsprechenden Quellen in seinen bisherigen Arbeiten verwendet habe. Er führt die jüdische Zusammenarbeit mit den Repressionsorganen, allen voran dem NKWD, ins Feld, die sich in den Städten hauptsächlich aus polnischen Juden zusammengesetzt hätten. Sein Vorwurf lautet: „Polnische Juden in Zivilkleidung mit roten Armbinden und mit Karabinern bewaffnet beteiligten sich auch zahlreich an Verhaftungen und Deportationen." Sein Fazit über die Juden fällt pauschal aus: „Wenn sie [die Juden] Polen nicht als ihr Vaterland ansahen, mussten sie es gleichwohl nicht als Besatzer behandeln und mit dessen Todfeind polnische Soldaten umbringen und nach Osten fliehende polnische Zivilisten ermorden. Sie mussten sich auch nicht daran beteiligen, ihre Nach-

---

16 Tomasz Strzembosz, Die verschwiegene Kollaboration, in: Rzeczpospolita, 27. Januar 2001, zit. n. Transodra 6, S. 110–121.

barn für Transporte auszuwählen, jene schrecklichen Aktionen nach dem Prinzip der kollektiven Verantwortung."[17]

Als Beleg für die angeblich durchgängig antipolnische Haltung der Juden zitiert Strzembosz aus zahlreichen Berichten polnischer Soldaten der Anders-Armee,[18] die in ihren Stellungnahmen stets das „jüdische Problem" spontan, ohne dass sie jemand dazu ermunterte hätte, „aus der Fülle ihres Herzens" erwähnt hätten.[19] Sein besonderer Ärger gilt der Tatsache, dass Gross auch diese im Hoover-Institut (Stanford) archivierten Berichte kennt, aber auch davon keinen Gebrauch macht.

Diese Berichte sind allerdings längst quellenkritisch betrachtet worden. Auf die besonders komplexen polnisch-jüdischen Konflikte in der Anders-Armee, die von Stalin perfide instrumentalisiert wurden, um die Autorität der Londoner Exilregierung zu schwächen, hat insbesondere Krystyna Kersten hingewiesen.[20]

Gross selbst betonte im Verlauf der Debatte, das Schema von den Juden, die die Bolschewiken unterstützt hätten, tauge nichts.[21] Hätte

17 Ebenda, S. 115.
18 Die Anders-Armee ist die aufgrund des Sikorski-Maisky-Abkommens im August 1941 unter der Führung von General Władysław Anders auf sowjetischem Gebiet gegründete polnische Armee, die der Londoner Exil-Regierung unterstand. Sie verließ 1942 die Sowjetunion über den Iran und Irak und gelangte über Palästina nach Italien, wo sie an Kämpfen teilnahm (Schlacht von Monte Cassino).
19 Strzembosz, Die verschwiegene Kollaboration, S. 116.
20 Mit dieser Problematik beschäftigte sich die Historikerin Krystyna Kersten in ihrem Essay „Problem Żydow w Polskich Siłach Zbrojnych i na Wschodzie w konteksie stosunków polsko-żydowskich w czasie II wojny światowej [Probleme der Juden in den polnischen Streitkräften in der Sowjetunion und im Osten im Kontext der polnisch-jüdischen Beziehungen im Zweiten Weltkrieg], in: dies., Polacy. Zydzi. Kommunizm [Polen. Juden. Kommunismus], Warschau 1992, S. 15–75.
21 Gross in: „Jedwabne, 10. Juli 1941 – Verbrechen und Erinnerung". Diskussion in der Redaktion der Tageszeitung Rzeczpospolita: Jan T. Gross, Tomasz Strzembosz, Andrzej Żbikowski und Paweł Machcewicz. Gedruckt am 3. 3. 2001, zit. n. Transodra 6, S. 159–173, hier S. 169.

er verfügbare Quellen aus der sowjetischen Besatzungszeit einbeziehen sollen? Würde dies nicht eine zu schlichte Antwort suggerieren, das Unfassbare des Massakers von Jedwabne sei in eine Folge der sowjetischen Besatzung? Wäre damit nicht vorschnell die Interpretation des Massenmords als ein (verständlicher) Vergeltungsakt nahe gelegt worden und hätte damit weitere Ansätze überdeckt? Hätte er nicht damit bisher gängige Erklärungsmuster wiederholt?

Die Forschung zu Jedwabne vor 2000

Die Geschichte des Massakers war von der Fachhistorie jahrelang vernachlässigt worden. Auf dem Höhepunkt der Debatte stellte Gross in einer Diskussionsrunde die ebenso provozierende wie rhetorische Frage: „Wie kam es, dass fünfzig Jahre lang unter den Historikern der Besatzungszeit und der neuesten Geschichte Polens niemand auch nur ein einziges Wort über das dramatische Schicksal der jüdischen Bevölkerung von Jedwabne verlor?"[22] Tomasz Strzembosz hatte darauf eine klare Antwort: „Weil ich auf einem Seil balancierte. In den Jahren 1982–1990 habe ich keine Briefe geschrieben, mich nicht am Telefon unterhalten. Ich beschäftigte mich mit Dingen, die vom System als Verbrechen an der polnischen Staatsraison behandelt wurden, d. h. mit dem polnischen Widerstand, dem Partisanenkampf und dem bewaffneten Kampf gegen den sowjetischen Besatzer von 1939 bis 1941 vor dem Mord in Jedwabne. Hätte ich mich noch mit weiteren Dingen beschäftigt, wäre ich vielleicht mit dem Kopf im Sumpf gefunden worden, das hat man mir deutlich gesagt. Und außerdem bin ich kein Historiker der polnisch-jüdischen Beziehungen." Damit gewährt er einerseits einen Einblick in die abgründige Wirklichkeit und das Dilemma des Forschers in einem totalitären Land und zeigt andererseits die eng gesteckten Grenzen historischen Arbeitens.

---

22 Ebenda, S. 165.

Der Historiker Szymon Datner, der seit 1945 der Jüdischen Historischen Kommission in Białystok angehört und später am Jüdischen Historischen Institut in Warschau gearbeitet hatte, wies in den sechziger Jahren in einem Aufsatz mit dem Titel „Die Vernichtung der Juden im Bezirk Białystok"[23] auf Pogrome in dieser Gegend hin. Einen Abschnitt widmet Datner den Wochen vom 22. Juni bis August 1941, als sich die deutsche Zivilverwaltung formierte und die meisten Ghettos im Bezirk Białystok eingerichtet wurden.

Erste Hinweise auf Massaker tauchen im Kontext des Abschnitts über Bevölkerungszahlen mit unbestimmter Formulierung auf, als er deutlich machen will, wie stark die Fluktuation der jüdischen Bevölkerung in den jeweiligen Orten war. Dort heißt es: „Mit dem Einzug der deutschen Truppen in viele Ortschaften kam es zu grausamen und blutigen Massakern an der jüdischen Bevölkerung. Die Überlebenden dieser Massaker suchten in größeren Zentren Schutz. So suchten etwa die Überlebenden des Massakers von Jedwabne in Łomża Schutz, des Weiteren Juden aus den Städten Miastkowo und Sniadow [...]." Und weiter unten: „Die Juden des Städtchens Wizna wurden Anfang Juli 1941 von dort vertrieben und hielten sich in umliegenden jüdischen Ansiedlungen auf, wo sie kurze Zeit darauf bei Massakern umkamen, die in diesen Ansiedlungen (Jedwabne u. a.) angerichtet wurden."[24]

Im Abschnitt „Erste Phase der Judenvernichtung im Bezirk Białystok" entwickelt Datner folgendes Pogromschema: „Die Einsatzgruppen taten ihre Arbeit häufig mit Hilfe ‚einheimischer' [‚tubylczych'] Polizeiformationen, organisiert unter den ortsansässigen Verrätern, Faschisten, Entarteten [degeneratów] oder Kriminellen. An die niedrigsten Instinkte appellierend, organisierten diese Einheiten den Aus-

---

23 Szymon Datner, Eksterminacja ludności żydowskiej w okręgu Białostockim, in: Biuletyn Żydowskiego Instytutu Historycznego (BŻIH), Warschau Oktober–Dezember 1966, Nr. 60, S. 3–29.
24 Ebenda, S. 10.

bruch des ‚Volkszorns', lieferten Waffen, gaben Hinweise, ohne selbst am Gemetzel teilzunehmen. In der Regel fotografierten sie die sich abspielenden Szenen, um Beweise dafür zu haben, dass die Juden nicht nur von den Deutschen gehasst wurden."[25] Dies habe dem Vorgehen der Deutschen auch in Litauen, Ostgalizien und einigen Ortschaften des Bezirks Białystok entsprochen. „In sporadischen Fällen wurden der örtliche Abschaum und kriminelle Elemente zu Henkersknechten der Deutschen. Die meiste ‚Arbeit' verrichteten die Deutschen jedoch eigenhändig. So ermordeten die Deutschen z. B. in Białystok im Zeitraum vom 27. Juni – dem Tag ihres Einmarsches in die Stadt – bis 13. Juli 1941 mehr als 6000 Juden und brannten das Stadtzentrum und das jüdische Viertel ‚Chanajki' mit der Großen Synagoge und der angrenzenden kleinen Schule (‚Szulhojf') nieder, außerdem die am Flüsschen Bialka gelegene Nadrzeczna-Straße mit der dort stehenden Synagoge."[26]

Datners Ausführungen sind weder systematisch noch analytisch. Zusammenfassend betont er, dass die Deutschen in den nördlichen Gegenden des Bezirks Białystok den „Abschaum" der Bevölkerung sowie die „Blaue Polizei" zu ihren Verbrechen herangezogen hätten, und er betont, dass dies sowohl in der Geschichte des besetzten Polen als auch der anderen Gebiete des Bezirks Białystok ein eher seltenes Phänomen gewesen sei. In seinen folgenden Ausführungen nennt er die Ortschaft Wąsosz, wo am 5. Juli 1941 über 1000 Menschen grausam ermordet worden seien. Das Massaker von Wąsosz sei nur der Anfang einer Serie weiterer Verbrechen in dieser Gegend gewesen, und es unterliege keinem Zweifel, dass sie alle von ein und demselben „Einsatzkommando", das von Ort zu Ort fuhr, provoziert worden waren. Wo die Deutschen keine „freiwilligen Vollstrecker" (wykonawcy) fanden, führten sie die blutigen Taten selbst aus. So schreibt Datner:

---

25 Ebenda, S. 19.
26 Ebenda, S. 19 f.

„Am 7. Juli 1941 wurden fast alle in einer Scheune eingeschlossenen Juden des Städtchens Radziłów (Landkreis Grajewo) bei lebendigem Leibe verbrannt. Am 11. Juli kamen auf die gleiche grausame Weise etwa 1500 Einwohner von Jedwabne um, unter denen sich auch auch Flüchtige aus den vorangegangenen Pogromen, z. B. in Wizna etc., befanden." In den folgenden Ausführungen betont Datner erneut, dass die Deutschen die meisten Massaker in diesen ersten Monaten der Besatzung selbst ausgeführt hätten.

Datners Material enthält keine Reflexionen über die Zeugenberichte, auf die er sich stützt, die Quellenangaben bleiben als Archivsignatur in die Fußnoten verbannt und kein einziges Zitat aus den Berichten erscheint im Text.

Hat auch Szymon Datner auf einem Seil balanciert? Andrzej Kaczyński weist darauf hin, dass das „Biuletyn" des Jüdischen Historischen Instituts, in dem Datners Aufsatz über die Judenvernichtung in Białystok publiziert wurde, zwar mit dem Jahr 1966 (4. Quartal) ausgewiesen ist, in Wirklichkeit aber erst 1969 erschienen sei, d. h. erst nach der „antizionistischen" Kampagne von 1968, die zum Exodus Tausender Polen jüdischer Abstammung führte.[27] In dieser Situation, als allen noch verbliebenen jüdischen Einrichtungen, obgleich sie systemkonform waren, die Schließung drohte,[28] sei es Datner um die Rettung des Jüdischen Historischen Instituts gegangen; dies mag ihn zwar nicht zur Verfälschung, aber zu Kompromissen veranlasst haben, wie Andrzej Żbikowski anmerkt.[29] Für die Zeit nach 1989 liege, so Paweł Machcewicz, die Verantwortung dafür bei den polnischen

---

27 Andrzej Kaczyński, in: Jedwabne, 10. Juli – Verbrechen und Erinnerung, Transodra, S. 168.
28 Vgl. Beate Kosmala, Die „jüdische Frage" als politisches Instrument in der Volksrepublik Polen, in: dies. (Hrsg.), Die Vertreibung der Juden aus Polen 1968. Antisemitismus und politisches Kalkül, Berlin 2000, S. 49–64, hier S. 53 f.
29 Andrzej Żbikowski, in: Transodra, S. 168.

Historikern, dass nicht über die auch unter polnischer Beteiligung verübten Pogrome an der jüdischen Bevölkerung geforscht wurde.[30] Zwar keine Untersuchung der Pogrome und Massaker im fraglichen Gebiet, aber einen Vergleich der Muster autochthoner antijüdischer Gewalt in fünf von Deutschland besetzten Städten legte Tomasz Szarota in seinem ebenfalls 2000 erschienenen Buch vor. Er untersucht, inwieweit antisemitische Strömungen vor Ausbruch des Zweiten Weltkriegs für die Mobilisierung antijüdischer Gewalt eine Rolle spielten, wie die nichtjüdische Bevölkerung auf diese Gewaltausbrüche reagierte und ob sich vergleichbare Muster deutschen Agierens ausmachen lassen.[31] In allen beschriebenen Fällen ging die Gewalt gegen Juden von faschistischen Bewegungen der Vorkriegszeit aus, deren Führung zumindest in Kontakt mit deutschen Stellen war. Allerdings stellt der in Kaunas (Kowno) nach Abzug der Roten Armee anhebende Massenmord – Litauer erschlugen 3800 Menschen – eine enorme Radikalisierung des früher entwickelten Musters dar. Im Hintergrund agierten Vertreter des Reichssicherheitshauptamts, die Straffreiheit zusicherten und durchsetzten.

Vorkriegsantisemitismus

Tomasz Szarota hält den Einfluss der sowjetischen Besatzung auf die Ereignisse in Jedwabne für eminent wichtig, da gerade die aktivsten Pogromteilnehmer aus Rache an den Juden, denen sie Verrat und Kollaboration unterstellten, gehandelt hätten. Er führt aus: „Für mich

---

30 Paweł Machcewicz, Westerplatte und Jedwabne, in: Rzeczpospolita, 9. 8. 2001. Zit. n. Transodra 23, S. 358–361, hier S. 360.
31 Tomasz Szarota, U progu zagłady. Zajścia antyżydowskie i pogromy w okupowanej Europie. Warszawa, Paryż, Amsterdam, Antwerpen, Kowno [An der Schwelle der Vernichtung. Antijüdische Ausschreitungen und Pogrome im besetzten Europa. Warschau, Paris, Amsterdam, Antwerpen, Kaunas], Warschau 2000.

als Historiker, der versucht, die Ereignisse zu rekonstruieren, ist dabei nicht entscheidend, ob irgendein Jude diese Leute wirklich verraten hat. Ihrer Überzeugung nach war das so, und angesichts des funktionierenden Stereotyps der ‚Judenkommune' in diesen Gebieten, die unter starkem Einfluss der Endecja [Nationaldemokratie] standen, reichte dies schon aus, um solche Vorstellungen zu entwickeln."[32] Damit unterstreicht Szarota die Wirksamkeit eines hasserfüllten Vorurteils, das in der Vorkriegszeit gezielt verbreitet worden war. Bis zum September 1939, auch angesichts der Judenverfolgung im Deutschen Reich, wurden nicht nur von der nationaldemokratischen, sondern auch von der katholischen Presse das Stereotyp der „Verschwörung des Weltjudentums" und der Slogan „Juden gleich Bolschewisten" benutzt, was angesichts des erbitterten Antibolschewismus der Polen, gespeist von neuen Befürchtungen und einem alten, tief sitzenden Hass auf Russland, auf fruchtbaren Boden fiel.[33]

Im Zusammenhang mit der Suche nach Erklärungen für das Ausmaß der Barbarei von Jedwabne wirft Szarota die Frage auf: „Wusste die Bevölkerung der Region Łomża irgendetwas über die Ereignisse der ‚Reichskristallnacht', über das Vorgehen der Deutschen gegen die Juden in Deutschland?" Ein Blick in die Vorkriegspresse, und zwar nicht nur in den Warszawski Dziennik Narodowy (Warschauer Nationalzeitung), das führende Presseorgan der Nationaldemokratie in der polnischen Hauptstadt, sondern etwa in das katholische Boulevardblatt Mały Dziennik (Kleine Tageszeitung), das auf Wunsch der polnischen Bischöfe als Sprachrohr für die Tagespolitik seit 1935 erschien und sich breiter Popularität erfreute, zeigt, dass ausgiebig über die „Reichskristallnacht" berichtet wurde, dass aber der Novem-

---

32 Rauch über Jedwabne. Gespräch mit dem Historiker Tomasz Szarota und dem Publizisten Andrzej Kaczyński, in: Dziennik Bałtycki, 2. 2. 2001, zit. n. Transodra 23, S. 132–137, hier S. 132.

33 Beate Kosmala, Pressereaktionen in Polen auf den Novemberpogrom 1938 in Deutschland und die Lage der polnischen Juden, in: Zeitschrift für Geschichtswissenschaft (11) 1998, S. 1034–1045, hier S. 1039.

berpogrom und die Judenverfolgung in Deutschland nicht dämpfend, sondern ermutigend auf die Kräfte einwirkten, die die Juden durch systematischen Entzug ihrer Existenzgrundlage aus Polen vertreiben wollten. Es wurde keine Gelegenheit ausgelassen hervorzuheben, dass Juden überall unerwünscht seien.[34] Noch im Sommer 1939, als sich polnische und jüdische Kräfte für das Ende des antijüdischen Boykotts in Polen und eine Annäherung angesichts des drohenden Krieges aussprachen, wurde dies in den Spalten des Mały Dziennik mit der Begründung abgelehnt, Polen müsse sich vor der deutschen und der jüdischen Gefahr verteidigen.[35] Im Verlauf der Debatte analysierte Anna Bikont mit ähnlichen Ergebnissen das in der Diözese Łomża verbreitete Bauernblatt, dessen roter Faden in der „ununterbrochenen Aufklärung der Mitbrüder über die jüdische Gefahr" bestand.[36]

Wankende Geschichtsbilder

In einem Berliner Colloquium zu einem Thema der polnischen Nachkriegsgeschichte im Sommer 2001 erwähnte ein akademischer Lehrer aus Wrocław, wie tief betroffen polnische Studenten auf die Enthüllungen über Jedwabne reagierten. Als Beispiel führte er einen jungen Mann an, der geäußert habe, er schäme sich so sehr, dass er kaum wisse, wie er sich im Ausland verhalten solle. Aber nicht nur das Erschrecken über das Enthüllte und die eventuelle Notwendigkeit, das polnische Selbstbild zu revidieren, beschäftigte diesen jungen Mann, sondern offenbar auch die Erwartung, dass das Bild Polens im Ausland Schaden erleide und er selbst damit konfrontiert werden

---

34 Ebenda, S. 1040.
35 Ronald Modras, The Catholic Church and Antisemitism, Poland 1933–1939, Chur 1994, S. 146.
36 Anna Bikont, Wir aus Jedwabne, in: Gazeta Wyborcza, 10./11. 3. 2001, zit. n. Transodra 23, S. 174–200, hier S. 182.

könnte. In den zahlreichen dokumentierten Beiträgen zur Jedwabne-Debatte klingt immer wieder die Sorge an, dass mit einer offenen und öffentlichen Diskussion über den Antisemitismus vor allem das Polenbild in der Weltöffentlichkeit beschädigt werde. Die Warschauer Kulturanthropologin Joanna Tokarska-Bakir weist in ihrem Beitrag „Unschuldsbesessen" darauf hin, dass das Problem vor allem darin bestehe, dass keineswegs nur Antisemiten wünschten, über dieses Thema zu schweigen, um Polen nicht zu schaden.[37] Mit dem Schweigen aus Staatsraison hat Gross sich bereits in einem Essay seines kontrovers diskutierten Bändchens „Upiorna dekada" [Gespenstisches Jahrzehnt] beschäftigt.[38] Zu den besorgten Pressekommentaren nach dem Motto „Was werden bloß die anderen über uns sagen?" ergreift er auch in der laufenden Diskussion das Wort, indem er auf Reaktionen nach dem Pogrom von Kielce verweist und damit zeigt, wie konstant Reaktionen dieser Art in der polnischen Nachkriegsgeschichte auftraten. Er appelliert: „Wir bauen kein Fundament einer freien und schöpferischen kollektiven Existenz auf, indem wir aufgeregt verfolgen, wie sich das eigene Antlitz in den Augen anderer widerspiegelt."[39] Aber die Angst vor der Stigmatisierung, die Angst, mit den Mördern identifiziert zu werden, sitzt sehr tief.

---

37 Joanna Tokarska-Bakir, „Unschuldsbesessen", in: Gazeta Wyborcza, 13./14. 1. 2001, zit. n. Transodra 23, S. 98–109, hier S. 102.
38 Jan Tomasz Gross, „Ten jest z ojczyzny mojej ...", ale go nie lubię [„Dieser stammt aus meinem Vaterland ...", aber ich mag ihn nicht], in: ders., Upiorna Dekada. Trzy eseje o stereotypach na temat Żydów, Polaków, Niemców i Komunistów 1939–1948 [Gespenstisches Jahrzehnt. Drei Essays über Stereotypen zum Thema Juden, Polen, Deutsche und Kommunisten 1939–1948], Krakau 1998.
39 Jan Tomasz Gross, Das Kopfkissen von Frau Marx, in: Tygodnik Powszechny, 11. 2. 2001, zit. n. Transodra 23, S. 138–142, hier S. 139.

Die Rolle der Deutschen

Die beiden eingangs erwähnten umfangreichen Bände des Instituts für nationales Gedenken (IPN) präsentieren die Forschungs- und Arbeitsergebnisse einer größeren Gruppe von Historikern und wissenschaftlichen Mitarbeitern mehrerer Institutionen: des Büros für Öffentliche Bildung des IPN, des Historischen Instituts und des Instituts für Politikwissenschaft der Polnischen Akademie der Wissenschaften, der Universitäten Warschau und Białystok.[40] Der erste Band enthält wissenschaftliche Artikel, die die Entstehung, den historischen Kontext und den Verlauf jener Ereignisse untersuchen und die Prozesse der Nachkriegszeit analysieren.

Der zweite Band umfasst Dokumente, die in polnischen Archiven, aber auch in Ludwigsburg, Freiburg, Berlin, Jerusalem, Minsk und Grodno gefunden wurden; einen wesentlichen Teil des publizierten Materials bildet die Dokumentation aller bisherigen Ermittlungen und Prozesse zu den Verbrechen in Jedwabne.

Der umfangreichste Beitrag des ersten Bandes setzt sich eingehend mit den „Einsatzgruppen der deutschen Sicherheitspolizei und des Sicherheitsdienstes zu Beginn der Judenvernichtung in der Umgebung von Łomża und Białystok im Sommer 1941" auseinander.[41] Es wird der groß angelegte Versucht unternommen zu rekonstruieren, welche Einheiten direkt mit den Pogromen an der jüdischen Bevölkerung in einzelnen Ortschaften zu tun hatten und welche Rolle sie dabei spielten. Auch werden die Pogrome in der Gegend von Łomża und Białystok im Zusammenhang mit der Welle antijüdischer Ge-

---

40 Wokół Jedwabnego (Rund um Jedwabne), hrsg. von Paweł Machcewicz/ Krzysztof Persak, Bd. I, Studien; Bd. II, Dokumente, Warszawa 2002.
41 Edmund Dmitrów, Oddziały operacyjne niemieckiej Policji Bezpieczeństwa a początek zagłady Żydów w Łomżyńskiem i na Białostoczyźnie latem 1941 roku, in: Wokół Jedwabnego, Bd. I, S. 273–352. Dieser Beitrag ist zusammen mit zwei weiteren Artikeln des ersten Bandes 2004 in deutscher Übersetzung im Fibre Verlag Osnabrück erschienen.

walt von Teilen der einheimischen Bevölkerung in den baltischen Ländern, in West-Weißrussland sowie in Ostgalizien bis hin zu Moldawien und Bessarabien interpretiert. Zentrale These des Autors ist, dass ohne die Mitwirkung, zumindest aber gezielte Anstachelung durch die im Gebiet von Białystok tätigen deutschen Einsatzgruppen die Pogrome in dieser Region zumindest nicht in diesem Ausmaß stattgefunden hätten.

Unbestritten ist, dass es in den ersten Wochen des „Unternehmens Barbarossa" zu den Aufgaben der Einsatzgruppen gehörte, unter der einheimischen Bevölkerung der besetzten Gebiete antijüdische Ausschreitungen anzuzetteln, die dann in ihren Lageberichten als „Selbstreinigungsaktionen" oder „Volkspogrome" bezeichnet und propagandistisch ausgeschlachtet wurden. Dmitrów geht davon aus, dass Himmler bereits in den ersten Julitagen 1941 für die Gegend um Białystok erwog, ähnlich wie in Litauen unter der einheimischen Bevölkerung Pogrome anzetteln zu lassen.

In der Stadt Białystok selbst aber waren es Mitglieder eines deutschen Polizeibataillons, die kurz nach Beginn des deutsch-sowjetischen Krieges, und zwar am 27. Juni 1941, dem ersten Tag der deutschen Besatzung, den ersten großen Judenpogrom in diesem Gebiet verübten. Als Major Weis vom 309. Polizeibataillon seinen Kompanieführern befahl, das jüdische Viertel zu durchkämmen und wehrfähige Juden festzunehmen, begannen die Polizisten eine wilde Menschenjagd: „Auf den Straßen und in den Wohnungen quälten und schlugen sie die Juden, und den Alten schnitten sie die Bärte ab. Es wurde bedenkenlos geschossen, getroffen und gemordet. Die Juden wurden verspottet und erniedrigt, man zwang sie zu tanzen und religiöse Lieder zu singen. Die ergriffenen Männer wurden auf den Marktplatz getrieben, von wo sie in Gruppen in einen Park gebracht und dort erschossen wurden. Als Höhepunkt des Massakers wurden in der Hauptsynagoge mindestens 700 bis 800 Menschen lebendigen Leibes verbrannt. Soldaten, die den Schlachtplatz mit einem Kordon umgaben, schossen auf diejenigen, die zu flüchten versuchten. In den

Fenstern der brennenden Synagoge waren Männer zu sehen, die Kinder hochhielten und schrien, die Deutschen sollten wenigstens die Kinder am Leben lassen. Die Bewacher schossen jedoch auch auf Frauen und Kinder. Das Feuer griff auch auf das benachbarte jüdische Viertel über, wo mindestens tausend Menschen in den Flammen starben oder nach der ‚Räumung' der Häuser durch deutsche Soldaten umkamen. Insgesamt fielen dem Massaker mehr als 2000 Juden zum Opfer, unter ihnen auch Frauen und Kinder."[42] Der Pogrom eskalierte dann zu einem systematischen Massenmord.

In den entsprechenden Ereignismeldungen wurde dieses von einem deutschen Polizeibataillon verübte Massaker in Białystok verschleiert. In den Propagandadarstellungen der künftigen Pogrome ging es jeweils darum, den Eindruck zu erwecken, dass sich die einheimische Bevölkerung aus eigenem Antrieb und in gerechtem Zorn der Juden und Kommunisten entledigte. In der NS-Terminologie wurde von „Judenpogrom" gesprochen, wenn die örtliche Bevölkerung die Juden umbrachte; wenn die Deutschen mordeten, hieß es „exekutive Tätigkeit".

Anders als in Białystok waren – so das Ergebnis von Dmitróws Studie – in Radziłów und Jedwabne (und weiteren Ortschaften) tatsächlich polnische Einwohner diejenigen, die über die jüdischen Einwohner herfielen und sie umbrachten. Die Abneigung und Feindseligkeit gegen Juden, wie sie in der Vorkriegszeit besonders in dieser Region von der antisemitischen „Nationalpartei" und dem „Nationalradikalen Lager" verbreitet worden waren, hatten unter der sowjetischen Besatzung gewalttätigen Charakter angenommen und waren durch das Vorgehen der Deutschen Ende Juni und Anfang Juli 1941 noch verstärkt worden.[43] Die Entscheidung zur Ermordung der Juden dieser beiden Orte wurde jedoch, so Dmitrów, „von den vor Ort befindlichen Funktionären der deutschen Polizeikräfte getroffen".[44] Der Autor kommt zu dem Schluss, dass das Verbrennen mehrerer

42 Dmitrów, Oddziały operacyjne, S. 311.
43 Ebenda.
44 Ebenda, S. 346.

hundert Juden in Radziłów und Jedwabne eher den Charakter von Exekutionen hatte, die von Mitgliedern eines deutschen Einsatzkommandos angeordnet worden waren. Zur Ausführung der Morde seien die ortsansässigen Polen beauftragt bzw. angestiftet worden. Die vorhandenen Indizien sprächen dafür, dass es sich um das SS-Kommando Hermann Schapers handelte, gegen den in den sechziger Jahren in der Bundesrepublik Deutschland bereits ein Verfahren lief, das jedoch eingestellt wurde.

Eine genaue Feststellung, wie viele Juden den Pogromen von Radziłów und Jedwabne zum Opfer fielen, hält Dmitrów für unmöglich. Nach den in Jedwabne im Jahr 2001 durchgeführten Untersuchungen wird vermutet, dass sich in den Massengräbern 400 Pogromopfer befanden. Der Autor hält für die Orte Wąsosz, Radziłów und Jedwabne zusammen eine Zahl von 1000 Opfern für wahrscheinlich.[45]

Nach Kenntnis der durch das Buch „Nachbarn" von Jan T. Gross entfachten Debatte, die sehr offen und ernsthaft geführt wurde, und der fundierten wissenschaftlichen Studien polnischer Historiker von 2002, die einen Teil der Aussagen von Gross revidieren (vor allem was die Zahl der Opfer im Fall von Jedwabne betrifft) und auch die entscheidende Rolle der Deutschen vergegenwärtigen, erhebt sich die Frage nach Ertrag und Bedeutung des Buches „Nachbarn" über die innerpolnische Debatte hinaus. In der Einführung zur deutschen Ausgabe stellt Jan T. Gross seine Arbeit in einen größeren Kontext der Holocaustforschung und bezeichnet sie als Teil einer Gattung, die sich mit der Achse „Täter-Opfer-Zuschauer" befasst.[46] Der Holocaust zeigt sich hier nicht nur als Ergebnis effizienter Bürokratie und fortgeschrittener Technik, also als Phänomen der Moderne, sondern auch als ein heterogenes Phänomen, bestehend aus einzelnen Episoden, deren Verlauf abhängig war von Verhaltensweisen aller, die sich in der Umgebung des Mordschauplatzes befanden.[47]

45 Ebenda, S. 350.
46 Gross, Nachbarn, S. 20.
47 Ebenda, S. 91.

MICHAL FRANKL

Alte Themen – neue Fragen?
Besatzung, Widerstand, Holocaust und Zwangsaussiedlung der Deutschen im Spiegel der neuen tschechischen Geschichtslehrbücher

Vor einigen Jahren versuchte ich bei einer Diskussion mit dem Herausgeberkollegium eines der wichtigsten tschechischen pädagogischen Verlage die Redakteure, die eine neue Serie Geschichtslehrbücher vorbereiteten, davon zu überzeugen, dass man den Themen Holocaust, Antisemitismus und Rassismus mehr Aufmerksamkeit widmen sollte. Sie verteidigten sich mit dem Argument, dass die Geschichtslehrbücher ohnehin „voll" und überlastet seien und man schließlich auch alle anderen Themen und Fakten behandeln müsse. Dabei würden sie von allen möglichen Seiten und Interessensgruppen unter Druck gesetzt, um deren jeweiligen Themen Vorrang zu geben, beispielsweise von den tschechoslowakischen Widerstandskämpfern im britischen Exil.

Diese Episode lässt die besonderen Schwierigkeiten im Prozess eines neuen Lehrbuchdiskurses erkennen. Die Geschichtsbücher werden nicht nur an den Schreibtischen der in die Stille und Ruhe ihrer Arbeitszimmer versunkenen Wissenschaftler geschrieben – manchmal sogar ganz im Gegenteil: Die Inhalte der Lehrbücher sind Thema öffentlicher Diskussionen und – in einigen Fällen – auch heftiger Fehden. Gestritten wird nicht nur darüber, ob dieses oder jenes Ereignis wichtig sei, sondern auch (und vielleicht vor allem) darüber, welche Themen einen wichtigen Platz in der *nationalen* Geschichte einnehmen sollten. Lehrbücher sind, zumindest in einer demokratischen Gesellschaft, zum Teil das Ergebnis der öffentlichen Diskussion über die eigene Vergangenheit und darüber, was von der Menge der Ereignisse und Momente der nationalen Geschichte die nächste Generation als die Erfahrung par excellence internalisieren sollte. Lehrbücher werden also nicht abseits öffentlicher Diskussionen und Kontroversen geschrieben, sondern spiegeln (mit einer natürlichen Verspätung) deren Ergebnisse wider.

Dabei sollte man auch nach dem Verhältnis zwischen der Geschichtsschreibung (oder, allgemein gesagt: der Wissenschaft) und den Geschichtslehrbüchern fragen. Wie werden die Ergebnisse der historischen Forschung – wie schnell oder langsam, in welcher Weise – in die Lehrbücher und damit auch in den Unterricht eingearbeitet? Wie ich in diesem Beitrag zeigen will, ist dieses Verhältnis zwischen Forschung und Lehrbüchern sehr komplex und nicht immer selbstverständlich. Die Aufnahme eines Themas hängt offensichtlich von einer Menge Faktoren ab, etwa von der Intensität der Reflexion der Öffentlichkeit, der Politik des Unterrichtsministeriums und nicht zuletzt der Überzeugung und den Präferenzen jedes einzelnen Autors.

Der Zusammenbruch des tschechoslowakischen „sozialistischen" Regimes 1989 bot die Möglichkeit, die eigene Geschichte neu und wahrheitsgetreuer zu formulieren und dieses neue Geschichtsbild in die Lehrbücher einzubetten.[1]

---

[1] Zu diesem Thema siehe auch Leo Pavlát, Židovská tematika v Českých školách. Americký židovský výbor, 1998; Heidrun Dolezel, Die Tschechoslowakei während des Zweiten Weltkrieges in der Darstellung tschechischer Schulbücher nach 1989, in: Robert Maier (Hrsg.), Tschechen, Deutsche und der Zweite Weltkrieg, Hannover 1997, S. 145–160; David Čaněk, Národ, národnost, menšiny a rasismus. Kritická analýza několika polistopadových učebnic dějepisu schválených ministerstvem školství, Praha 1996.

Unmittelbare Nachkriegszeit

In den ersten – noch relativ freien – drei Nachkriegsjahren wurde den tschechischen Historikern nicht genug Zeit gegeben, eine vollständige Interpretation der jüngsten Ereignisse zu formulieren und in die Lehrbücher einzubetten. Nicht nur wurden noch die alten Lehrbücher aus der Zeit der ersten Tschechoslowakischen Republik benutzt, auch die Spaltung und die Konflikte zwischen marxistischen und nichtmarxistischen Historikern hat die Formierung eines allgemein akzeptablen Geschichtsbildes praktisch verhindert. Die wenigen zwischen 1945 und 1948 veröffentlichten Lehrbücher behandeln die Kriegs- und Nachkriegsgeschehnisse nur kurz und knüpfen an Vorkriegsinterpretationen an. Unter dem Einfluss Masaryks und Beneš' wurde der Weltkrieg als Konflikt zwischen Demokratie und Freiheit auf der einen Seite und Totalitarismus (Faschismus) auf der anderen gesehen. Der Faschismus lehnte die Gleichheit der Menschen ab, predigte die Herrschaft der „arischen Rasse" und ermordete Juden, Tschechen, Kommunisten und andere in den Konzentrationslagern.[2] Zugleich wird die deutsche Aggression und Okkupation als Höhepunkt des tschechisch-deutschen „Nationalkampfes" beschrieben. „Für uns ist eine Reihe der Jahre der demütigenden Versklavung unter der stickigen Herrschaft unseres Urfeindes gekommen", liest man in einem dieser Lehrbücher, das weiter die Germanisierung im „Protektorat", die Auflösung des tschechischen Turnvereines Sokol, die Verhaftungen und den Terror in den Konzentrationslager beschreibt.[3]

---

[2] Eduard Štorch/Karel Čondl, Pracovní učebnice dějepisu. Díl třetí, pro třetí třídu měštanských škol, Praha 1946 (erste Auflage 1937), S. 200, 215; František Frendlovský, Československé dějiny. Stručný přehled, Brno 1946, S. 37.

[3] Štorch/Čondl, Pracovní učebnice dějepisu, S. 200.

Nationale Geschichte – gekreuzt mit Marxismus

Nach dem „Siegreichen Februar" 1948 und der Etablierung der kommunistischen Diktatur setzte sich in den Lehrbüchern zwangsweise eine Interpretation durch, die auf der marxistischen Periodisierung der Geschichte, marxistischer Dialektik und dem Klassenkampf basierte. Die marxistische Interpretation der Geschichte bedeutete aber keineswegs, dass die tschechische (oder tschechoslowakische) Nationalgeschichte in den Lehrbüchern in den Hintergrund geriet. Umgekehrt, die wichtigen Aspekte und Ereignisse der nationalen Geschichte (seien es die Hussiten oder der Widerstand während des Zweiten Weltkrieges) wurden übernommen und für die marxistische Interpretation der Geschichte instrumentalisiert.

In den „sozialistischen" Lehrbüchern wurde der Faschismus als letzte Phase des Kapitalismus (als Höhepunkt und dessen Krise) beschrieben, er diente in dieser Sicht nur der Ablenkung der Aufmerksamkeit der Arbeiter vom einzig richtigen Weg, dem kommunistischen. Die „Kapitalisten" hätten sich von der Arbeiterbewegung und der kommunistischen Partei bedroht gefühlt und versucht, die Arbeiter von ihren Zielen zum Faschismus wegzulocken. Ein 1950 veröffentlichtes Lehrbuch konstatierte einfach und kurz: „Die Kapitalisten förderten aus Angst vor den Arbeitern die faschistische Partei Adolf Hitlers."[4] Ein anderes Lehrbuch betonte, dass die faschistische Diktatur nur dazu existiert hätte, „damit die Klasse der Großkapitalisten und Grundbesitzer das ganze Land ausbeuten konnte".[5] Auch rassistische Propaganda sei nur dazu benutzt worden, die Klassengrundlage der gesellschaftlichen Konflikte zu verwischen. Die meisten Lehrbücher beschreiben die nationalsozialistische Theorie der übergeordne-

---

4 Jan Dědina/Oldřich Fidrmuc/Pavel Choc/Jaroslav Kopáč/Marie Pravdová/Hana Sachsová, Dějepis. Učební text pro IV. třídu středních škol, Praha 1950, S. 119.
5 Vladimír Soják/Jaroslav Vávra/Josef Vošahlík, Dějiny doby nejnovější (1914–1945), 6. Aufl., Praha 1959, S. 49.

ten Stellung der „nordischen Rasse" über die der Slawen und erwähnen den Antisemitismus.[6] In einem Lehrbuch von 1959 lesen wir z. B.: „Die Nazis versuchten, die Arbeiter davon zu überzeugen, dass an deren Armut nicht die Kapitalisten, sondern andere Völker, vor allem die Juden, schuld seien. Ihre Mitglieder erzogen sie deshalb im Hass gegen Juden und einige andere Völker, z. B. die Slawen. Über die Slawen behaupteten die Nazis, dass sie eine minderwertige Rasse seien, die nicht fähig sei, sich selbst zu regieren. In dieser Weise bereiteten sie das deutsche Volk auf einen neuen, aggressiven Krieg vor."[7]

Die Darstellung der Geschichte und besonders der Geschehnisse des Zweiten Weltkrieges wurde während der stalinistischen 50er-Jahre heroisiert und durch Emotionen und Schilderungen der heldenhaften Taten der kommunistischen Widerstandskämpfer und sowjetischen Soldaten charakterisiert. Erst in den 60er-Jahren – mit dem Beginn der Tendenz zur „Entstalinisierung" der Lehrbücher und der allgemeinen Schwächung der restriktiven Atmosphäre in der sozialistischen Tschechoslowakei – finden wir in den Lehrbüchern auch einige wenige Aspekte der Kultur- oder Sozialgeschichte. Die 60er-Jahre brachten auch eine Änderung des Inhaltes im Sinne der teilweisen Milderung der Extreme der stalinistischen Interpretation der Geschichte in die Lehrbücher.

Mit der Heroisierung der Geschichte hängt eng zusammen, dass die Narrative des Widerstandes gegen den deutschen Terror im „Protektorat Böhmen und Mähren" den Schwerpunkt dieser Lehrbuchtexte bilden. Seit den ersten Nachkriegsjahren betonen die Lehrbücher die deutsche Politik der Germanisierung „der Leute und des Raumes", schildern die wirtschaftliche Ausbeutung, die Heranziehung der jungen Leute für die Zwangsarbeit „im Reich" und die Festnahmen, die Deportationen in die Konzentrationslager und Hinrichtungen. Besonders in den 50er-Jahren wurde die Grausamkeit der Deut-

6 Ebenda, S. 111.
7 Jaroslav Joza/Alexandr Ort, Dějiny doby nové a nejnovější pro 8 ročník, Praha 1959, S. 81.

schen sehr emotional und plastisch beschrieben. Sollte man den „sozialistischen" Lehrbüchern glauben – und besonders denen aus den 50er-Jahren – waren die Opfer deutscher Verfolgung hauptsächlich und fast ausschließlich Kommunisten.

Die klassenbedingte Definition des Faschismus führte zu der Behauptung, dass sich auch die tschechischen „Kapitalisten" auf die Seite des Faschismus gestellt hätten. Besonders in den 50er-Jahren betonte man in den Lehrbüchern, dass die tschechoslowakische „Bourgeoisie" aus Angst vor der Sowjetunion und den Kommunisten eher das faschistische Deutschland unterstützte. Beispielsweise habe einem Lehrbuch von 1956 nach die „Bourgeoisie lieber Hitler ins Land eingeladen. [...] Mit der Ankunft Hitlers in der Tschechoslowakei wollte man mit den Kommunisten abrechnen. Äußerlich wollte die tschechische Bourgeoisie damit nichts zu tun haben, tatsächlich hat sie aber der Gestapo geholfen".[8] Auf diese Weise interpretierte man auch Beneš' „Zurückweisung" des angeblichen Angebotes militärischer Hilfe von Seiten der Sowjetunion während der Münchner Krise.

Der kommunistischen Interpretation zufolge gehörten zu den Kollaborateuren mit den Deutschen „viele Kapitalisten und Großgrundbesitzer, Staatsbeamte und unterschiedliche unehrliche Leute".[9] Zu den Kollaborateuren wurden auch Staatspräsident Hácha und die „verräterische" Protektoratsregierung gezählt. In diesen – kommunistisch gefärbten – Lehrbüchern wurden also die Kollaborateure mit den „Klassenfeinden" des tschechischen Volkes identifiziert.

Der tschechische (tschechoslowakische) Widerstand wurde dagegen von den Kommunisten geleitet. Große Aufmerksamkeit wurde hauptsächlich der Persönlichkeit Julius Fučíks, einem kommunistischen Journalisten und Mitglied der illegalen kommunistischen Partei, zuteil, der von der Gestapo verhaftet und später hingerichtet wurde.

8   Dějiny ČSR, Band III (1918–1948), Praha 1956, S. 37. Ähnlich z. B. Joza/ Ort, Dějiny doby nové a nejnovější, S. 89 f.
9   Karel Bartošek, Dějepis pro 9. ročník základní devítileté školy, Praha 1964, S. 102.

In den Lehrbüchern – ähnlich wie in der allgemeinen kommunistischen Propaganda – wurde Fučík als eine heroische Figur dargestellt. Erst ab Ende der 1960er-Jahre erhielt auch der bürgerliche Widerstand einen bestimmten Raum, und dementsprechend geriet der Fučík-Kult mehr oder weniger in den Hintergrund. Dieser Wandel hat nicht nur mit dem politischen Tauwetter zu tun – in den 1960er-Jahren wurden die ersten (wenigen) Forschungsarbeiten zum Thema des bürgerlichen Widerstands veröffentlicht.

Die Lehrbücher der 50er- und 60er-Jahre betonten den Widerspruch zwischen dem kommunistischen Widerstandskonzept und der Politik, die von der tschechoslowakischen Exilregierung in London vertreten wurde. Während die Kommunisten sich angeblich auf die Unterstützung des ganzen Volkes stützen konnten und vom ersten Tag der Besatzung an Widerstand leisteten, hatte die Londoner Regierung, der es nur um die Wiederherstellung des kapitalistischen Vorkriegssystems ging, Angst vor der Teilnahme der breiten Volksmassen am Widerstand und rief zur Ruhe auf. Zwischen den Zeilen kann man lesen, dass auch Beneš' Exilregierung mit den Deutschen kollaboriert habe. Dem Londoner Widerstand fehlte angeblich jegliche Verbindung mit dem Volk, und deshalb organisierte es nur „individualistische" Aktionen, die nicht mit Massenwiderstand verbunden waren. Aus diesem Grund konnten die Nazis „schreckliche Repressalien gegen das tschechische Volk"[10] als Vergeltung organisieren. Dementsprechend wurde in den Lehrbüchern aus den 50er-Jahren auch das Attentat auf den stellvertretenden Reichsprotektor Reinhard Heydrich verurteilt, das Fallschirmspringer, die von der Londoner Regierung geschickt worden waren, verübt hatten, weil es angeblich nur zur Verschärfung des Terrors führte, zu Hinrichtungen und zur Zerstörung von Lidice und Ležáky. Später wurde das Attentat milder beurteilt, und in den 80er-Jahren wird es in den Lehrbüchern schon als eine heroische Tat, die „der Welt gezeigt hatte, dass das

---

10 Dějiny ČSR, Band III.

tschechische Volk nicht getäuscht und niedergebeugt wurde",[11] dargestellt.

Die Konzeption des Klassenkampfes bestimmte den Gesamtrahmen, in dem sich Beschreibungen der Kriegsgeschichte bewegten. Während die westlichen Alliierten angeblich die deutsche Expansion nach Osten unterstützt hatten und sich von dieser eine Schwächung der Sowjetunion versprachen, habe die kommunistische Weltmacht allein die Last des Krieges gegen den Nationalsozialismus getragen. Deshalb sollte der Verlauf des Zweiten Weltkrieges auch die Überlegenheit des kommunistischen Systems belegen und die Nachkriegsentwicklung in der Tschechoslowakei rechtfertigen.

Der Genozid an Juden, Roma und Sinti passte dagegen nicht in diese Auffassung der Lehrbücher, deren Texte auf den Widerstand und die Kriegsereignisse fokussiert waren. In der Reihenfolge der heroischen Widerstandstaten, der Panzerschlachten und Konferenzen der Alliierten, blieb scheinbar kaum noch Raum für dieses Thema. In den meisten Lehrbüchern der sozialistischen Ära findet man über die Verfolgung, Deportation und Ermordung der europäischen und tschechischen Juden nur kurze Erwähnungen, meist im Zusammenhang mit der Verfolgung anderer Bevölkerungsgruppen in den deutschen Konzentrationslagern. Fast nichts wurde den Schülern und Studenten über die Existenz des Theresienstädter Ghettos gesagt, das für die meisten tschechischen Juden und zehntausende Juden aus anderen Ländern Station auf dem Weg in den Tod gewesen war. Beispielsweise lesen wir in einem Lehrbuch aus dem Jahre 1950, dass „die Juden den so genannten Nürnberger Gesetzen unterworfen waren. Sie wurden gezwungen, den gelben Stern an der Kleidung zu tragen, wurden aus ihren Wohnungen geworfen und in Konzentrationslagern kaserniert. Aus diesen wurden sie später weitertransportiert und in Gaskammern ermordet".[12] Diese Beschreibung der „Endlösung" gehört

11 Milon Dohnal/Růžena Dobiášová/Štefan Zelenák, Dějepis 8, Band 1, Praha 1983, S. 51.
12 Dědina/Kol., Dějepis, S. 130.

zu den detailliertesten – übrigens finden wir schon ein paar Jahre später (vielleicht wegen der spätstalinistischen antizionistischen Wende) in den Lehrbüchern kaum mehr ein Wort über den Holocaust.[13] 1964 beschreibt ein Lehrbuch Theresienstadt sogar als das größte Konzentrationslager auf tschechoslowakischem Gebiet, in dem „Bürger von siebzehn Staaten umgekommen waren" – ohne auch nur einmal das Wort „Jude" zu erwähnen.[14] Das umfangreiche Lehrbuch *Světové dějiny* [Weltgeschichte] von 1967 wird mit dem Holocaust in einem Satz fertig: „Später, besonders gegen Juden, verwendete man Giftgas."[15]

Aus der Reihe der „sozialistischen" Lehrbücher sticht nur das Buch *Československé dejiny (1939–1948)* von Jaroslav Pátek aus dem Jahr 1974 radikal heraus. In diesem Lehrbuch werden die Ausgrenzung der Juden aus der Gesellschaft sowie die „Arisierung" beschrieben und die wichtigsten Daten über Theresienstadt angegeben.[16] In den 80er-Jahren des 20. Jahrhunderts wurde das Thema wieder stark tabuisiert, weshalb ein sehr verbreitetes Lehrbuch aus dieser Zeit nur erwähnt, dass „die schrittweise Liquidation der Juden, Slawen und weiterer so genannter rassisch minderwertiger Völker ein Bestandteil der deutschen Pläne für die deutsche Weltherrschaft war".[17] An einer anderen Stelle werden die Gesamtverluste der tschechoslowakischen Bevölkerung rekapituliert: „In Gefängnissen, Konzentrationslagern und an der Front sind über 360 000 unserer Bürger umgekommen, unter ihnen 25 000 Kommunisten."[18] Dass der überwiegende Teil dieser Opfer Juden waren, findet keine Erwähnung. Diese „Nationalisierung" der jüdischen Opfer durch das tschechoslowakische Regime

13 Dějiny ČSR, Band III; Soják/Vávra/Vošahlík, Dějiny doby nejnovější; Joza/Ort, Dějiny doby nové a nejnovější pro 8 ročník.
14 Bartošek, Dějepis pro 9. ročník ..., S. 112.
15 Jaroslav Charvát, Světové dějiny, Praha 1967, 11. Aufl. 1979, S. 489.
16 Jaroslav Pátek, Československé dějiny (1939–1948), Praha 1974, S. 32 f.
17 Dohnal/Dobiášová/Zelenák, Dějepis 8, S. 46 ff.
18 Ebenda, S. 117.

war üblich und wurde 1989 auch von der Dissidentenorganisation Charta 77 (vor der „Samtenen Revolution") kritisiert.[19]

Bis Anfang der 90er-Jahre des 20. Jahrhunderts war die Nachkriegsvertreibung und Zwangsaussiedlung der Deutschen aus der Tschechoslowakei, die im tschechischen Usus geläufig „odsun" (Abschiebung) genannt wird, für die Lehrbuchautoren kein großes Problem. Eines der ersten nach 1945 veröffentlichten Lehrbücher konstatiert nur – im Geist des deutsch-tschechischen Nationalkonfliktes – lapidar: „Verräter der [tschechoslowakischen] Republik werden vor Gericht gestellt und bestraft. Deutsche und Ungarn werden über die Grenze abgeschoben. Durch die Tschechisierung der Grenzgebiete wird endlich definitiv die Schuld der tschechischen Könige [die die Deutschen ins Land eingeladen hatten] und der Schlacht am Weißen Berg wiedergutgemacht."[20]

Die meisten nachfolgenden Lehrbücher beschreiben *odsun* als ein selbstverständliches und nötiges Ereignis und betonen, dass der Bevölkerungstransfer auf der Podsdamer Konferenz der Alliierten gutgeheißen worden war. Die Deutschen waren deshalb ausgesiedelt worden, weil sie sich auf die Seite der Nazis gestellt und zur Zerstörung der Tschechoslowakischen Republik beigetragen hatten: „In dem inneren politischen Leben wurden in der Vergangenheit die größten Schwierigkeiten durch die deutsche Minderheit verursacht, deren Großteil an der Neige der bourgeoisen Republik dem Nazismus verfiel und einen wesentlichen Anteil an der Zerstörung der Tschechoslowakei nahm."[21] Meist betont man auch, dass die deutschen Antifaschisten als gleichberechtigte Bürger in der Republik hatten bleiben

---

19   Kritika devastace židovských kulturních památek v Československu a zamlčování úlohy Židů v čs. dějinách, in: Vilém Prečan (Hrsg.), Charta 77, 1977–1989. Od morální k demokratické revoluci, Bratislava 1990, S. 363–370.
20   Frendlovský, Československé dějiny, S. 45.
21   Václav Husa/Miroslav Kropilák, Československé dějiny, 7. Aufl., Praha 1967, S. 306.

können. In manchen Lehrbuchtexten wird konstatiert, dass die deutsche Bevölkerung dem Ausbau des Sozialismus im Wege stand (wieder wird der nationale Feind mit dem Klassenfeind identifiziert), oder dass „*odsun* entscheidend zur Sicherheit unserer Republik beitrug".[22] Am präzisesten wurde die damalige Meinung in einem Text aus den 70er-Jahren formuliert: „*Odsun* der Deutschen war sicherlich keine Folge von Bosheit oder sogar der Rache für Unrecht im Krieg. Es war eine nötige Maßnahme, die den vielen bitteren Lehren und Erfahrungen unserer Geschichte entspringt."[23]

Durchbruch? Formierung eines neuen Diskurses nach 1989

Mit der „Samtenen Revolution" in Herbst 1989 kamen auf einmal für die Geschichtslehrbücher fast alle inhaltlichen Restriktionen zu Fall, und die ideologische Kontrolle über Schulwesen und Lehrbücher wurde abgeschafft. Die tschechischen Historiker und Pädagogen standen vor der Frage, wie die Geschichtslehrbücher inhaltlich neu und objektiver, methodologisch moderner und grafisch attraktiver gestaltet werden könnten. Sie suchten zugleich einen Diskurs, der der demokratisierten Gesellschaft entsprach. Das erwies sich jedoch als schwieriger, als man in den euphorischen Tagen des November 1989 geglaubt hatte. Man war sich zwar einig, dass die gravierendsten Unwahrheiten und kommunistischen Verzerrungen der Geschichte beseitigt werden sollten. Dementsprechend korrigierte man schon in den ersten – noch eher provisorischen und eilig geschriebenen – Lehrbüchern die markantesten Lügen: etwa über den Molotow-Ribbentrop Pakt oder über die angebliche praktische Bereitschaft der Sowjetunion, der Tschechoslowakei während der Münchener Krise 1938 militä-

---

22 Bartošek, Dějepis pro 9. ročník ..., S. 143.
23 Miloš Dohnal, Dějepis pro 9. ročník základní devítileté školy, Praha 1975, S. 238.

risch schnell zu Hilfe zu kommen. Der „Siegreiche Februar" (1948) wird negativ als Ausgangspunkt der kommunistischen Diktatur beschrieben, der „Prager Frühling" (1968) wird dagegen positiv bewertet. Im Mittelpunkt der Beschreibung steht nicht mehr die Geschichte der Kommunistischen Partei – andere wichtige politische Strömungen und Persönlichkeiten der tschechischen (tschechoslowakischen) Geschichte werden auf den Seiten dieser Lehrbücher „rehabilitiert". Wenn man aber die Texte genauer betrachtet, ist ihre strukturelle Ähnlichkeit mit den Lehrbüchern aus der Zeit der Normierung unübersehbar.

Die ersten nach 1989 veröffentlichten Geschichtslehrbücher standen noch strukturell und zum großen Teil auch inhaltlich im Schatten der Lehrbuchtexte aus der Zeit der „Normalisierung" (den 70er- und 80er-Jahren in der „sozialistischen" Tschechoslowakei). Offensichtlich hat nicht nur die Geschichte selbst, sondern haben auch deren Lehrbücher (also die Geschichte der Geschichte) lange Schatten. Die „sozialistischen" Lehrbücher mussten nach 1989 nicht reformiert, sondern vollständig überarbeitet werden. Die Autoren der neuen Werke haben jedoch viele Strukturen und Methoden aus den älteren Geschichtslehrbüchern übernommen. Seit Anfang der 1990er-Jahre werden zwar (fast) alle Geschichtslehrbücher in schönem und farbigem Layout gedruckt – die Struktur und Methodologie hat sich in dieser Zeit aber nur allmählich, Schritt für Schritt, geändert. Und neue Zugänge zu Themen wie Okkupation, Holocaust oder Zwangsaussiedlung der Deutschen hängen zum Teil auch davon ab, inwieweit man in dem faktografisch überlasteten Unterricht auch Zeit für Fragen des Alltagslebens und der Sozialgeschichte findet und inwieweit die Lehrbücher zu einem Unterricht anregen, der Probleme zur Diskussion stellt.

Es ist ein typisches Merkmal der meisten Geschichtslehrbücher, dass ihr Schwerpunkt eher in der *nationalen* als in der allgemeinen Geschichte liegt. Es gab und gibt zwar tschechische Lehrbücher für Gymnasien und Mittelschulen, die ausschließlich den Lauf der Weltgeschichte schildern, doch konzentrieren sich die meisten Texte auf die tschechische und tschechoslowakische Geschichte, vorwiegend in einer Kombination mit ausgewählten Kapiteln aus der Weltgeschichte. Der Lauf der nationalen Geschichte bleibt für die meisten Lehrbücher entscheidend, die Nationalgeschichte wird als ein Strom zusammenhängender und kausal verbundener Episoden dargestellt. Was zu dem „Hauptstrom" der nationalen Geschichte gehört und was als eine Neben- oder Sackgasse erscheint, wird also zu einer der zentralen Fragen der Bildung der Lehrbuchtexte. Einige Themen werden auch deshalb in den Lehrbüchern marginalisiert, weil sie keine wichtige Rolle in der scheinbar kausal verbundenen Nationalgeschichte spielen. Solange man die „Zwangsjacke" dieses Diskurses nicht modifiziert und Lehrbücher und Unterricht auf wichtige Themen und Probleme orientiert, ist es für die Autoren schwierig, Fragen und Themen in die Lehrbücher einzuführen, die neben dem „Strom" der Nationalgeschichte stehen.

Nach wie vor bildet die Darstellung des nationalsozialistischen Terrors in den böhmischen Ländern und des tschechischen Widerstandes das Rückgrat der tschechischen Lehrbuchtexte über die Ereignisse des Zweiten Weltkrieges. Nach 1989 änderte sich zwar der Ton der Lehrbücher schnell, und die kommunistische Färbung wurde beseitigt, das Skelett der Erzählung ist jedoch intakt geblieben und der tschechische Widerstand wird weiter als die zentrale Erfahrung der tschechischen Geschichte des Zweiten Weltkrieges geschildert. Dabei handelt es sich nicht nur um eine Tendenz zur Idealisierung und Heroisierung eigener Geschichte. Da die Erzählung zur Wiederherstellung der Tschechoslowakei strebt, stelle, so die Aussage, der tschechische (tschechoslowakische) Widerstand eine Tendenz dar, die diesem Ziel diene und so auch die Kontinuität der Vor- und Nachkriegstschechoslowakei bestätige. Eine Kontinuität, wollten die Autoren vielleicht sagen, die sich das tschechische Volk erkämpfen musste. Der Widerstand, der natürlich ein wichtiges Thema darstellt, wird also auch deshalb zum Hauptthema der tschechischen Geschichte des Zweiten Weltkrieges, weil er die Nachkriegserneuerung der Tschechoslowakei legitimiert.

Nach 1989 wurden selbstverständlich die bürgerlichen Widerstandsbewegungen und die Exilregierung in London „rehabilitiert", obwohl bis heute trotz vieler Teilstudien keine neue zusammenfassende Monografie zur Verfügung steht.

Kollaboration und Alltag im „Protektorat"

Die tschechische Kollaboration mit den deutschen Besatzern stellt bis heute ein sensibles Thema dar, zu dem es nur sehr wenig Forschung gibt. Auch wenn die Nachkriegsjustiz kein Ideal der Gerechtigkeit war, ist schon der große Umfang der in ihrem Rahmen durchgeführten Verfahren ein Indiz für die Bedeutung des Themas der Kollaboration, aber auch der unterschiedlichen Reaktionen der Bevölkerung auf die Okkupation. Aus der pädogogischen Perspektive ist es wichtig, die breite Skala der Reaktionen der tschechischen Bevölkerung auf die Besatzung zu zeigen (und nicht nur die zwei extremen Pole der Kollaboration und des Widerstandes), um Schülern und Studenten zu verdeutlichen, dass der Mensch auch in solchen Krisensituationen als eine frei agierende Persönlichkeit handelt, der auch unter Druck ein bestimmter Raum für eigene Entscheidungen erhalten bleibt.

Im Allgemeinen lässt sich sagen, dass sich die Autoren der nach 1989 veröffentlichten Lehrbücher mit diesem Thema schwer tun. Für manche, wie für Jiří Jožák[24] und Věra Olivová,[25] ist Kollaboration erst gar kein behandelnswertes Problem, und sie lassen das Thema einfach aus.

Innovativer wird das Thema in *Dějiny zemí Koruny české* betrachtet: Die tschechische Gesellschaft der Kriegszeit spaltet sich nach

24 Jiří Jožák, Dějepis. Nová doba, 3. díl. Druhá světová válka a československý odboj, Praha 1993.
25 Věra Olivová, Dějiny nové doby, 1850–1993, Praha 1995.

diesem Lehrbuch für Mittelschulen in drei Gruppen, von denen die Mitte am stärksten vertreten war. In diese Gruppe gehörten Leute, die zwar gegen die Okkupation waren, aber aus unterschiedlichen Gründen passiv blieben, etwa aus Angst oder aus Verzweiflung. Aus dieser passiven Masse kamen aktive Anhänger beider Randgruppen: Widerstandskämpfer oder Kollaborateure.[26] In einem anderem Lehrbuch wird der Schock der Okkupation beschrieben, dem die zwei Pole der Reaktionen entsprechen: die Teilnahme am Widerstand oder die Kollaboration mit den Besatzern. Kollaborateure waren z. B. Karrieristen, Journalisten und tschechische Faschisten.[27]

Einige Lehrbücher beschäftigen sich fast ausschließlich mit der Frage der Kollaboration der Protektoratsregierung. Nach Jan Kuklík wäre es eine verkürzte und schiefe Sicht, alle Mitglieder der Regierung oder Leute, die in der Protektoratsverwaltung gearbeitet hatten, als Kollaborateure zu verurteilen: Es gab Leute, die „nie aufgehört haben, gute Tschechen zu sein". Einige arbeiteten nur unter Druck mit. Schließlich folgt das positive Beispiel des Ministerpräsidenten Alois Eliáš, der in seiner Funktion heimlich in Kontakt mit dem tschechischen Widerstand stand; er wurde später verhaftet und hingerichtet.[28]

Auch Robert Kvaček, einer der wichtigsten tschechischen Historiker, die sich mit der tschechischen Geschichte des Zweiten Weltkrieges befassen, differenziert in seinem neuen Lehrbuch zwischen Anpassung und Mitarbeit, um den Terror zu mildern, und wirklicher Kollaboration, der sich nur wenige Menschen und Organisationen, wie Emanuel Moravec oder die Protektoratsregierung, schuldig gemacht hätten.[29]

---

26 Pavel Bělina/Jiří Pokorný und Kol., Dějiny zemí Koruny české, Band II, Praha 1992, S. 208.
27 Josef Harna/Rudolf Fišer, Dějiny českých zemí II. Od poloviny 18. století do vzniku České republiky, Praha 1998, S. 183.
28 Jan Kuklík/Jan Kuklík, Dějepis pro gymnázia a střední školy 4. Nejnovější dějiny, Praha 2002, S. 81.
29 Robert Kvaček, České dějiny II, Praha 2002, S. 160, 162 f.

Mit der Abschaffung des kommunistischen Lehrbuchnarrativs, das die Kollaborateure mit dem Klassenfeind identifizierte, spielt das Thema keine wichtige Rolle mehr in der „kausalen" Darstellung der tschechischen Geschichte, und die Autoren der neuen Lehrbücher suchen nach neuen Formulierungen des alten Themas. Dass es sich um ein schwieriges und „heikles" Thema handelt, wird auch dadurch deutlich, dass alle genannten Lehrbücher, die dem Thema einen – wenn auch beschränkten – Raum widmen, für Gymnasien und Mittelschulen bestimmt sind.

Die Frage der tschechischen Kollaboration hängt eng mit dem Thema des Alltags unter der Besatzung zusammen. Eine wahrheitsgetreuere Betrachtung des Lebens in der „grauen Zone" im Protektorat könnte Schülern und Studenten helfen, die Vielfalt der menschlichen Reaktionen und die unterschiedlichen moralischen Fragen in der Folge der Okkupation näher zu bringen. Doch widmen Lehrbücher diesen Fragen – im Vergleich zu den langen Texten über Widerstand und Kriegsereignisse – nur wenig Aufmerksamkeit. Nur in einigen neuesten Lehrbüchern versuchen die Autoren, die Komplexität des Themas und die Vielfalt der Reaktionen auf die Okkupation zumindest anzudeuten: „Die kommunistische Propaganda bemühte sich, den Anschein zu erwecken, dass in den Jahren der Okkupation das ganze tschechoslowakische Volk entschlossen und brav für die Freiheit gekämpft hatte. Das ist nicht genau und wahr. Ebenso unwahr ist aber auch die weit verbreitete Behauptung, dass die Tschechen nur eine Nation von Kollaborateuren, Denunzianten und Verrätern waren und dass ihr Hauptinteresse darin bestand, die Okkupation möglichst bequem zu überleben."[30]

Die Autoren dieses Lehrbuches schreiben weiter, dass sich zwar nur ein kleiner Teil der Nation der organisierten Widerstandsbewegung anschloss, argumentieren aber, dass „der Geist des gesamt-

30 Jan Kuklík/Jiří Kocian, Dějepis. Nejnovější dějiny pro 9. ročník základní školy a 4. ročník osmiletého gymnázia, Praha 1999, S. 59. Inhaltlich auch ähnlich Harna/Fišer, Dějiny českých zemí II., S. 183 f.

nationalen Widerstandes" in unterschiedlichen Formen zum Ausdruck kam: durch Singen nationaler Lieder, durch Niesen oder Schlurfen während der Vorführung der deutschen Wochenschau und durch den Empfang der Londoner Rundfunksendungen.

Holocaust

Der Holocaust gehörte nicht zu den Themen, die tschechische Lehrbuchautoren nach 1989 eilig korrigierten. In den ersten provisorischen Lehrbüchern wird die „Endlösung" nur im Rahmen der Interpretation des Terrors nach dem Amtsantritt Reinhard Heydrichs als stellvertretender Reichsprotektor in einem Satz erwähnt, z. B.: „Noch im Oktober [1941] fuhr der erste Judentransport aus Prag nach Theresienstadt ab (insgesamt ermordeten die Nazis während des Krieges 77 000 Tschechen jüdischer Abstammung)."[31] Bemerkenswert ist, dass auch diese kurze Erwähnung einen Fehler enthält: Die Transporte aus dem „Protektorat" im Oktober 1941 wurden nach Łódź geleitet, und der erste Transport nach Theresienstadt erfolgte erst am 24. November.

In den Jahren 1992 bis 1995 wurden mehrere neue Geschichtslehrbücher in ansprechendem Layout veröffentlicht, für deren Vorbereitung die Autoren und Verlage mehr Zeit hatten. Trotz aller Unterschiede behandeln diese Schultexte das Thema Holocaust sehr ähnlich: Neben den „Pflichtsatz" über Deportationen hat man einige Passagen über die Ausgrenzung der jüdischen Bevölkerung aus der Gesellschaft gestellt. All diese Lehrbücher sprechen über eine Reihe von Anordnungen der Besatzungs- und Protektoratsbehörden, die die

---

31 Miroslav Tejchman, Historie v nepokřiveném zrcadle. Druhá světová válka, Praha 1991, S. 19. Ähnlich auch Julius Janovský, Dějiny Československé republiky, 1918–1992, Praha 1994, S. 35 und weitere kurze Lehrtexte, die ohne Zulassung des Unterrichtsministeriums veröffentlicht wurden.

Freiheiten der Juden beschränkten. Die weiteren Schicksale nach der Deportation bleiben aber auch hier ausgespart.

Neben mangelnden Kenntnissen der Autoren, die hier eine Rolle spielen könnten, werden gravierende strukturelle Gründe für diese Defizite deutlich. Für die zwischen 1989 und 1995 veröffentlichten Lehrbücher kann man feststellen, dass über den Holocaust nur insoweit gesprochen wird, als es die Autoren mit der dominierenden Perspektive der nationalen Geschichte in Einklang bringen konnten. Die kurzen Bemerkungen über den Anlauf der Deportationen wurden in die Texte über Heydrichs Terror „eingeschmuggelt". Die Ausgrenzung der Juden konnte als Teil der Verfolgung der Tschechen im „Protektorat" dargestellt werden – oft wird die Germanisierung als Anknüpfungspunkt verwendet, wobei die „Arisierung" des jüdischen Eigentums als ein Bestandteil der Politik der Germanisierung gilt. Die spezifischen Gründe und Aspekte des Genozids an den Juden (die Verfolgung von Roma und Sinti kommt nicht vor) wurden aber nicht reflektiert.

Dieser Mangel lässt sich am Schicksal des „Theresienstädter Familienlagers" in Auschwitz-Birkenau gut verdeutlichen. Am 8. März 1944 wurden 3792 Häftlinge dieser Sektion des Lagers in den Gaskammern in Birkenau ermordet, die meisten von ihnen tschechische Juden, die aus Theresienstadt nach Auschwitz deportiert worden waren. Soweit bekannt, handelt es sich um den größten Mord an tschechischen oder tschechoslowakischen Bürgern an einem einzelnen Tag in der Geschichte. Doch findet dieses grausame Ereignis in keinem tschechischen Geschichtslehrbuch Erwähnung. Das Versäumnis wird besonders im Vergleich mit dem deutschen Massaker in den tschechischen Dörfern Lidice und Ležáky nach dem Attentat auf Reinhard Heydrich deutlich. Weil die deutschen Verbrechen in Lidice und Ležáky ein Bestandteil der Terrorkampagne gegen Tschechen waren, werden diese Ereignisse als zentrale Erfahrung der tschechischen Geschichte des Zweiten Weltkrieges betrachtet und finden in allen Lehrbüchern Eingang. Den Mord an tausenden tschechischen und anderen Juden in Auschwitz kann man aber nicht im engen Rahmen der tschechischen nationalen Geschichte funktionalisieren, und das Thema bleibt deshalb bis heute ausgeklammert.³² Das Beispiel des Zuganges der Lehrbuchautoren zum Thema Holocaust zeigt, dass die Schultexte nicht immer im Einklang mit dem Wissensstand der Historiografie stehen. Eine erste umfangreiche tschechische Zusammenfassung der Geschichte der „Endlösung" im Protektorat von Karel Lagus und Josef Polák stand schon seit 1964 zur Verfügung,³³ und schon zwei Jahre nach dem Zusammenbruch des „sozialistischen" Regimes wurde das Buch *„Konečné řešení"* [„Endlösung"] von Miroslav Kárný veröffentlicht.³⁴ Zur gleichen Zeit wurden die ersten Studien zur Verfolgung und zum Genozid der tschechischen Roma publiziert.³⁵ Auch wenn die Holocaust-Forschung in der Tschechischen (Tschechoslowakischen) Republik Anfang der 1990er-Jahre viele Lücken aufwies, konnten die Lehrbuchautoren (meistens selbst Historiker) doch auf einige zuverlässige und leicht zugängliche Studien zurückgreifen.

Dass das Thema Holocaust ab Mitte der 1990er-Jahre intensiver behandelt wurde, hat mehrere Gründe. Vor allem wurde der Judenmord – nicht zuletzt aufgrund von Wiedergutmachungsverhandlungen und -affären – weltweit und auch in der Tschechischen Republik zum Thema öffentlicher Diskussionen. Ein weiterer Anlass waren das von Präsident Václav Havel initiierte Projekt und die Konferenz *Fenomén holocaust*.³⁶ Eine zusätzliche Ausprägung dieser Initiative, die *Task Force for International Cooperation on Holocaust Education, Remembrance and Research*, hat zu intensiverer internationaler Zusammen-

32 Michal Frankl, Terezínský rodinný tábor a učebnice dějepisu, http://www.terezinstudies.cz/cz2/TI/newsletter/newsletter13/Franklýrodt.
33 Karel Polák/Josef Lagus, Město za mřížemi, Praha 1964.
34 Miroslav Kárný, „Konečné řešení". Genocida českých židů v německé protektorátní politice, Praha 1991.
35 Siehe z. B. Ctibor Nečas, Aušvicate hi kher báro. Čeští vězňové cikánského tábora v Osvětimi II-Brzezince, Brno 1992.
36 Fenomén holocaust – The Holocaust Phenomenon. Sborník mezinárodní vědecké konference. 2001.

arbeit von Historikern, Pädagogen, aber auch Politikern auf diesem Feld geführt.[37] In den letzten Jahren wurden mehrere Projekte ins Leben gerufen, die die Holocaust-Erziehung unterstützen, z. B. spezielle Schulungen für tschechische Lehrer, das Projekt *Zmizelí sousedé* [Verschwundene Nachbarn][38] oder die Website www.holocaust.cz. Es überrascht nicht, dass eine Affäre den Anlass für einen besseren Umgang mit dem Holocaust in den Lehrbüchern lieferte. 1995 wurde eine konservative Geschichte der katholischen Kirche veröffentlicht, die auch antisemitische Klischees enthielt, einschließlich der Ritualmordbeschuldigung.[39] Skandalös war aber nicht nur der Text selbst, sondern vor allem auch, dass er die Zulassung (*doložka*) des Schulministeriums erhielt, die als offizielle Garantie für Qualität und Korrektheit eines Lehrbuches dient und es Schulen ermöglicht, das Lehrbuch aus dem vom Staat bezahlten Budget zu kaufen. Nach massiver Kritik hatte das Ministerium dem Lehrbuch die Zulassung entzogen und versprochen, dass alle relevanten Lehrbücher, die diesen offiziellen Stempel bekämen, auch vom Direktor des Jüdischen Museums in Prag, Leo Pavlát, begutachtet werden müssen.

Parallel zu diesen Entwicklungen setzt sich in einigen Lehrbüchern ein innovativer Zugang zur Geschichte des Zweiten Weltkrieges und des „Protektorats" durch. Es ist sicherlich kein Zufall, dass die wenigen Texten, die die einfach strukturierten Narrative des Terrors und Widerstandes modifizieren und mehr Raum für Fragen des Alltags unter der Besatzung und im Krieg bieten, auch dem Thema Holocaust mehr Aufmerksamkeit widmen.[40]

Auch wenn sich die Lehrbücher immer mehr voneinander unterscheiden, lässt sich feststellen, dass besonders in den ab 1999 veröf-

37 Siehe http://taskforce.ushmm.org/.
38 Siehe http://zmizeli.sousede.cz/.
39 Pavel K. Mráček, Příručka církevních dějin, Krystal OP 1995.
40 Jan Kuklík, Lidé v dějinách. Období 1918–1945. Rozkvět a soumrak československé demokracie, Praha 1996; Marek Pečenka/Pavel Augusta/František Honzák/Petr Lunák, Dějiny moderní doby 1, Praha 1999.

fentlichten Werken die Autoren dem Holocaust mehr Raum bieten. Das Thema wird offensichtlich zu einem festen Bestandteil der Geschichte des 20. Jahrhunderts, wobei die Zusammenarbeit mit dem und der Druck des Ministeriums eine nicht unerhebliche Rolle spielen. Doch das Problem, wie man die Darstellung des Holocaust in die tschechische Geschichte eingliedern sollte, bleibt bestehen. Man findet auch in einigen neuen Lehrbüchern nicht wenige faktografische Fehler, die belegen, dass die Autoren das Thema nur wenig beherrschen.

Auch wenn Schüler und Studenten in ihren neuen Schulbüchern jetzt die wichtigsten Daten über den Holocaust finden, werden Rassismus und Antisemitismus als eine allgemeine Erfahrung und als Potenzial immer noch nicht angemessen thematisiert. Mit der Geschichte des tschechischen Antisemitismus, der besonders stark am Ende des 19. Jahrhunderts, am Ende des Ersten Weltkrieges und während der Zweiten Republik in der tschechischen Öffentlichkeit und Politik vorhanden war, werden die Lehrbücher schnell und meist einfach fertig. Die größte tschechische antisemitische Affäre des ausgehenden 19. Jahrhunderts, die Ritualmordbeschuldigung in Polná, wird zwar oft erwähnt, aber nur als eine Randerscheinung im Lebenslauf von T. G. Masaryk, dem es – wie man oft und nicht nur in den Lehrbüchern vermutet – durch seine mutige Opposition gegen dieses Vorurteil gelang, den Antisemitismus erfolgreich zu bekämpfen. Auch die antisemitische Atmosphäre in der Zweiten Republik wird zwar kurz konstatiert, aber nicht besonders thematisiert. Es scheint, dass es für die Lehrbuchautoren schwierig ist, den Antisemitismus auch als eine tschechische Erfahrung darzustellen, zugleich den tschechischen Antisemitismus aber von der deutschen „Endlösung der Judenfrage" zu unterscheiden. Würde man seine Kentnisse nur den Lehrbüchern entnehmen, müsste man glauben, dass Rassismus und Antisemitismus auf keinen Fall zu den Problemen der tschechischen Geschichte gehören.

Spezifischen Problemen begegnete und begegnet man im Umgang mit der Verfolgung und dem Genozid an Roma und Sinti. Zuerst –

bis etwa 1995 – wurde das Thema einfach ignoriert, später fügten die Lehrbuchautoren als Reaktion auf die öffentlichen Debatten kurze Erwähnungen ein.[41] Katalysierende Auswirkungen auf die Lehrbücher hatte die intensive öffentliche Diskussion über die zwei wichtigsten Sammellager für Roma im „Protektorat". Problematisch schien für Historiker und Öffentlichkeit hauptsächlich die Tatsache zu sein, dass die Lager in Lety und Hodonín u Kunštátu von der tschechischen Polizei geleitet und bewacht wurden.[42] Auch wenn die Diskussionen über diese Lager wahrscheinlich zur Verbesserung der Texte über den Genozid an den Roma führten, vermeiden die Lehrbuchautoren bis heute das heikle Thema des tschechischen Anteiles an der Verfolgung der tschechischen Roma vor ihrer Deportation nach Auschwitz.

Vertreibung und Zwangsaussiedlung der Deutschen

Mit einigen wenigen Ausnahmen Anfang der 1990er-Jahre sind die Autoren der Lehrbücher bestrebt, eine ausgewogenere Sicht der Vertreibung und Zwangsaussiedlung der Deutschen aus der Tschechoslowakei zu vermitteln. Eher untypisch ist der Text der Historikerin Věra Olivová, die als unkritische Bewunderin Eduard Beneš' gilt und die – ganz in der Tradition der „sozialistischen" Lehrbücher – unter der Überschrift „Bestrafung der deutschen Verbrechen gegen Menschenrechte [proti lidskosti]" feststellt: „Zugleich wurde *odsun* der deutschen Bevölkerung gestartet, die sich 1938 an der Zerstörung der Republik und an der Germanisierung und dem Terror gegen die tschechische Bevölkerung während des Krieges beteiligt hatte. Deut-

---

41 Z. B. Věra Olivová (Dějiny nové doby, 1850–1993) hat die zweite Auflage aus 1998 um einen Absatz über den Genozid an den Roma bereichert.
42 Zu der Intensität der Diskussion trägt nicht wenig die Tatsache bei, dass auf einem Teil des Lagergeländes in Lety heute eine große Schweinezucht steht.

sche Antifaschisten hatten die Möglichkeit, im tschechoslowakischen Staat zu bleiben."[43]

Die meisten Lehrbücher suchen aber einen Weg, Schülern und Studenten zu vermitteln, dass die Zwangsaussiedlungen den damaligen Bedingungen und der damaligen Atmosphäre geschuldet und nur durch diese begreifbar sind, dass sie aber unseren heutigen Vorstellungen von Menschenrechten nicht entsprechen und besonders das Konzept der Kollektivschuld nicht akzeptabel ist. Meistens werden die Brutalitäten der wilden Vertreibung 1945 geschildert und verurteilt, besonders die tragischen Ereignisse in Ústí nad Labem (Aussig). Auf der anderen Seite versuchen die Lehrbuchautoren nicht, die offizielle und organisierte Aussiedlung der Deutschen in Frage stellen. Sie bemühen sich aber, dieses problematische Ereignis im Kontext der Nachkriegszeit darzustellen, als die Sudetendeutschen der Zerstörung der Tschechoslowakei und des Terrors gegen die Tschechen für schuldig befunden wurden.

Dafür sprechen auch einige Kapitelüberschriften wie „Schatten von München"[44] oder „Wiedergutmachung von München und des Kriegsleidens".[45] Die Nachkriegshaltung der Tschechen gegenüber den Deutschen wird aber nicht (zumindest nicht völlig) gutgeheißen und der Nachkriegsnationalismus distanziert betrachtet: „In der tschechischen Gesellschaft ist eine große Welle des Nationalhasses gegen die Deutschen hochgegangen." Diesen Aufschwung des Nationalismus kann man aber nur „teilweise" mit dem „offensichtlichen Verrat" rechtfertigen, an dem sich die meisten Sudetendeutschen beteiligt hatten. Zugleich darf man nach diesem Lehrbuch für Gymnasien und Mittelschulen die Sudetendeutschen der Verantwortung für die Zerstörung der Tschechoslowakischen Republik entbinden.[46] Robert

---

43 Olivová, Dějiny nové doby, 2. Auflage, S. 158.
44 Harna/Fišer, Dějiny českých zemí II, S. 206 ff.
45 Kuklíkovi, Dějepis 4, S. 124–128.
46 Harna/Fišer, Dějiny českých zemí II, S. 206 ff.

Kvaček versucht, den Zusammenhang der Pläne für die Aussiedlung der Deutschen in der tschechoslowakischen Londoner Exilregierung mit der Verschärfung des deutschen Terrors im „Protektorat" zu belegen.[47]

Einige Texte betonen, dass die Aussiedlung der Deutschen der Tschechoslowakischen Republik gravierende kulturelle und wirtschaftliche Verluste verursacht habe: „Die Aussiedlung der Sudetendeutschen bedeutete das Ende der jahrhundertelangen Symbiose tschechischen und deutschen Volkstums, die zumindest in den letzten hundert Jahren durch die Verstärkung des Nationalismus und durch die Feindschaft, die in der Zeit des Münchener Abkommens gipfelte, gekennzeichnet wurde. Mit der Durchführung des *odsun* ist es zur lange angestrebten Vereinfachung der Nationalverhältnisse in der Tschechoslowakei gekommen, der Preis dafür aber waren ernste wirtschaftliche und kulturelle Verluste. Eine Menge qualifizierter Arbeiter, viele Gebildete sind gegangen, die Umstände des *odsun* führten zur Zerstörung von materiellen Werten, in den tschechischen Grenzgebieten begann ein langwieriger Prozess der Verwüstung der Kulturlandschaft, abgesehen von den moralischen Schäden, die die politische Kultur der tschechischen Gesellschaft negativ beeinflussten."[48]

Die Formulierung eines differenzierten Bildes der Zwangsaussiedlung der Deutschen spiegelt nicht nur die öffentlichen Diskussionen und die Atmosphäre in den deutsch-tschechischen Beziehungen, sondern auch die Zusammenarbeit der deutschen und tschechischen Historiker unter dem Schirm der Deutsch-tschechischen Historikerkommission. Seit 1989 wird auch auf tschechischer Seite über die Zwangsaussiedlung der Deutschen intensiv geforscht und publiziert.[49]

---

47 Kvaček, České dějiny II, S. 175 ff.
48 Harna/Fišer, Dějiny českých zemí II, S. 207 f.
49 Siehe vor allem Tomáš Staněk, Odsun Němců z Československa 1945–1947, Praha 1991.

Zusammenfassung

Der qualitative Unterschied der tschechischen Geschichtslehrbücher zwischen der Zeit Anfang der 1990er-Jahre und der letzten Jahre ist unübersehbar. Nicht nur das Layout änderte sich, vor allem neue Themen, Fragen und Methoden setzten sich allmählich durch. Um die Dynamik dieses Wandels zu begreifen, lohnt es sich, auf die Episode in dem pädagogischen Verlag, mit der ich diesen Aufsatz begonnen habe, zurückzukommen. Die Redakteure des Verlages, die eine Erweiterung der Texte über den Holocaust entschieden ablehnten, änderten schon zwei Jahre später ihre Meinung: In dem 1999 veröffentlichten Lehrbuch wird dem Thema Holocaust doch ein wichtiger Platz eingeräumt.[50] Auch wenn es schwierig ist, alle neuen Lehrbücher auf einen gemeinsamen Nenner zu bringen, lässt sich doch konstatieren, dass die gravierendsten Lücken im Bereich der Fakten (besonders über den bürgerlichen Widerstand, den Holocaust und die Zwangsaussiedlung der Deutschen) mehr oder weniger gefüllt wurden.

Lehrbücher sollten Schülern und Studenten aber nicht nur Fakten präsentieren, sondern auch wichtige und umstrittene Fragen thematisieren. Geschichtslehrbücher, die üblicherweise der eigenen Geschichte viel Aufmerksamkeit widmen, bieten nicht nur Fakten, Chronologien der Schlachten, Wahlen oder Konferenzen, sondern auch ein Selbstbild, ein Autostereotyp. Die Lehrbücher und der Unterricht sollten Schülern auch bei der Orientierung helfen und Themen und Fragen behandeln, die die Grenzen des engen Diskurses der tschechischen Geschichte überschreiten. Nachdem die wichtigsten faktografischen Lücken mehr oder weniger beseitigt worden sind, sollte man sich wieder fragen, was für eine Erfahrung und Einstellung, was für ein Bild der eigenen Geschichte man Schülern und Studenten vermitteln will.

50 Pečenka/Augusta/Honzák/Lunák, Dějiny moderní doby 1.

TOMASZ KRANZ

Die KZ-Gedenkstätten in Polen als Formen institutionalisierter Erinnerung

Zu Beginn des 21. Jahrhunderts lässt sich beobachten, dass die Gedenkstätten an Orten ehemaliger nationalsozialistischer Lager – trotz des wachsenden zeitlichen und emotionalen Abstands zum Zweiten Weltkrieg – nicht nur weiterhin einen wichtigen Platz in der historischen und politischen Landschaft Europas einnehmen, sondern sogar immer mehr an Bedeutung gewinnen. Dies gilt vor allem für ihre Funktion als Subjekte einer gesamteuropäischen Gedenkkultur und als Stätten zur Bewahrung der Erinnerung an die Opfer des nationalsozialistischen Genozids, insbesondere des Massenmordes an den Juden. Sichtbare Achtung wird den KZ-Gedenkstätten auch in Polen entgegengebracht, wo sie in den vergangenen Jahrzehnten eine wesentliche Rolle als Orte des Kultes und Bestandteile des gesellschaftlichen Raumes spielten. Lange Zeit übten sie einen starken Einfluss auf die polnische nationale Identität sowie die Weise aus, in der der Krieg und die deutsche Okkupation in Polen wahrgenommen wurden.[1]

[1] Die Bedeutung der Museen an Orten ehemaliger Lager als Subjekte der historischen Kommunikation und ihre Auswirkung als Repräsentanten der Vergangenheit auf das Gedächtnis und das allgemeine Bewusstsein der Polen hat noch keine ausführliche Bearbeitung erfahren. Allgemein zur polnischen Gedenkstättenlandschaft vgl. Jolanta Adamska, Pamięć i miejsca pamięci w Polsce po II wojnie światowej, in: „Przeszłość i Pamięć" 1998, Nr. 1, S. 4–11; Tomasz Kranz, Muzea-miejsca pamięci w wymiarze społeczno-politycznym, in: ebenda, Nr. 3, S. 6–12; Robert Traba, Symbole pamięci: II wojna światowa w świadomości zbiorowej Polaków. Szkic do tematu, in: „Przegląd Zachodni" 2000, Nr. 1, S. 52–67.

Die Museen an Orten ehemaliger nationalsozialistischer Lager werden in Polen meistens Museen der Martyriologie oder martyriologische Museen genannt. Diese Bezeichnung ist weit verbreitet und tief verwurzelt, nicht nur im allgemeinen Bewusstsein der Polen, sondern auch in der polnischen Fachliteratur. Sie tritt ebenfalls im Namen einiger Institutionen und in amtlichen Dokumenten auf. Dennoch ist dieser Terminus dem Profil der meisten Museen dieser Art wenig angemessen und verengt ihre Tätigkeitsfelder bedeutend, insbesondere im historischen, museologischen und pädagogisch-didaktischen Bereich.[2]

In Polen existieren etwa zehn Gedenkstätten für die Opfer des Nationalsozialismus an Orten früherer Lager.[3] Ihre Gründungsdaten bestimmen gewissermaßen die zentralen Etappen der Entwicklung der Vergangenheitspolitik und die Phasen des gesellschaftlichen Gedenkens an den Zweiten Weltkrieg in Polen. Noch während des Krieges bzw. kurz nach seiner Beendigung, also in der Zeit der so genannten lebendigen Erinnerung, wurden das Staatliche Museum Majdanek in Lublin (1944) und das Staatliche Museum Auschwitz-Birkenau in Oświęcim (1947) gegründet. In den 50er-Jahren, deren Anfang mit

---

2 Die Mehrheit der polnischen Gedenkstätten hat einen vielschichtigen Charakter und erfüllt im öffentlichen Leben vielfältige Funktionen. Trotzdem sind ihre Besonderheiten wie auch die von ihnen unternommenen Aktivitäten in Polen im Allgemeinen wenig bekannt. Überdies werden diese Institutionen in der polnischen Öffentlichkeit nicht als „arbeitende Gedenkstätten", sondern in erster Linie als Friedhöfe, Denkmäler und nationale Sanktuarien wahrgenommen.

3 Gegenstand der Reflexion sind hier ausschließlich Gedenkstätten, die in ehemaligen Lagern errichtet wurden. Es sind daher weder die Museen berücksichtigt, die die nationalsozialistischen Untersuchungsgefängnisse dokumentieren (wie z. B. das Pawiak-Gefängnis in Warschau), noch die, die an Hinrichtungsstätten erinnern (z. B. Palmiry). Gedächtnisorte und Denkmäler, die den Opfern der deutschen Okkupation in Polen, den gefallenen Soldaten und Mitgliedern der Widerstandsbewegung gewidmet sind, dokumentiert die Publikation Przewodnik po upamiętnionych miejscach walk i męczeństwa – lata wojny 1939–1945, Warszawa 1988. Sie enthält ungefähr 10 000 Einträge.

einer starken Ideologisierung von Erinnern und Gedenken an die Vergangenheit in Polen einherging, wurden keine neuen Gedenkstätten errichtet. Erst in den 60er-Jahren, in der Phase der „Institutionalisierung des Gedenkens" und einer verstärkten öffentlichen Erinnerung an Orte „des Kampfes und Märtyrertums", wurden die Gedenkstätten in Stutthof (1962) und Łambinowice (1965) eröffnet, die das Konzentrationslager bzw. den Kriegsgefangenenlagerkomplex dokumentieren. Im folgenden Jahrzehnt, das durch eine aktive Politik der polnischen Behörden im Sinne eines idealisierten nationalen Gedenkens einerseits und einer Festigung des heldenhaft-siegreichen Gedenkens andererseits gekennzeichnet war, entstanden das Museum des Märtyrertums der Alliierten Kriegsgefangenen in Żagan (1971) und das Martyriologische Museum in Żabikowo (1979), das an das Zwangsarbeitslager für Juden und das Straflager erinnert. Nach den Ereignissen des August 1980, die eine Explosion des historischen Gedenkens in Polen initiierten, wurden die Gedenkstätten an den Orten des ehemaligen Vernichtungslagers und Strafarbeitslagers in Treblinka (1981), des Konzentrationslagers in Groß-Rosen (1983) und des Vernichtungslagers in Chełmno (Kulmhof) (1987) eingerichtet. In der Phase der gesellschaftlichen Transformation, die eine gegenwärtig zu beobachtende Polarisierung des polnischen kollektiven Gedächtnisses mit sich brachte, entstanden die Gedenkstätten zur Erinnerung an die ermordeten Juden in Sobibór (1993) und Bełżec (1997).[4]

---

4 Die polnischen KZ-Gedenkstätten sind autonome Einrichtungen, drei von ihnen (Oświęcim, Majdanek und Stutthof) haben den Status zentraler Museen und unterstehen dem polnischen Kultusministerium. Die Gedenkstätten an Orten der früheren Vernichtungslager sind dagegen Abteilungen der Bezirksmuseen: Chełmno ist eine Filiale des Museums in Konin, Treblinka des Museums in Siedlce, während Sobibór dem Museum in Włodawa untersteht. Im Fall der ehemaligen Vernichtungslager beziehen sich die angegebenen Daten in der Regel auf die administrativen Entscheidungen zur Gründung der Museen. Denkmäler und Gedenktafeln wurden dort wesentlich früher, schon in den 60er-Jahren, aufgestellt. In Bełżec ist 2004 ein neues Denkmal errichtet worden.

KZ-Gedenkstätten in Polen als Ausdruck des materialisierten Gedenkens

Vom museologischen Standpunkt aus sind die KZ-Gedenkstätten historische Museen. Wenn man sich auf die in der Museologie verwendete Typologie stützt, kann man sie gleichermaßen als zeitgeschichtliche Museen monografischen oder monothematischen Typs klassifizieren. Da sie an authentischen historischen Orten errichtet wurden, kann man sie auch als „Gedenkmuseen *in situ*" bezeichnen. Dieser Begriff unterscheidet sie etwa von den Gedenkstätten, die immer häufiger außerhalb von historischen Orten gegründet werden, wie z. B. das United States Holocaust Memorial Museum in Washington oder das Mahnmal für die ermordeten Juden Europas in Berlin.

Als materialisiertes Gedenken sind die polnischen Gedenkstätten *in situ* gleichwohl keine homogenen Institutionen. Die Mehrzahl von ihnen ist gleichzeitig Friedhof, Relikt, Denkmal und Museum. Diese Einteilung verläuft nicht geradlinig, da sich die Formen gegenseitig durchdringen, insbesondere wenn es um die Beziehung geht, die zwischen Friedhof und Relikt oder Relikt und Denkmal besteht. Diese Unterscheidung soll jedoch die Besonderheiten der einzelnen Gedenkstätten hervorheben und auf ihre vielfältigen materiellen und symbolischen Dimensionen aufmerksam machen.

Die ehemaligen NS-Lager in Polen sind heute symbolische und wirkliche Friedhöfe, die die Gräber und die Asche von Tausenden Opfern bergen. Diese Gräberfelder haben oft einen mulitnationalen und multikonfessionellen Charakter. Das betrifft vor allem die Konzentrations- und Kriegsgefangenenlager. Dagegen sind die Gedächtnisorte in den früheren Vernichtungslagern dem Gedenken der dort ermordeten Juden gewidmet, die aber – was manchmal vergessen wird – aus zahlreichen Ländern des besetzten Europa stammten. Für die europäische Gedenkkultur sind die polnischen Gedenkstätten folglich Gedenkorte von überregionaler Bedeutung und internationaler Dimension.

Einige der auf polnischem Territorium betriebenen Lager wurden nicht nur während des Krieges als Instrument der nationalsozialistischen Politik genutzt, sondern dienten in der Nachkriegszeit auch als Orte zur Internierung der deutschen Bevölkerung (z. B. Łambinowice/Lamsdorf). Dort befinden sich heute die Überreste und Gräber der Opfer von zwei Diktaturen: des Nationalsozialismus und des Kommunismus. Diese Orte vereinen in sich demzufolge ein unterschiedliches kollektives Gedächtnis. Sie sind also – um mit einer Formulierung von Marcin Kula zu sprechen – Gedächtnisträger, die nicht für alle das gleiche Gedächtnis tragen.[5]

Eine andere Gruppe der Relikte der Vergangenheit, die in den meisten polnischen Gedenkstätten erhalten sind, stellten materielle Spuren und bauliche Überreste dar. Ein Relikt ist nicht nur ein konkretes Objekt aus der Lagerzeit oder ein zu einem der Häftlinge gehörender Gegenstand, sondern auch die erhaltene Lagerfläche als Ganzheit. Die Gedenkstätten sind daher eine Sammlung einzelner Hinterlassenschaften, aber gleichzeitig bilden sie auch eine bestimmte Struktur – eine affektiv geladene Erinnerungslandschaft. Auf die Aufnahme und das Verständnis dieser Orte wirken die erhaltenen oder wieder aufgebauten Gebäude und Objekte in ihrer materiellen Form wie auch die von ihnen hervorgerufenen Vorstellungen und Erlebnisse ein. Die materiellen Formen kann man als substantielle Qualität bezeichnen, die sie begleitenden Vorstellungen als metaphysische Qualität. Die Relikte in den ehemaligen Lagern sind also Hinterlassenschaften der Vergangenheit von einem bestimmten historischen Wert und emotionalen Gehalt.[6]

---

5   Marcin Kula, Nośniki pamięci historycznej, Warszawa 2002, S. 275 f. Siehe auch u. a. Edmund Nowak, Łambinowice – miejsce z podwójną totalitarną przeszłością, in: „Przeszłość i Pamięć" 1998, Nr. 4, S. 65–71.
6   Vgl. hierzu Detlef Hoffmann (Hrsg.), Das Gedächtnis der Dinge. KZ-Relikte und KZ-Denkmäler 1945–1995, Frankfurt a. M./New York 1998, S. 330–343; Tomasz Kranz, Commemorative Sites or the Commemoration of Sites?, in: „Pro Memoria" 2000, No. 13, S. 77.

Die Überreste in den NS-Lagern sind Fragmente historischer Ereignisse, durch die sie eine einzigartige Brücke zwischen einer vergangenen Wirklichkeit und der Gegenwart schaffen. In diesem Kontext wird auch von der „Aura" dieser Orte und der Kraft gesprochen, die in den überlieferten Relikten wurzelt und die Wahrnehmung der Vergangenheit in der Gegenwart prägt. Die Beziehung zwischen der Geschichte, wie sie an diesen Orten sichtbar wird, und der Gegenwart stützt sich jedoch nicht auf Kontinuität. Darauf hat Aleida Assmann aufmerksam gemacht: „Am Gedenkort ist eine bestimmte Geschichte gerade nicht weitergegangen, sondern mehr oder weniger gewaltsam abgebrochen. Die abgebrochene Geschichte materialisiert sich in Ruinen und Relikten, die sich als fremde Überreste von der Umgebung abheben. Das Abgebrochene ist in Überresten erstarrt und steht beziehungslos zum örtlichen Leben der Gegenwart, das nicht nur weitergegangen, sondern über diese Reste auch achtlos hinweggegangen ist."[7] Am Gedenkort haben wir es daher mit dem Fortdauern der Relikte zu tun, die als Spuren der Vergangenheit historische Erklärungen erfordern und als Bestandteile der zeitgenössischen Erinnerungslandschaft im breiteren museologischen und pädagogischen Kontext situiert werden müssen.

Die Hinterlassenschaften der Lager an authentischen Orten werden darüber hinaus durch eine besondere Dialektik bestimmt: Einerseits sind sie historische Quellen und Beweise, andererseits aber auch Zeichen und Symbole bestimmter Ereignisse aus der Vergangenheit. Bei einigen Relikten reicht ihre semiotische Funktion über den historischen Ort hinaus: Außerhalb der Gedenkstätten treten sie als Komponenten der Geschichte auf und prägen als Ankerpunkte der Erinnerung die individuelle Aufnahme der Vergangenheit ebenso wie die kollektiven (nationalen) Vorstellungen von der NS-Zeit. Es kommt auch vor, dass manche KZ-Relikte – popularisiert und globalisiert durch

---

[7] Aleida Assmann, Erinnerungsräume. Formen und Wandlungen des kulturellen Gedächtnisses, München 1999, S. 309.

die Bilder in den Medien – als internationale Gedächtnisikonen wirken, wie etwa das Tor mit der Inschrift „Arbeit macht frei" im ehemaligen KZ Auschwitz.

Die erhaltene historische Substanz, vor allem aber die innerhalb der KZ-Gedenkstätten befindlichen Massengräber und Asche machen sie zu Denkmälern zur Ehre der Opfer. Die Funktion eines Denkmals erfüllt in der Tat das gesamte frühere Lagergelände, das einen interaktiven Raum des Erinnerns und Gedenkens bildet. In ihrer Monografie über die polnischen Denkmäler schreibt Irena Grzesiuk-Olszewska darüber folgendermaßen: „Bei den martyriologischen Denkmälern (es geht hier um Konzentrations- und Vernichtungslager) besteht das Hauptproblem darin, eine Lösung zu finden, deren Komposition der Nachwelt Wissen darüber vermittelt, was war. So wird das ganze Lagergelände mit den Baracken, Krematorien und der Umzäunung erhalten, konserviert und teilweise rekonstruiert. Unterdessen wird das ganze Lager zum Denkmal, nicht nur die Skulptur, die auf seinem Gelände steht. In dieser Konzeption ist der Betrachter nicht nur ein passiver Empfänger, vielmehr wird er in die paratheatrale Raumkomposition hineingezogen, er wird so zum Mitautor, indem er das erlebt, was ihm der Regisseur dieses eigentümlichen Spektakels aufdrängt."[8]

Dem unmittelbaren Gedenken der Opfer sind die auf dem Gelände der ehemaligen Lager errichteten Monumente und Denkmäler gewidmet. Im Allgemeinen bilden sie einen integralen Bestandteil des musealen Raumes und ein dominierendes Element des lokalen Panoramas. Das durch sie ausgedrückte Gedenken hat eine moralische, gesellschaftliche, politische und in großem Maße auch ästhetische Dimension. Unter den Denkmälern in den polnischen Gedenkstätten zeichnen sich die Monumente in Treblinka und Majdanek durch außergewöhnliche Skulpturen und ihre Ausdruckskraft aus. Die Denk-

---

8   Irena Grzesiuk-Olszewska, Polska rzeźba pomnikowa w latach 1945–1995, Warszawa 1995, S. 19.

mal-Raum-Komposition im ehemaligen Vernichtungslager in Treblinka besteht aus 17 000 Granitblöcken, die jüdische Mazzeva symbolisieren, Betonblöcken, die an Eisenbahngleise erinnern, sowie einem zentralen Denkmal, das an der Stelle der früheren Gaskammern errichtet wurde. Durch Stelen gekennzeichnet sind ebenfalls das Lagereingangstor und der Ort, an dem die Leichen der Opfer verbrannt wurden.

Der Denkmalskomplex in Majdanek – eines der Denkmäler mit dem größten Raumvolumen in Polen – besteht aus drei Elementen: dem das Lagertor symbolisierenden monumentalen Denkmal, dem in der Form einer Rotunde errichteten Mausoleum, in dem die Asche der Ermordeten beigesetzt wurde, und dem die beiden Denkmäler verbindenden Weg der Ehre und des Gedenkens. Die einzelnen Elemente schaffen eine in kompositorischer Hinsicht durchdachte Ganzheit, die mit dem Gelände des Lagers harmonisiert, da sie seinen zentralen Raum nicht berührt.

Die polnischen Gedenkstätten für die NS-Opfer als Formen institutionalisierter Erinnerung

Der Entscheidung, die ehemaligen NS-Lager in staatlich getragene Gedenkstätten umzuwandeln, lag in Polen – lässt man die in einigen Fällen sichtbaren politisch-propagandistischen Motive außer Acht – die Überzeugung über die Notwendigkeit zugrunde, diese Orte im historischen Gedächtnis als Symbole des Zivilisationsbruches und als Zeichen der Warnung für künftige Generationen zu erhalten. Vordergründige Aufgabe war es, der Opfer der Lager und – in einer breiteren Perspektive – des Nationalsozialismus (der in Polen als Hitlerismus bezeichnet wird) zu gedenken. Zudem dominierte in Polen jahrzehntelang der nationale Aspekt; die Museen an Gedächtnisorten hatten daher vor allem das Gedenken an die Martyrologie des polnischen Volkes zu festigen. Das Beispiel der Gedenkstätte in Oświęcim illustriert jedoch, dass die Nationalisierung des Gedenkens zugleich von einem Prozess der Internationalisierung unter den Stichworten Internationalismus und Egalitarismus begleitet wurde. Das fand etwa seinen Niederschlag in der Formel „Denkmal des Martyriums des polnischen Volkes und anderer Völker". Das Gedenken an die Opfer des Holocaust, von denen die polnischen Juden eine Hälfte ausmachten, wurde dagegen fast bis zum Ende der 80er-Jahre – von wenigen Ausnahmen abgesehen – verdrängt und marginalisiert. Das verzerrte nicht nur in bedeutendem Maße das historische Bewusstsein vieler Polen, sondern auch ihr Wissen über den Krieg. Erst der gesellschaftliche Umbau nach der Wende schuf die Bedingungen für eine Öffnung und Differenzierung des historischen Gedächtnisses in Polen, in dem das Gedenken an den Holocaust – wenngleich nicht ohne Hindernisse und Schwierigkeiten – einen immer größeren Raum einnimmt.[9]

Die Umwandlung vieler Orte des Leidens aus der Zeit des Zweiten Weltkrieges in Gedenkstätten prägte eine neue Qualität auf der Karte der globalen Museumslandschaft. Dies hatte auch eine sehr große Bedeutung für die historischen Orte selbst, da es gelang, viele Relikte vor der Zerstörung zu retten, was besonders bei einem Vergleich zwischen den Gedenkstätten sichtbar ist, die kurz nach dem Krieg entstanden, und denen, die in den 60er-Jahren oder zu einem späteren Zeitpunkt eingerichtet wurden.

9 Zur Entwicklung des Gedenkens der Polen an den Zweiten Weltkrieg siehe u. a. Tomasz Kranz (Hrsg.), Die Verbrechen des Nationalsozialismus im Geschichtsbewusstsein und in der historischen Bildung in Deutschland und Polen, Lublin 1995; Edmund Dmitrów, Polen, in: Verbrechen erinnern. Die Auseinandersetzung mit Holocaust und Völkermord, hrsg. von Volkhard Knigge/Norbert Frei, München 2002, S. 176–184; Michael C. Steinlauf, Bondage to the Dead. Poland and the Memory of the Holocaust, Syracuse/New York 1997. Vgl. auch Marek Zalewski, Formy przeszłości. O przedstawianiu przeszłości w polskiej literaturze współczesnej, Warszawa 1996, und „Znak", Nr. 6 (2000), das fast ausschließlich der Problematik des Gedenkens an die Shoah in Polen gewidmet ist.

Unter den in Polen existierenden Gedenkstätten verdient das im Oktober 1944 gegründete Staatliche Museum Majdanek in Lublin besondere Erwähnung. Es ist Europas älteste Gedenkstätte für die Opfer nationalsozialistischer Verbrechen. Im Unterschied zur Mehrzahl der polnischen und deutschen Gedenkstätten befinden sich in Majdanek zahlreiche Relikte und Artefakte, darunter teilweise von einzigartiger historischer Bedeutung. Einen starken Eindruck macht schon die erste Begegnung mit dem Ort, der Blick auf das ausgedehnte Gelände des ehemaligen Lagers und der Anblick des die gesamte Fläche dominierenden riesigen Denkmals. Diese Empfindungen werden durch die ungewöhnliche Aura gesteigert, die von den erhaltenen oder wieder aufgebauten historischen Objekten ausgeht: den Häftlingsbaracken, Wachtürmen, der Stacheldrahtumzäunung, aber vor allem den Exekutionsgräben und Gaskammern. Es lohnt sich hinzuzufügen, dass sich das Museum in Majdanek vor dem Hintergrund der anderen polnischen Gedenkstätten – neben einer großen Zahl von Musealien – auch durch seinen wesentlichen Beitrag zur Entwicklung der Theorie und Praxis der Bildungsarbeit an Gedächtnisorten auszeichnet.[10]

Einen zentralen Ort in der polnischen Gedenkstättenlandschaft nimmt die KZ-Gedenkstätte Auschwitz ein. Ihr Stellenwert im öffentlichen Leben und in der Gedenkkultur Polens rührt vor allem aus der historischen Bedeutung von Auschwitz: der Rolle, die dieses Lager in der Terrorpolitik gegen die polnische Gesellschaft spielte, und seiner Funktion in der Vernichtung der Juden und der Verfolgung von Häftlingen anderer Nationalität. Einen deutlichen Einfluss auf die Wahrnehmung von Auschwitz und seine Bedeutung im gesellschaftlich-politischen Leben hatte auch die Tatsache, dass dieses Lager in der Zeit der Volksrepublik zum zentralen Symbol der Martyriologie

---

10 Vgl. Tomasz Kranz (Hrsg.), Bildungsarbeit und historisches Lernen in der Gedenkstätte Majdanek, Lublin 2000. Allgemeine Informationen über das Lager und das Museum Majdanek liefert der reich illustrierte Bildband Mitten in Europa. Konzentrationslager Majdanek. Fotografien Tomasz Samek. Texte Edward Balawejder, Tomasz Kranz und Barbara Rommé, Münster 2001.

des polnischen Volkes und mittelbar – im Zusammenhang mit der Instrumentalisierung des Gedenkens an den Krieg für politische Zwecke – zum Symbol des Sieges des Sozialismus über den kapitalistischen Imperialismus stilisiert wurde. Auf diese Weise wurde es zum wichtigsten Bezugspunkt des polnischen kollektiven Gedächtnisses hinsichtlich Krieg und deutscher Okkupation. Als Symbol des Holocaust und Gräberfeld der aus unterschiedlichen Ländern stammenden Opfer zieht die Gedenkstätte Auschwitz ebenso das Interesse der internationalen öffentlichen Meinung auf sich und wird so *de facto* zum zentralen Ort des Gedenkens an den Zweiten Weltkrieg in Europa.[11]

Der unter der Pflege der polnischen Gedenkstätten stehende historische Raum nimmt in einigen Fällen eine Fläche von nahezu 100 Hektar (Majdanek) oder sogar über 100 Hektar (Auschwitz-Birkenau, Treblinka) ein. Mit Ausnahme der ehemaligen Vernichtungslager wird dieser Raum von materiellen und baulichen Hinterlassenschaften unterschiedlicher Art ausgefüllt: Holzbaracken, Wirtschafts- und Verwaltungsgebäuden, Wachtürmen und Stacheldrahtzäunen. Viele dieser Objekte sind im Originalzustand erhalten, aber ein bedeutender Teil, der während des Krieges oder in den ersten Monaten nach der Befreiung zerstört wurde, konnte teilweise rekonstruiert oder zu einem späteren Zeitpunkt vollständig nachgebaut werden.[12]

11   Zur Wahrnehmung und Symbolik von Auschwitz/Oświęcim siehe Marek Kucia, KL Auschwitz w świadomości społecznej współczesnych Polaków, in: „Pro Memoria" 2001, Nr. 15, S. 31–44. Zur Multiperspektivität des Ortes vgl. Jonathan Webber, The Future of Auschwitz. Some Personal Reflections, Oxford Centre for Postgraduate Hebrew Studies, 1992.

12   Die Geschichte der meisten polnischen Gedenkstätten ist nur wenig erforscht und dokumentiert, insbesondere wenn es um die Gestaltung des Lagergeländes geht. Einen allgemeinen Überblick geben etwa folgende Publikationen: 50 lat Państwowego Muzeum na Majdanku. 50 Years of the State Museum at Majdanek, „Zeszyty Majdanka" 1995, Bd. XVI; Janina Grabowska-Chałka, 40 lat Państwowego Muzeum Stutthof w Sztutowie, Sztutowo 2002. Zur Entstehung der Gedenkstätte Auschwitz vgl. Jonathan Huener, Geneza Państwowego Muzeum Auschwitz-Birkenau i jego koncepcja. Lata 1945–1947, in: Zeszyty Oświęcimskie 2002, Bd. 23, S. 7–28.

Unter den erhaltenen historischen Spuren an polnischen Gedächtnisorten haben die Gräber und die Asche der Opfer eine besondere Bedeutung. Relikte dieser Art befinden sich eigentlich in allen Gedenkstätten. In den meisten Fällen wurden sie gekennzeichnet und dokumentiert, aber viele Gräber in den ehemaligen Vernichtungslagern in Chełmno, Sobibór und Bełżec wurden erst in den letzten Jahren dank archäologischer Untersuchungen entdeckt.

Eine separate Gruppe an Musealien bilden die den Häftlingen zugehörigen Gegenstände und die Lagerdokumente. Im ersten Fall sind dies vor allem Kleidung und persönliche Gegenstände, die den in die Lager deportierten Menschen weggenommen oder geraubt wurden. Einen besonders starken Eindruck rufen die in Oświęcim aufbewahrten Koffer und die in Majdanek zu Stößen aufgeschütteten Schuhe hervor. Die Kanzleiakten der einzelnen Lager sind in unterschiedlichem Maße und Zustand überliefert. Diese Sammlungen enthalten in den meisten Fällen viele laufende Meter Akten, aber manchmal sind es auch riesige Sammlungen, die einige Zigtausend Archiveinheiten zählen (z. B. Stutthof).[13]

Als museale Institutionen nehmen die polnischen KZ-Gedenkstätten mit Ausstellungen, Publikationen, Bildungsprogrammen und anderen Formen der musealen Tätigkeit an einer breit verstandenen historischen und gesellschaftlichen Kommunikation teil. Die ständigen Ausstellungen, welche die Lagergeschichte präsentieren, befinden sich meistens in Gebäuden aus der Lagerzeit (z. B. Auschwitz, Majdanek). Im Fall der historischen Orte, an denen keine Objekte dieser Art erhalten sind, wurden sie in neuen Museumsgebäuden untergebracht (z. B. Sobibór, Chełmno). Die Mehrzahl der Ausstellungen an polnischen Gedächtnisorten ist in traditioneller Weise arrangiert, hauptsächlich unter Nutzung von Schautafeln und Vitrinen. Eine wichtige Rolle spielen hier die Originalgegenstände.[14]

13 Tomasz Kranz, Edukacja historyczna w miejscach pamięci. Zarys problematyki, Lublin 2002, S. 42 ff.
14 Es liegt noch keine Publikation vor, die die Ausstellungen an polnischen

Die wissenschaftliche Arbeit der polnischen Gedenkstätten konzentriert sich in erster Linie auf die Forschung zur Geschichte der Lager und im breiteren Kontext der deutschen Okkupation und der NS-Vernichtungspolitik. Die Verdienste der meisten Museen sind in dieser Hinsicht bedeutsam, wofür u. a. die große Zahl von populärwissenschaftlichen und wissenschaftlichen Publikationen Ausdruck ist. Besondere Aufmerksamkeit unter ihnen verdienen die Gesamtdarstellungen zur Geschichte der KZ Majdanek, Stutthof und Auschwitz. Außerdem ist zu unterstreichen, dass einige Gedenkstätten auch eigene wissenschaftliche Zeitschriften herausgeben.[15]

Neben der Erforschung und Dokumentation der Lagergeschichte kommen den Gedenkstätten ebenfalls allgemeingesellschaftliche Aufgaben zu, die erfordern, dass sie auch Orte der Vermittlung werden: Zentren der Gedenkstättenpädagogik und der historisch-politischen Bildung. Im Ergebnis hat die Problematik der Gedenkkultur und des außerschulischen historischen Lernens für ihre inhaltliche Arbeit – wenigstens in einigen Einrichtungen – eine immer größere Bedeutung.[16]

Gedächtnisorten präsentiert. Ebenso fehlen wissenschaftliche Arbeiten zu ausstellungstheoretischen Fragen (etwa zur Nutzung des historischen Raumes oder zur Wirkung der Relikte in der Umsetzung der Ausstellungen). Grundlegende Publikationen zu diesen Themen sind deutsche Artikel. Siehe z. B. Olaf Mußmann, Die Gestaltung von Gedenkstätten im historischen Wandel, in: Museale und mediale Präsentationen in KZ-Gedenkstätten (= Beiträge zur Geschichte der nationalsozialistischen Verfolgung in Norddeutschland, H. 6), S. 14–33.

15 Vgl. „Zeszyty Oświęcimskie" (bisher erschienen 23 Bände); „Zeszyty Majdanka" (22 Bände) und „Łambinowicki Rocznik Muzealny" (25 Bände).
16 Dennoch erweckt diese Problematik in Polen kein so großes Interesse wie in Deutschland, und die Entwicklung einer professionellen Gedenkstättenpädagogik stößt auf vielfältige Schwierigkeiten. Vgl. Tomasz Kranz, Anmerkungen zur Entwicklung pädagogischer Arbeit in polnischen Gedenkstätten, in: Hans-Jochen Gamm/Wolfgang Keim (Hrsg.), Erinnern – Bildung – Identität (= Jahrbuch für Pädagogik 2003).

Die Institutionalisierung des Gedenkens an historischen Orten wie Auschwitz oder Majdanek hat sehr große Bedeutung für die Entwicklung sowohl des nationalen als auch des globalen Gedenkens. Der Charakter dieser Museen und ihr Stellenwert im öffentlichen Leben bewirken, dass das von ihnen gefestigte und vermittelte Gedächtnis normative Bedeutung annimmt. Sie verleihen dem Gedenken an die Vergangenheit also nicht nur eine bestimmte Form, sondern auch den Inhalt. Deshalb ist es so wichtig, dass diese Museen als Wahrungsstätten und Katalysatoren des Gedächtnisses ihre Autonomie behalten und sich bemühen, die Funktion als Hüter der Vergangenheit möglichst objektiv und universal auszufüllen.

Gedenkstätten an authentischen Orten als Träger des kollektiven Gedächtnisses

Das kollektive Gedächtnis ist – in der Auffassung des französischen Soziologen Maurice Halbwachs, der diesen Begriff geprägt hat – das Gedächtnis einer Gruppe, das die in einem bestimmten gesellschaftlichen Rahmen konstruierten Vorstellungen über die Vergangenheit umfasst. Es ist eine Form der Kommunikation und der Aufrechterhaltung von Tradition und Kontinuität innerhalb einer Gemeinschaft. Das kollektive Gedächtnis hat selektiven Charakter. Da es nicht in der Lage ist, die gesamte Vergangenheit zu umfassen, vollzieht es eine Auswahl und Gewichtung. Obwohl es sich in den individuellen Gedächtnissen manifestiert, bildet es weder dessen Summe noch dessen Resultat.[17]

Zwar berührt das Gedächtnis die Vergangenheit, es ist jedoch immer in der Gegenwart angesiedelt. Es ist das Prisma, durch das wir die Welt betrachten, und Orientierungshilfe im Prozess ihrer Erkenntnis. Aus diesem Grund wird u. a. die Bezeichnung „Gegenwart der

---

17 Maurice Halbwachs, Das kollektive Gedächtnis, Stuttgart 1967.

Vergangenheit" verwendet. Das kollektive Gedächtnis hat daher eine wesentliche Bedeutung für die Integrationsprozesse der jeweiligen Gesellschaft; dies betrifft sowohl gesellschaftliche Gruppen wie auch ganze Nationen. Es ist – ähnlich wie die Tradierung von Geschichte – einer der wichtigsten Faktoren für die Schaffung eines nationalen Zugehörigkeitsgefühls und Geschichtsverständnisses. Auf die nationale Identität wirkt es in drei Hinsichten ein: erstens als Bewusstsein des gemeinsamen Bestehens und Fortdauerns; zweitens als Vermittler von Werten und Verhaltensmustern, und drittens prägt es eine symbolische Gruppensprache, die eine der Unterscheidungsmerkmale der Gemeinschaft (Nation) bildet.[18]

Das Gedächtnis manifestiert sich u. a. in der gesellschaftlichen Einstellung gegenüber konkreten Ereignissen und Personen aus der Vergangenheit, aber auch in der Art, wie ihrer öffentlich gedacht wird. Ausdruck dessen sind symbolische Formen der Erinnerung. Die symbolischen Formen der Erinnerung sind gleichermaßen Teil der „Gedenkkultur", verstanden als Gesamtheit allgemein akzeptierter Bräuche, Zeichen und Vorstellungen bezüglich des Umgangs mit der Vergangenheit. Die Gedenkkultur spiegelt folglich historische Präferenzen der Gesellschaft und ihre Vorstellungen über die eigene Geschichte wider, indem sie zusammen mit anderen Erscheinungsformen der Erinnerung – darunter vor allem der Geschichtswissenschaft – ein bestimmtes Repertoire von Formen und Inhalten schafft. So drücken diese symbolischen Formen das Verhältnis der Gesellschaft zur Vergangenheit aus und manifestieren die Art und die Intensität ihrer Wahrnehmung. Diese existieren wiederum als identitätsstiftende Komponenten und Bilder der Vergangenheit auf der Ebene des Individuums und der ganzen Gemeinschaft (autobiografisches und gesellschaftliches Gedächtnis). Sie dienen aber ebenso zur Rechtfertigung einer bestimmten politischen Ordnung und eines offiziellen Geschichtsbildes (offizielles Gedächtnis).

18 Barbara Szacka, Pamięć zbiorowa i wojna, in: „Przegląd Socjologiczny" 2000, Bd. XLIX/2, S. 17 f.

Das Gedenken an die Vergangenheit erfüllt in der öffentlichen Sphäre zwei grundsätzliche Funktionen: eine repräsentative und eine narrative. Gleichfalls kann man über zwei Formen der Repräsentation der Vergangenheit sprechen, die in der Gegenwart durch Denkmäler oder durch Erzählungen sichtbar gemacht bzw. vorgestellt wird. Diese Dialektik, die sich auf den Zusammenhang zwischen der Funktion des Denkmals als Zeichen der Vergangenheit und der Erzählung über sie stützt, wird besonders in den Museen und Gedenkstätten sichtbar. Diese zeugen vom Denken und Empfinden in der Perspektive des Gedenkens und sind zugleich Ausdruck der Gedenkkultur sowie symbolische Formen der Erinnerung.

Die Inhalte des Gedenkens werden in den zeitgeschichtlichen Museen vor allem mit Hilfe der Dauerausstellungen vermittelt und auf das Hier und Jetzt übertragen. Eine Schlüsselrolle spielen dabei die authentischen Artefakte, die als Träger des Gedächtnisses die Vergegenwärtigung der Vergangenheit in der Gegenwart versinnbildlichen und bewusst machen. Ihr Einfluss ist umso stärker, wenn sich die Gegenstände in ihrem natürlichen Umfeld befinden, d. h. am authentischen Ort. Sie sind damit keine gewöhnlichen Artefakte, die – in stärkerem oder schwächerem Maße – mit der musealen Fiktion und Inszenierung assoziiert werden, sondern Träger des historischen Gedächtnisses, die einen sinnlichen Kontakt mit einer vergangenen Wirklichkeit ermöglichen und daher das „Gedächtnis des Ortes" mitprägen.[19]

In den meisten Fällen hat das Gedächtnis in den polnischen Museen an Orten ehemaliger Lager sowohl eine lokale wie auch globale Dimension, da die Institutionen der Opfer aus unterschiedlichen Regionen und Staaten gedenken. Sie sind daher Orte der Koexistenz oder Konkurrenz vieler individueller, gesellschaftlicher und nationaler Gedächtnisse, die in unterschiedlicher Weise aufeinander einwir-

---

[19] Vgl. hierzu Pierre Nora, Zwischen Geschichte und Gedächtnis, Berlin 1990; James E. Young, The Texture of Memory: Holocaust Memorials and Meaning, London/New Haven 1993; Aleida Assmann, Erinnerungsräume, S. 298–339.

ken: manchmal konstruktiv, mitunter aber kontraproduktiv. Einige erfüllen die Funktion von konstituierenden Elementen für das historische Bewusstsein unterschiedlicher nationaler Gruppen. Ein besonders prägnantes Beispiel dieses Polymorphismus des Gedächtnisses ist das frühere Lager Auschwitz-Birkenau, das für Polen nahezu ein Heiligtum der nationalen Martyriologie, für Juden hingegen das größte Gräberfeld und Symbol des Holocaust ist. Das führt häufig zu Konflikten, die sich in einer „Rivalität des Gedenkens" äußern, die als Versuch der einer oder anderen Gruppe definiert werden kann, die symbolische Bedeutung des historischen Ortes für sich zu vereinnahmen.

Auch die symbolische Funktion von traumatischen Orten wie Auschwitz ist aus unterschiedlichen Schichten zusammengesetzt. Die staatlichen Machthaber nehmen diese Orte als Expositur des offiziellen Gedächtnisses, das – in unterschiedlichem Maße – politischen Präferenzen und Erwartungen unterliegt. Für die Familien der Opfer und die ehemaligen Häftlinge bündelt sich hingegen an diesen Orten das biografische Gedächtnis, das starke emotionale Färbungen aufweist. So schreibt Aleida Assmann zu diesem Problem: „Für einige Gruppen ehemaliger Häftlinge, für die der Ort gesättigt ist mit der Erfahrung erlittenen Leids, ist er das konkrete Unterpfand einer gemeinsamen Erfahrung. Für die Überlebenden und ihre Kinder, die hier ihre ermordeten Angehörigen betrauern, ist er vorrangig ein Friedhof. Für diejenigen, die keine persönliche Verbindung zu den millionenfachen Opfern haben, steht das Museum im Vordergrund, das den konservierten Tatort in Ausstellungen und Führungen präsentiert. Für kirchliche oder politische Gruppen steht der Wallfahrtsort als Leidensstätte prominenter Märtyrer im Vordergrund. Für Staatsoberhäupter wird der historische Schauplatz zur Kulisse für öffentliche Bekenntnisse, Mahnungen, Erklärungen, Ansprüche. Für Historiker bleibt der Ort ein archäologischer Schauplatz der Spurensuche und Spurensicherung. Der Ort ist all das, was man an ihm sucht, was man von ihm weiß, was man mit ihm verbindet. So gegenständlich konkret er ist, so vielfältig präsentiert er sich in den unterschiedlichen Perspektivierungen."[20]

Diese Charakteristik kann man auch auf andere Gedenkstätten an historischen Orten in Polen übertragen, obgleich der Einfluss des ehemaligen Lagers in Auschwitz in vielerlei Hinsicht einzigartig und besonders Aufsehen erregend ist, wenn man seine besondere Bedeutung für die globale Gedenkkultur und zunehmend auch für die Massenkultur berücksichtigt.

Abschließend sollte man noch auf die Tendenz der fortschreitenden Musealisierung von Erinnern und Gedenken in den Gedenkstätten hinweisen. Spätestens seit Ende der 90er-Jahre des 20. Jahrhunderts verschiebt sich an diesen Orten die Trennlinie zwischen dem *Sacrum* und dem *Profanum*: Die Reichweite und der Umfang des *Profanum* wird in architektonischer und symbolischer Hinsicht immer größer. Diese Transformation birgt gewisse Gefahren, aber sie eröffnet den Gedenkstätten auch neue Möglichkeiten der gesellschaftlichen und musealen Wirkung, insbesondere im Bereich der historischen Vermittlung und Bildung.

Schlussbemerkung

In Europa vollzieht sich derzeit ein schrittweiser Paradigmenwechsel im Gedenken an Krieg und nationalsozialistischen Völkermord: weg von der lebendigen Erinnerung und hin zum kulturellen und medialen Gedächtnis. Das kulturelle Gedächtnis stützt sich im Gegensatz zur lebendigen Erinnerung – deren natürliche Träger die Kriegsgenerationen, vor allem jedoch ehemalige Häftlinge und Überlebende des Holocaust sind – nicht unmittelbar auf persönliche Erinnerungen, sondern auf historische, gesellschaftliche, (inter)kulturelle und mediale Vermittlung. Es ist also eine Art sekundäre Erinnerung.

20 Ebenda, S. 330.

Das Festhalten von sekundärer Erinnerung an den Zweiten Weltkrieg hängt in starkem Maße von Institutionen ab, die die Funktionen als Träger, Vermittler und Stimulatoren des kulturellen und historischen Gedächtnisses erfüllen können. Dies trifft in besonderer Weise auf die Gedenkstätten an historischen Orten in Polen zu, die mit dem Verschwinden der Zeitzeugen dank ihres vielschichtigen Erkenntnispotenzials zur neuen Qualität der lokalen und globalen Erinnerungskultur werden können. Auch wenn sie niemals in der Lage sein werden, die Zeitzeugen zu ersetzen, können die an den Tatorten errichteten Gedenkstätten jedoch ein Gefühl für die emotionale und in einem gewissen Sinne auch biografische Kontinuität mit den Ereignissen und Lebensschicksalen der Kriegs- und Okkupationszeit erzeugen. Wenn sie sich zudem als moderne Museen der Zeitgeschichte fest etablieren, entstehen wohl auch viele neue Möglichkeiten für die historische und pädagogische Beschäftigung mit dem NS-System, also für den Umgang mit der Vergangenheit, die – wie häufig gesagt wird – noch lange nicht vergehen will und die vermutlich eine der zentralen historischen Erfahrungen für die nachfolgenden Generationen Europas bleiben wird.

In dieser Hinsicht sind die polnischen KZ-Gedenkstätten als Orte anzusehen, die einen wichtigen Beitrag zur Entwicklung einer gesamteuropäischen Erinnerungs- und Gedenkkultur leisten können, in der nicht nationale Perspektiven dominieren, sondern – je nach Möglichkeiten und Rahmenbedingungen – unterschiedliche Geschichtsvorstellungen und Tradierungen berücksichtigt werden. Das in den Gedenkstätten bewahrte Gedächtnis könnte demzufolge neuen Sinn und neue Bedeutung erhalten. Nicht auszuschließen, dass es dann aufhört zu trennen und stattdessen Bindeglied eines modernen europäischen historischen Bewusstseins wird.

Vojtěch Blodig

Die Gedenkstätte Theresienstadt – Vergangenheit, Gegenwart und Zukunft

Die Gedenkstätte Theresienstadt (Terezín) wurde am 6. Mai 1947 errichtet. Sie sollte das Andenken an die Opfer der politischen Verfolgung, an die Gegner des Nationalsozialismus, an den Genozid an den Juden sowie auch an die Vernichtung der Häftlinge durch die Sklavenarbeit würdigen und die breite Öffentlichkeit darüber aufklären. Die Ursache dieser Entscheidung der damaligen tschechoslowakischen Regierung war offensichtlich: In Theresienstadt und der nächsten Umgebung, d. h. der etwa drei Kilometer entfernten Stadt Leitmeritz (Litoměřice), haben die Nationalsozialisten drei Repressionsstätten errichtet, in denen während der Okkupationszeit ca. 205 000 Häftlinge gefangen gehalten waren, von denen mehr als 130 000 entweder hier oder in anderen Konzentrations-, Arbeits- und Vernichtungslagern, Zuchthäusern und Gefängnissen starben.

Das Gesamtkonzept der Tätigkeit der Gedenkstätte, die jeder der drei Terrorstätten und allen Häftlingsgruppen in gleicher Weise Aufmerksamkeit widmete, wurde von allen politischen Parteien gebilligt. Allerdings erlangte die Kommunistische Partei schon im Februar 1948 die Alleinherrschaft in der damaligen Tschechoslowakei. Die darauf folgende Änderung der politischen Verhältnisse brachte natürlich auch ganz andere Akzente in die Arbeit der Gedenkstätte. Gleich zu Beginn der Existenz der Gedenkstätte wurde ihre Tätigkeit drastisch gleichgeschaltet. Das kennzeichnete auch die Vorbereitung der ersten ständigen Ausstellung im Museum der Kleinen Festung. Statt einer ausgewogenen Präsentation der Geschichte aller drei Haftorte in Theresienstadt und Leitmeritz wurde nicht nur die Geschichte des Polizeigefängnisses der Gestapo in der Kleinen Festung in den Vordergrund gestellt, sondern auch die Geschichte des kommunistischen Widerstandes und der Häftlinge, die hier für ihre Zugehörigkeit zum kommunistischen Teil des Widerstandes eingekerkert wurden, einseitig hervorgehoben. Die Tätigkeit anderer Widerstandsgruppen und gar deren Existenz wurden systematisch in den Hintergrund gedrängt und bald ganz verschwiegen.

Aus den vielen bekannten ideologischen Klischees der damaligen kommunistischen Propaganda berührte ein Faktor die Tätigkeit der Gedenkstätte besonders. Im Zusammenhang mit den sich ständig verschlechternden Beziehungen des damaligen Regimes zum Staat Israel räumte man der Geschichte des Ghettos Theresienstadt immer weniger Raum ein. Sehr bald wurde nur noch über die Existenz eines Konzentrationslagers in der Stadt Theresienstadt gesprochen, ohne zu erwähnen, dass es sich bei den dort Eingekerkerten um Juden handelte. Mehr oder weniger verschleierter Antisemitismus, der damals das politische Leben der kommunistischen Länder mitgeprägt hat, fand auch in Theresienstadt einen starken Ausdruck.

In dieser Atmosphäre und unter ständiger politischer Überwachung der Tätigkeit der Gedenkstätte waren z. B. die Versuche, in Theresienstadt auch ein Museum des Ghettos zu errichten, praktisch von Anfang an zum Scheitern verurteilt.

Mit großer Verspätung setzten sich die ersten Veränderungen in der Stellung und Tätigkeit der Gedenkstätte erst in der ersten Hälfte der 60er-Jahre durch. Durch einen Beschluss der Regierung vom 30. März 1962 wurde die Gedenkstätte zum nationalen Kulturdenkmal erklärt und steht seitdem mit ihren Objekten unter besonderem Denkmalschutz. Das betraf die Kleine Festung, das Areal des Jüdischen Friedhofes und die Überreste des KZ in Leitmeritz, später auch einige Objekte des ehemaligen Ghettos in der Stadt. Ein Jahr später erhielt die Gedenkstätte die ersten Arbeitsstellen für Fachkräfte.

Die Tatsache, dass die Gedenkstätte den Status einer Kultureinrichtung erhielt, war nicht nur eine administrative Maßnahme. Gemeinsam mit der Entschärfung des politischen Klimas in dieser Zeit hat sie dazu beigetragen, dass sich endlich, wenn auch in bescheidenem Maße, die fachliche Kompetenz und eine langzeitige Perspektive für die Aktivitäten der Gedenkstätte durchzusetzen begannen. Nach und nach erhöhte sich die Zahl der Experten, es wurde eine Forschungs- und Dokumentationsabteilung errichtet. Wichtiger aber war, dass man neben einer breiteren Untersuchung der Geschichte des Polizeigefängnisses der Gestapo in der Kleinen Festung mit der Erforschung des Ghettos Theresienstadt sowie auch des KZ in Leitmeritz und der dortigen unterirdischen Fabriken begann. Die Dokumentationsabteilung hat in den 60er-Jahren sehr schnell ein eigenes Archiv der Gedenkstätte mit wertvollen Dokumenten und Zeitzeugenaussagen errichtet sowie eine große Sammlung an Häftlingszeichnungen (vor allem aus dem Ghetto), von Originalgegenständen, aber auch an Kunstwerken von Nachkriegskünstlern, die die Erlebnisse der Häftlinge reflektierten.

Auch die ständige Ausstellung wurde umgestaltet, sie widmete jetzt dem nichtkommunistischen Widerstand mehr Raum. Die Geschichte des Ghettos sollte endlich in einer eigenen Ausstellung präsentiert werden. Einen entsprechenden Entwurf erarbeitete die Leitung der Gedenkstätte schon im Sommer 1967. Es wurden nicht nur technische Fragen und die Auswahl eines geeigneten Gebäudes erörtert, sondern auch ein Autorenkollektiv gebildet, in dem Historiker und ehemalige Ghetto-Häftlinge zusammenarbeiteten.

Allerdings waren diese Aktivitäten nur von sehr begrenzter Dauer. Die Invasion der Armeen des Warschauer Paktes im August 1968 schuf eine völlig neue Situation. Das galt auch für die Gedenkstätte Theresienstadt, weil sie als Bestandteil des Systems der ideologischen Beeinflussung der Bevölkerung dienen sollte. Wie überall wurden damals die Träger des so genannten Revisionismus auch in der Gedenkstätte aus den leitenden Funktionen entfernt und wieder ältere Akzente in die Tätigkeit der Gedenkstätte gebracht. In erster Linie betraf es die Vorbereitungen zur Errichtung des Ghetto-Museums.

Das fast fertige Drehbuch der Ausstellung wurde auf Eis gelegt. Die ehemalige Stadtschule, die geräumt wurde, weil ihre Schüler in ein neues Gebäude am Rande der Stadt umzogen, sollte ursprünglich als Sitz des neuen Ghetto-Museums dienen. Sie war besonders für diesen Zweck geeignet, weil hier während des Krieges in einem Heim jüdische Knaben im Alter von 10–15 Jahren untergebracht waren. Sie organisierten viele kulturelle Aktivitäten, und ihr Heim wurde zu einem Zentrum des Lebens der Jugendlichen im Ghetto.

Nach der Niederschlagung des Prager Frühlings wurde aber über die neue Nutzung dieses Hauses anders entschieden. Anfang der 70er-Jahre ließen die Staatsbehörden hier ein ganz anderes Museum errichten: das „Museum der Nationalen Sicherheit und revolutionären Traditionen Nordböhmens", ein Museum, das kein Mensch außer Polizei- und Armeedelegationen sowie Parteiaktivisten besuchte. Die pompöse Innenausstattung des Museums, die Kristalleuchter und die Marmorbeläge an einem Ort des Leidens und Sterbens von zehntausenden jüdischen Menschen kamen einer Verhöhnung der Opfer gleich. Dazu noch eine Randbemerkung: Als nach zwanzig Jahren endlich doch ein Ghetto-Museum entstand, waren die Kosten, die mit der Abtragung aller Überreste des Museums der Sicherheit verbunden waren, höher als die Kosten der Errichtung der neuen Ausstellung.

Als in den 80er-Jahren an einigen Stellen in der Stadt, die zu den wichtigsten Orten des ehemaligen Ghettos gehörten, Gedenktafeln angebracht wurden, gestaltete man die Texte so, dass nunmehr vom KZ Theresienstadt gesprochen wurde und die Wörter Jude und jüdisch gar nicht auftauchten. In dieser Zeit entstand ein Dokumentarfilm über die weltberühmten Zeichnungen der Kinder aus dem Ghetto Theresienstadt. Im tschechischen Kommentar zu diesem Film sprach man aber wieder nur über die Kinder aus dem KZ, ohne das Wort Jude zu erwähnen. Kein Wunder, dass es in unserem Lande in der Zeit vor der Wende viele Leute gab, die keine Ahnung über die Existenz des Ghettos in Theresienstadt hatten. Das traf sogar für die Einwohner der Stadt Theresienstadt selbst zu, besonders für die jüngere Generation. Im allgemeinen Bewusstsein der einheimischen Bevölkerung wurde nur die Kleine Festung zum Symbol der Okkupationszeit.

Die Wende im Jahr 1989 hat eine neue Lage geschaffen. Neue Prioritäten in der Forschungs- und Aufklärungstätigkeit der Gedenkstätte wurden gesetzt. Die Erforschung und Präsentation der Geschichte des Ghettos Theresienstadt rückte in den Vordergrund, ebenso die Erforschung der Geschichte des KZ in Leitmeritz und eine umfassende Erforschung der Geschichte des Polizeigefängnisses der Gestapo in der Kleinen Festung, die alle Häftlingsgruppen umfassen sollte.

Es gab aber grundsätzliche Debatten darüber, ob die Gedenkstätte, wenn auch mit neuen Akzenten in ihrer Tätigkeit, erhalten bleiben sollte. Die Tatsache, dass sie als ein Bestandteil des Systems der ideologischen Beeinflussung der Bevölkerung gedient hatte, rief in der Öffentlichkeit Misstrauen hervor. Alarmierend waren besonders die Zahlen der einheimischen Besucher. Anfang der 90er-Jahre war ihre Zahl bis auf 2,5 % der gesamten Besucherzahl gesunken. Die Diskussionen, die damals geführt wurden, endeten mit dem Beschluss, dass die Gedenkstätte Theresienstadt als einzige Einrichtung dieser Art auf dem Territorium der damaligen Tschechoslowakei unersetzlich sei. Das Hauptgewicht sollte auf die in der Konzeption erhaltenen Prioritäten gelegt werden, und die Gedenkstätte sollte neues Vertrauen aufbauen.

Entsprechend der neuen Konzeption wurde das Hauptaugenmerk der Forschungsarbeit auf die Geschichte des Ghettos Theresienstadt gelegt, um die große Lücke auf diesem Gebiet so rasch wie möglich zu schließen. Diese Forschungsaktivitäten waren mit der Vorbereitung der ersten der neu zu schaffenden ständigen Ausstellungen verbunden, des Ghetto-Museums in Theresienstadt. Mit fast vierzigjähriger Verspätung konnten endlich die Pläne realisiert werden, die seit den 50er- und 60er-Jahren existierten. Dank des persönlichen Engagements des damaligen Präsidenten Václav Havel konnte man beschleunigt das Gebäude des aufgelösten Museums der Nationalen Sicherheit in die Verwaltung der Gedenkstätte überführen und dort das Ghetto-Museum errichten.

Die Rolle der Kleinen Festung und der Geschichte des Polizeigefängnisses der Gestapo wurde bereits erwähnt. Zwar stand diese Geschichte früher im Vordergrund der Tätigkeit der Gedenkstätte, die Einseitigkeit der Präsentation der Rolle der kommunistischen Häftlinge hatte aber ein verzerrtes Bild zur Folge. Es war deswegen dringend nötig, die Erforschung der weiteren Häftlingsgruppen durchzuführen, das heißt, der Mitglieder verschiedener Gruppierungen des demokratischen Widerstandes, der Geistlichen, der Zeugen Jehovas und anderer. Die Ergebnisse dieser Forschungen wurden in der neuen ständigen Ausstellung im Museum der Kleinen Festung, die im Jahr 1995 eröffnet wurde, präsentiert.

Eine weitere ständige Ausstellung im Areal der Kleinen Festung wurde im Jahre 1997 eröffnet und dem Konzentrationslager Leitmeritz gewidmet. Die Problematik dieses Lagers sowie der mit ihm verbundenen unterirdischen Fabriken war lange Zeit nicht erforscht und mit vielen Legenden behaftet, besonders was die vermeintliche Produktion von Geheimwaffen betrifft. Die Ausstellung zeigt die Wahrheit über das Leiden, über Sklavenarbeit und Massensterben der Häftlinge an einem Ort, an dem, gemäß den Statistiken, die Produktion einer Kurbelwelle für Panzermotoren das Leben von sechs Häftlingen kostete.

Die zwei weiteren ständigen Ausstellungen im Areal der Kleinen Festung sind mit der Geschichte vor und nach dem Zweiten Weltkrieg verbunden. Die erste wurde im IV. Hof der Festung errichtet, wo sich in den Jahren 1945–1948 das Internierungslager für Deutsche befand. Zuerst war dieses Lager für SS-Leute und Mitarbeiter des repressiven Apparates im ehemaligen Protektorat Böhmen und Mähren gedacht. Bald wurde hier aber auch deutsche Zivilbevölkerung interniert. Etwa 3800 Personen durchliefen das Lager und ca. 600 starben hier. Dieses Kapitel der neuzeitlichen Geschichte Theresienstadts wurde bis zur Wende tabuisiert, und die diesbezüglichen Quellen waren den Forschern unzugänglich. Erst Mitte der 90er-Jahre konnten die Ergebnisse der Erforschung dieses Themas publiziert werden, und eine ständige Ausstellung entstand.

Die zweite der Ausstellungen ist der älteren Geschichte Theresienstadts seit der Gründung der Festung im Jahre 1780 gewidmet. Sie zeigt die Entwicklung der Stadt bis zum Beginn der Okkupation durch das nationalsozialistische Deutschland. Diese Ausstellung ersetzt praktisch das immer noch fehlende Stadtmuseum.

Mitte der 90er-Jahre begann die Armee, die ehemalige Garnisonstadt zu räumen. Damals entstand die Idee, die ehemalige Magdeburger Kaserne für Kulturzwecke zu nutzen. Der Grund dafür war, dass sie als Sitz der damaligen jüdischen Selbstverwaltung diente und Schauplatz vieler bedeutender Ereignisse im Leben des Ghettos war. Das ganze Areal wurde rekonstruiert und ein Flügel in der Frontseite des Gebäudes der Gedenkstätte übergeben. Im Erdgeschoss des Gebäudes wurden die Magazine der Sammlungsabteilung der Gedenkstätte errichtet. Das zweite und dritte Geschoss dient vor allem der Bildungstätigkeit, und die erste Etage beherbergt ständige Ausstellungen. Diese wurden sukzessive in den Jahren 1997–2000 erstellt. Zuerst rekonstruierte man eine Unterkunft der Häftlinge, um den Besuchern eine Vorstellung über die Bedingungen des Lebens im Ghetto zu vermitteln. Der Besuch dieser Unterkunft bereitet die Besucher auf die Besichtigung der folgenden Ausstellungen vor, die dem musikalischem Leben, der bildenden Kunst, dem literarischen Schaffen und dem Theaterleben im Ghetto gewidmet sind.

Im Oktober 2001 wurden die pietätvoll restaurierten Räumlichkeiten der zentralen Leichenhalle und des Kolumbariums des Ghettos der Öffentlichkeit zugänglich gemacht.

Die neuen Ausstellungen und die Neugestaltung ehemaliger Objekte des Ghettos sowie auch der Kleinen Festung haben das Interesse der Besucher aus dem In- und Ausland wesentlich vergrößert. Im Verlauf des letzten Jahrzehnts hat sich die Besucherzahl verdoppelt.

Im Jahr 2000 kamen mehr als 300 000 Menschen nach Theresienstadt. Im Vergleich zu den etwa 2,5 % einheimischen Besuchern Anfang der 90er-Jahre betrug die Zahl der Besucher aus Tschechien im Jahr 2000 mehr als 20 %. Besonders erfreulich war dabei, dass fast zwei Drittel davon junge Menschen waren. Das ist auch mit den ermutigenden Ergebnissen der Bildungsarbeit der Gedenkstätte verbunden.

Im August 2002 wurde Theresienstadt vom Hochwasser heimgesucht. Dies führte für einige Wochen zur Unterbrechung aller Aktivitäten. Alle Gebäude und Areale der Gedenkstätte waren betroffen. Es wird noch eine Zeit von 2–3 Jahren in Anspruch nehmen, bis die Schäden beseitigt worden sind. Die Aktivitäten der Gedenkstätte werden dadurch aber nicht beeinflusst.

Die Debatten über die Aufgaben der Gedenkstätte am Anfang des dritten Jahrtausends haben übereinstimmend ergeben, dass ihre Existenz auch weiterhin nötig ist. Nicht ganz identisch sind jedoch die Vorstellungen über die Akzente der heutigen sowie auch der künftigen Tätigkeit der Gedenkstätte. Kontroverse Standpunkte gibt es besonders unter den ehemaligen Häftlingen. Unter denen, die im Polizeigefängnis der Gestapo in der Kleinen Festung, aber auch im ehemaligen Ghetto eingekerkert waren, gibt es viele, die der Meinung sind, dass die Gedenkstätte der Darstellung der Geschichte der „anderen" Häftlingsgruppe zu viel Raum einräumt und die besonders wichtige, d. h. die eigene Gruppe, vernachlässigt. In den ersten Jahren nach der Wende gab es zahlreiche solcher Stimmen unter den ehemaligen Häftlingen des Ghettos, heute sind es vor allem die ehemaligen Häftlinge der Kleinen Festung. Natürlich hängt das besonders mit der Geschichte der Jahrzehnte vor der Wende zusammen. Wie schon erwähnt, wurde die Existenz des Ghetto fast verschwiegen, und die Geschichte der Kleinen Festung während der Okkupationszeit, oder besser gesagt des kommunistischen Teiles der Häftlinge, stand eindeutig im Vordergrund. Den Ghettohäftlingen ging nach der Wende das Nachholen der Erforschung und die Aufklärung über die Geschichte des Ghettos zu langsam. Viele Häftlinge der Kleinen Festung können umgekehrt die Tatsache nicht verkraften, dass sie nicht mehr die Einzigen sind, an die man in Theresienstadt erinnert. Die Debatten zu diesem Thema verlaufen heute auch im Verband der Freiheitskämpfer, einer Dachorganisation der Häftlinge aus der Okkupationszeit. Zum Glück haben solche Diskussionen in den Reihen der breiten Öffentlichkeit kaum Interesse erweckt, was besonders für die Jugendlichen gilt.

Zum Schluss sei der Standpunkt der heutigen Leitung zur Frage der zukünftigen Aufgaben umrissen: Die Gedenkstätte soll ein Ort des Gedenkens und der Würdigung der Opfer von Gewaltherrschaft, ein Zentrum der musealen, Forschungs- und Bildungsarbeit bleiben. Auf eigene Weise soll ihre Tätigkeit zur Bewältigung der Geschichte beitragen. Weiterhin sollte sie auch als Stätte der Begegnung vor allem für junge Menschen aus verschiedenen Ländern dienen.

Barbara Distel

Dachau – erstes KZ
und meistbesuchte Gedenkstätte in Deutschland

Im März 2003 jährte sich zum 70. Mal der Tag, an dem die ersten Häftlinge, alle politische Gegner der Nationalsozialisten, die kurz zuvor an die Macht gekommen waren, nach Dachau verschleppt wurden. Damit nahm die zwölfjährige Geschichte des Konzentrationslagers Dachau in der Nähe Münchens ihren Anfang. Es war der Beginn des schließlich nahezu ganz Europa umspannenden Systems von mehreren tausend Lagern und Haftstätten, in denen unzählige Menschen zu Tode kamen.

Von diesen ersten Dachau-Häftlingen gibt es heute keine Überlebenden mehr, die über die Anfänge des Konzentrationslagers aus eigener Erfahrung berichten könnten. Historische Fakten und persönliche Schicksale aus der Anfangsphase der KZ-Geschichte lassen sich inzwischen nur noch mit Hilfe zeitgenössischer Dokumente und aus Erinnerungsberichten rekonstruieren.

Die Gedenkstätte des ehemaligen Konzentrationslagers Dachau, die auf Initiative der Überlebenden zwanzig Jahre nach der Befreiung errichtet worden ist, besteht nun bereits seit vier Jahrzehnten, d. h. mehr als drei Mal so lange, wie es das Konzentrationslager gab. Diese „Zeitgeschichte" nach 1945, d. h. die Rezeptionsgeschichte der Jahre 1933–1945, ist erst in den letzten Jahren ins Blickfeld des öffentlichen Interesses geraten.

Unter den etwa 200 000 Menschen, die zwischen 1933 und 1945 nach Dachau verschleppt wurden (etwa 67 000 wurden 1945 befreit), gibt es noch immer mehrere tausend Überlebende, die über den gesamten Globus verstreut sind. Die meisten von ihnen waren fast eine Generation jünger als die ersten deutschen KZ-Gefangenen des Jahres 1933. Sie waren als Kinder und Jugendliche in den letzen Kriegsjahren ins Konzentrationslager verschleppt worden. Heute sind sie nur noch in einzelnen Fragen – etwa in der Diskussion um finanzielle Entschädigung für Zwangsarbeit – am öffentlichen Diskurs der Bundesrepublik Deutschland über das Erbe der Jahre 1933–1945 beteiligt. Durch das Verschwinden der deutschen KZ-Überlebenden jedoch, die die Aufklärung über die nationalsozialistischen Verbrechen über Jahrzehnte hinweg wesentlich mitbestimmt und mitgetragen haben, hat die KZ-Gedenkstätte Dachau (das gilt natürlich auch für Buchenwald, Sachsenhausen, Ravensbrück u. s. w.) einen Verlust erlitten, über dessen Folgen und Konsequenzen für die Lern- und Gedenkorte man sich erst in den kommenden Jahren klar werden wird.

Am 29. 4. 1945 wurde das Konzentrationslager Dachau als eines der letzten Lager durch Truppen der US-Armee befreit. Die Befreier sahen sich immensen Aufgaben gegenüber: 30 000 Überlebende mussten mit Nahrung versorgt werden, vermutlich die Mehrzahl von ihnen benötigte darüber hinaus medizinische Betreuung (mehrere tausend Menschen starben noch nach der Befreiung), das gesamte Lager musste wegen der herrschenden Typhusepidemie sofort unter Quarantäne gestellt werden, mehrere tausend Tote mussten bestattet werden. Erst anschließend konnte dann die Rückführung der Überlebenden in ihre Heimatländer oder die Unterbringung derjenigen, die nicht zurückkehren konnten oder wollten, organisiert werden. Gleichzeitig begannen die Prozessermittlungen.

Bis Juli 1945 hatten die letzten Überlebenden das Lagergelände verlassen. Anschließend wurde das Konzentrationslager in ein US-Internierungslager für 30 000 Personen umgewandelt, drei Jahre lang führten amerikanische Militärgerichte mehrere hundert Prozesse gegen NS-Täter durch. Darunter waren große KZ-Verfahren wegen Verbrechen in den Lagern Dachau, Mauthausen und Buchenwald, aber auch andere Verfahren wie der so genannte Malmedy Prozess. Es kam zu einem schnellen Wandel im Umgang mit den Tätern. Waren die ersten Verfahren noch von den unmittelbaren Schrecken über die Gräuel geprägt, was zahlreiche Verurteilungen zum Tode zur Folge hatte, führte die Änderung der Politik der westlichen Alliierten zunächst zur Verhängung milderer Strafen, denen nur wenige Jahre später vorzeitige Freilassungen folgten.

1948 erfolgte die Rückgabe des Geländes des so genannten Schutzhaftlagers an die bayerischen Behörden. Das ehemalige SS-Lager, aber auch das Lagergefängnis („Bunker"), ein Flügel des Wirtschaftsgebäudes, und das Eingangsgebäude („Jourhaus") blieben noch bis 1973 unter amerikanischer Militärverwaltung. Die bayerische Regierung richtete in den leer stehenden Häftlingsbaracken Notunterkünfte für Flüchtlinge vor allem aus dem Sudetengebiet ein.

In den folgenden Jahren, in denen die Weltpolitik zunehmend vom Ost-West Konflikt geprägt wurde, erreichte die Verdrängung der Geschichte des Konzentrationslagers ihren Höhepunkt. Im lokalen Dachauer Umfeld war nur noch vom „camp" (US-Armee) oder von „Dachau-Ost" (Flüchtlingslager) die Rede. Auch die Bewohner des Flüchtlingslagers wollten nichts von der KZ-Geschichte hören. Sie lebten unter denkbar schlechten Bedingungen, über lange Jahre hinweg als Fremde und Unwillkommene in der Stadt Dachau. Nur der Bereich der beiden Krematorien blieb immer als Friedhof und Mahnmal der Öffentlichkeit zugänglich. So war es auch sicherlich kein Zufall, dass der Dachauer Landrat im Jahr 1955 öffentlich forderte, das Krematorium abzureißen, „um die Diffamierung der Dachauer Bevölkerung zu beenden". Proteste der Überlebenden, vor allem aus Frankreich, und die Unterzeichnung der Pariser Verträge von 1955, nach denen sich die Bundesrepublik Deutschland verpflichtete, Grabstätten von KZ-Häftlingen zu erhalten und zu pflegen, verhinderten das Verschwinden dieses bedeutenden baulichen Zeugnisses. Dennoch wurden die Bemühungen der Dachauer Lokalpolitiker, bauliche Überreste verschwinden zu lassen und das ehemalige Lager durch

Neubauten, die in unmittelbarer Nähe errichtet wurden, weniger sichtbar zu machen, noch bis in die 1990er-Jahre fortgeführt.

Im Zeitraum der Jahre 1955–1965 gab es eine langsame, schrittweise Entwicklung, die zur Errichtung der Gedenkstätte führte: 1955 wurde das Comité International de Dachau, das bereits im Geheimen kurz vor der Befreiung des Konzentrationslagers entstanden war, neu gegründet. Ziel war die Schaffung einer Gedenkstätte. 1958 erfolgte die Gründung eines Kuratoriums zur Unterstützung des Projektes aus Vertretern des öffentlichen Lebens in Bayern (Parteien, Kirchen, Verfolgtenverbände, Gewerkschaften), die alle selbst aus den Reihen der Gegner und Opfer der Nationalsozialisten kamen, unter dem Vorsitz des damaligen Landwirtschaftsministers, stellvertretenden bayerischen Ministerpräsidenten und ehemaligen Dachau-Häftlings Alois Hundhammer. Dieses Gremium spielte eine wichtige Rolle für die Akzeptanz des Projektes „KZ-Gedenkstätte" in Politik und Öffentlichkeit des Freistaates Bayern. 1960 wurde eine katholische Kapelle durch den Münchner Weihbischof und ehemaligen Dachau-Häftling Johannes Neuhäusler (Todesangst-Christi-Kapelle) auf dem ehemaligen Lagergelände errichtet, die Einweihung fand anlässlich der Eröffnung des Eucharistischen Weltkongresses unter der Teilnahme von mehr als 30 000 Menschen statt. Dies brachte einen Durchbruch in der öffentlichen Wahrnehmung, die Auflösung des Flüchtlingslagers wurde unvermeidlich.

In den Jahren 1963–1965 erfolgten Planung und Durchführung der Umwandlung des Lagergeländes in eine Gedenkstätte. Den letzten noch verbliebenen Flüchtlingen wurden Wohnungen zur Verfügung gestellt. Es entstand eine Dokumentarausstellung nach den Plänen der Überlebenden, gleichzeitig wurde mit dem Aufbau eines Archivs (die Unterlagen mussten aus aller Welt zusammengetragen werden) und einer Bibliothek begonnen. 1965 konnte die Gedenkstätte anlässlich des 20. Jahrestages der Befreiung des Konzentrationslagers in Anwesenheit von mehreren tausend Überlebenden aus nahezu allen Ländern Europas eröffnet werden. Mit ihrer Fertigstellung wurde die Einrichtung durch den Freistaat Bayern (Bayerische Verwaltung der Staatlichen Schlösser, Gärten und Seen) übernommen.

Im Anschluss an die Einrichtung der Gedenkstätte wurden neben der bereits 1960 erbauten katholischen Kapelle weitere religiöse Gedenkbauten errichtet (1966/67 eine evangelische Versöhnungskirche und ein israelitisches Mahnmal, ein katholisches Karmel-Kloster war ebenfalls auf Initiative von Weihbischof Neuhäusler direkt an die Mauer des Schutzhaftlagergeländes zeitgleich mit der Errichtung der Gedenkstätte erbaut worden). 1968 wurde das nach einem internationalen Wettbewerb des Comité International de Dachau auf dem ehemaligen Appellplatz entstandene zentrale Mahnmal des Belgrader Künstlers Nandor Glid enthüllt.

In den ersten zehn Jahren des Bestehens der Gedenkstätte, 1965 bis 1975, kamen konstant etwa 300 000 Besucher nach Dachau, davon weit mehr als die Hälfte (d. h. bis 75 %) aus dem Ausland. Besuche von Schulklassen waren dagegen selten, obwohl es bereits seit dem Jahr 1964 eine Empfehlung des bayerischen Kultusministeriums an die bayerischen Lehrer gab, mit Abschlussklassen aller Schulen einen der in Bayern gelegenen Gedenkorte – Dachau oder Flossenbürg – zu besuchen. Die Situation an der Gedenkstätte war in diesem Zeitraum noch geprägt von der persönlichen Erinnerung der Betroffenen, es kamen viele Überlebende und ihre Angehörigen. Das „Dachauer Umfeld" hingegen stand der Einrichtung weitgehend indifferent oder ablehnend gegenüber. Die Gedenkstätte und ihre Besucher wurden als „schwere Last", die die leidgeprüfte Stadt stellvertretend für die gesamte Bundesrepublik zu tragen habe, wahrgenommen. Der Dachauer Oberbürgermeister, der ohne Unterbrechung von 1966 bis zum Jahr 1995 amtierte, versuchte bis zum Ende seiner Amtszeit, den Blick der Öffentlichkeit auf das „andere, das wahre Dachau", und damit war das Dachau der Wende vom 19. zum 20 Jahrhundert gemeint, zu lenken, als es ein beliebter Ort für Maler und Künstler gewesen war.

Erst im Jahr 1974 verließ die US-Armee endgültig den Standort Dachau und gab die bis zu diesem Zeitpunkt beschlagnahmten Gebäude des ehemaligen Konzentrationslagers an den bayerischen Staat zurück. Die Hoffnung, dass der Besuchereingang der Gedenkstätte nun durch den ehemaligen Originalbau, das so genannte Jourhaus, verlegt werden konnte, erfüllte sich nicht. Das gesamte ehemalige SS-Lager wurde von der Bayerischen Bereitschaftspolizei übernommen und für das folgende Jahrzehnt hermetisch gegenüber der Gedenkstätte abgeriegelt. Zahlreiche Gebäude aus der Lagerzeit wurden abgerissen.

Im Zeitraum der Jahre 1975–1989 veränderte sich die Situation an der Gedenkstätte grundlegend. Die Anzahl der Besucher, die jedes Jahr nach Dachau kamen, verdreifachte sich zwischen 1975 und 1983 und stieg bis über 900 000 an. Dabei wuchs die Zahl der deutschen Besucher überproportional stark an, was auf die Zunahme der Zahl deutscher Schulklassen und Jugendgruppen zurückzuführen war. Bei dieser Entwicklung spielte wohl der Generationswechsel deutscher Geschichtslehrer ebenso eine Rolle wie ein sich entwickelndes weltweites Interesse an der Geschichte des nationalsozialistischen Menschheitsverbrechens, das nach der Fernsehserie gleichen Namens mit der Bezeichnung „Holocaust" belegt wurde.

In diesem Zeitraum war auch die Beteiligung deutscher Überlebender des KZ Dachau, die im Umfeld von Dachau und München lebten, an der Arbeit der Gedenkstätte am stärksten. Eine ganze Reihe von ihnen schied aus dem Berufsleben aus und machte es sich zur Aufgabe, Jugendliche über die nationalsozialistischen Verbrechen und über ihr eigenes Verfolgungsschicksal sowohl in der Gedenkstätte als auch in Schulen, Freizeitheimen, Kirchen etc. aufzuklären. Zwischen 1985 und 1995 sind die meisten dieser Zeitzeugen gestorben. Die Gedenkstätte hat mit ihrem Verschwinden einen unersetzbaren Verlust erlitten.

Im gleichen Zeitraum begann nicht nur in Dachau, sondern an vielen Orten die Diskussion um die „vergessenen Opfer", die die Wahrnehmung ihrer Verfolgungsgeschichte einforderten. Es waren dies die Sinti und Roma, die auch nach 1945 weiter ausgegrenzt und diffamiert wurden und keine Anerkennung als „rassisch Verfolgte" fanden. Im Jahr 1980 trat eine Gruppe Sinti, unter ihnen mehrere KZ-Überlebende, in der auf dem Gelände der Gedenkstätte Dachau gelegenen Evangelischen Versöhnungskirche in einen Hungerstreik, um gegen ihre fortwährende Diskriminierung zu protestieren. Diese Aktion fand ein weltweites Echo und kann als einer der wichtigen Schritte auf dem Weg zur Auseinandersetzung mit der Verfolgungsgeschichte dieser Opfergruppe gesehen werden. Als im Jahr 1994 eine Gruppe bosnischer Roma erneut die Gedenkstätte Dachau für einen Hungerstreik auswählte, um ihre Abschiebung zu verhindern, fand diese Aktion so gut wie kein öffentliches Interesse mehr. Erst als eine polizeiliche Räumungsaktion drohte, waren die Medien zur Stelle.

Die Geschichte der Verfolgung und KZ-Haft von Homosexuellen wurde nicht von den Überlebenden selbst, sondern von Vertretern der nachfolgenden Generationen thematisiert. Bis in die 1980er-Jahre gab es auch unter Überlebenden anderer Opfergruppen starke Vorbehalte gegen sie. Eine 1985 geschaffene Gedenktafel für die „vergessenen Homosexuellen" musste ein Jahrzehnt in der Evangelischen Versöhnungskirche auf dem Gelände der Gedenkstätte aufgestellt werden, bevor sie ihren Platz im Museum finden konnte. Das weltweit erfolgreiche Theaterstück „Bent" des englischen, der Nachkriegsgeneration angehörenden Autors Martin Sherman, das im KZ Dachau spielt, hatte eine wichtige Rolle für das Verständnis dieser Opfergruppe.

Schließlich traten auch die Zeugen Jehovas, die als „Bibelforscher" schwersten Verfolgungen durch die Nationalsozialisten ausgesetzt gewesen waren, weltweit in das Licht der Öffentlichkeit und erforschten und berichteten über die Verfolgung ihrer Mitglieder.

Im Jahr 1980, nachdem in Auschwitz der Grundstein für eine internationale Jugendbegegnungsstätte gelegt worden war, begann in Dachau eine 16-jährige konfliktreiche Diskussion um eine Begegnungsstätte am Ort. Es entstand ein Förderverein für die Schaffung einer solcher Einrichtung,. Jugendliche aus Dachau organisierten jährliche Jugendbegegnungszeltlager, in denen modellhaft erprobt wurde, welche Rolle und Aufgaben eine Internationale Jugendbegegnungsstätte in Dachau übernehmen könnte. Diese Diskussion trug das Thema der Gedenkstätte und des lokalen Umgangs mit der Geschichte der Jahre 1933–1945 in die Stadt Dachau, und sie hatte erheblichen Anteil am allmählichen Umschwung eines Teils der lokalen öffentlichen Meinung über die Gedenkstätte. Auf Druck der bayerischen Regierung wurde im Jahr 1996 ein Staatliches Jugendgästehaus errichtet, in dem Jugendliche aus aller Welt, die nach Dachau kommen, um die Gedenkstätte zu besuchen, übernachten und damit auch die Stadt und das Umfeld kennen lernen können.

Die Jahre 1989–1995 waren geprägt durch die politischen Veränderungen in Osteuropa. Der öffentliche Diskurs um neue Konzepte für die ehemaligen DDR-Gedenkstätten, die mit erheblichen Mitteln der Bundesregierung grundlegend erneuert wurden, lenkte den Blick schließlich auch auf die großen KZ-Gedenkstätten in der alten Bundesrepublik. Der deutsche Bundestag beschloss, Projekte von „Gedenkstätten in der alten Bundesrepublik von gesamtstaatlicher Bedeutung", und dies sind Dachau, Bergen-Belsen, Neuengamme und Flossenbürg, ebenfalls finanziell zu unterstützen.

Ab dem Jahr 1991 traten als Folge der politischen Veränderungen die ehemaligen sowjetischen KZ-Häftlinge in das Blickfeld der westlichen Öffentlichkeit. Die Überlebenden waren 1945 nach ihrer Heimkehr hinter dem eisernen Vorhang verschwunden und nahezu vollständig in Vergessenheit geraten. Im KZ Dachau waren die sowjetischen Häftlinge nach den polnischen Gefangenen die zweitgrößte nationale Gruppe gewesen, rund 14 000, unter ihnen viele Kinder und Jugendliche, waren im April 1945 befreit worden. Nun wandten sie sich in großer Zahl an die Gedenkstätte mit der Bitte um eine Einladung nach Dachau und auf der Suche nach Hilfe in ihrer zumeist erbärmlichen materiellen Lebenssituation. Von allen Überlebenden war es den Bürgern der Sowjetunion nach ihrer Heimkehr am schlechtesten ergangen: Als KZ-Überlebende wurden sie der Kollaboration mit dem Feind verdächtigt, viele von ihnen wurden erneut inhaftiert und zu Zwangsarbeit verurteilt. Oftmals wurde ihnen untersagt, den gewünschten Beruf zu ergreifen. Und ein halbes Jahrhundert später lebten fast alle in bitterer Armut und ohne die notwendige medizinische Betreuung.

In Dachau betreuen Mitarbeiter der Gedenkstätte seit dem Jahr 1992 gemeinsam mit Mitgliedern des Fördervereins für internationale Jugendbegegnung ein privat organisiertes Projekt, in dessen Rahmen jedes Jahr eine Gruppe von 10 bis 15 Überlebenden aus den verschiedenen Ländern der ehemaligen Sowjetunion für 10–14 Tage nach Dachau eingeladen wird und dort im Rahmen des Besuchsprogramms ärztliche Hilfe bei gesundheitlichen Problemen erhält. Es ist natürlich nur der berühmte Tropfen auf den heißen Stein, aber dieses kleine, nun schon ein Jahrzehnt bestehende Projekt hat zumindest im lokalen Umfeld viel bewirkt und war für alle Beteiligten eine wichtige Erfahrung und ein großer persönlicher Gewinn.

Bis zum Jahr 2001 war weit über den Rahmen dieses Projektes hinaus die Frage der finanziellen Entschädigung von wesentlicher Bedeutung für die ehemaligen sowjetischen Gefangenen, für die die in Aussicht gestellte Summe oftmals lebensrettend war. Die Gedenkstätte Dachau erhielt viele hundert Briefe, in denen um einen dokumentarischen Nachweis für die erlittene Haftzeit und um Hilfestellung bei der Antragstellung gebeten wurde. Obwohl eine große Zahl von ihnen inzwischen zumindest einen ersten Teil der zugesagten Summe erhalten hat, gibt es leider noch immer viele Fälle, in denen fehlende Nachweise für die Haft oder schlicht der fehlende Zugang zur notwendigen Information eine Auszahlung verhindert haben.

Neben der Frage der Entschädigung für Zwangsarbeit im KZ wurde die zuvor vernachlässigte Geschichte der KZ-Außenlager und ihre Bedeutung für die letzen Kriegsjahre zu einem Schwerpunktthema der Arbeit an der Gedenkstätte. Für Dachau richtete sich das Interesse vor allem auf die Orte Landsberg, Kaufering und Mühldorf. Dort hatte es riesige Außenlagerkomplexe gegeben, in denen in den letzten Monaten vor der Befreiung noch tausende Gefangene zu Tode kamen. Im Zusammenhang mit einem Projekt für ein Mahnmal zur Erinnerung an den Todesmarsch für die Häftlinge des Konzentrationslagers Dachau im April 1945 konnten Verbindungen zu Überlebenden in Israel geknüpft werden. Sie waren nach ihrer Befreiung nach Palästina gegangen und wollten eigentlich nie wieder deutschen Boden betreten. Ihre Bereitschaft, wieder nach Deutschland zu kommen und ihre Geschichte auch deutschen Jugendlichen zu erzählen, bereicherte die Arbeit um neue Dimensionen und Sichtweisen.

Das Jahr 1995, in dem der 50. Jahrestag der Befreiung unter großer öffentlicher Anteilnahme gefeiert werden konnte, bedeutete für die KZ-Gedenkstätte Dachau eine Zäsur. Zum letzten Mal versammelten sich mehrere tausend KZ-Überlebende aus nahezu allen Ländern Europas auf dem ehemaligen Appellplatz. Zum ersten Mal nahm eine Gruppe von Veteranen der US-Armee, die an der Befreiung des Konzentrationslagers Dachau beteiligt gewesen waren, an der Gedenkfeier teil. Zum ersten Mal erklärte ein neu gewählter Oberbürgermeister der Stadt Dachau, dass die Zusammenarbeit zwischen der Stadt und der Gedenkstätte von großer Bedeutung sei. Zum ersten Mal nahm ein Ministerpräsident des Freistaates Bayern an der Gedenkfeier teil und verwies öffentlich auf die Verantwortung des Staates für diesen Ort.

Noch im gleichen Jahr wurde ein international besetzter wissenschaftlicher Beirat unter dem Vorsitz von Professor Dr. Wolfgang Benz berufen, der den Auftrag erhielt, eine Konzeption für die Neugestaltung und zukünftige Arbeit der KZ-Gedenkstätte Dachau zu erarbeiten. Es ist nicht übertrieben festzustellen, dass an der Gedenkstätte in Dachau im Jahr 1995 ein Gefühl von Aufbruch und Optimismus herrschte.

In den folgenden sieben Jahren wurde die neue Konzeption schrittweise und in einem konfliktreichen Prozess umgesetzt. Die Überlebenden waren zwar noch in den Gremien vertreten, wurden aber in vielen Fällen überstimmt. Einer ihrer Vertreter, Stanisław Zámečnίc, der sich als Zeithistoriker jahrzehntelang mit der Geschichte des Konzentrationslagers Dachau beschäftigt hatte und der mit großem Beharrungsvermögen um die Verwirklichung seiner Vorstellungen in der neuen Ausstellung kämpfte, legte zu dieser Zeit auch die erste Monografie über das KZ Dachau vor. Am 2. Mai 2003 wurde der letzte Abschnitt der neuen Ausstellung eröffnet. Die Bundesregierung hatte einen erheblichen Anteil der Kosten übernommen und darüber hinaus seit dem Jahr 2000 auch den Aufbau einer pädagogischen Abteilung an der Gedenkstätte finanziert.

Ende des Jahres 2002 verabschiedete der Bayerische Landtag ein Gesetz zur Errichtung einer Stiftung „Bayerische Gedenkstätten Dachau und Flossenbürg". Da erst im Mai 2003 der Stiftungsrat konstituiert werden konnte und sowohl die Berufung eines Stiftungsdirektors wie die Konstituierung von wissenschaftlichem Beirat und Kuratorium erst im Jahr 2004 erfolgten, war die Situation an der Gedenkstätte von Unsicherheit über die Zukunft und eine Reihe von offenen Fragen geprägt.

Zwar sind die Besucherzahlen unvermindert und im Vergleich zu allen anderen Gedenkstätten überproportional hoch. Täglich kommt ein Strom von Menschen in die Gedenkstätte und stellt die Mitarbeiter immer wieder vor neue Herausforderungen.

Zwar konnte dank der Projektmittel-Förderung des Bundes ein breit angelegtes, differenziertes Angebot an Information und Betreuung der Besucher entwickelt werden, dessen Aufbau vom wissenschaftlichen Beirat begleitet und als notwendig und gut beurteilt wurde. Doch es ist noch immer fraglich, ob und in welchem Umfang die pädagogische Arbeit an der Gedenkstätte auf Dauer institutionalisiert werden kann. Auch die Verlegung des Eingangs durch das Originalgebäude mit der Torinschrift „Arbeit macht frei" konnte nach einem lokalpolitischen Streit über die Wegeführung, bei dem alte Ressentiments gegen die Gedenkstätte wieder auflebten, noch immer nicht realisiert werden. Ungeklärt ist weiterhin, ob die Einbeziehung von Original-Gebäuden aus der Lagerzeit auf dem ehemaligen SS-

Gelände möglich sein wird. Ebenso ungeklärt ist, in welchem Rahmen und Umfang die Stiftung künftig Verantwortung für die baulichen Überreste der Außenlagerkomplexe Kaufering und Mühldorf übernehmen wird.

Solange jedes Jahr sieben bis achthunderttausend Besucher die Gedenkstätte Dachau besuchen, wird es an diesem Ort keinen „Schlussstrich" geben. Ob und wie die Gesellschaft der Bundesrepublik Deutschland das Erbe der KZ-Überlebenden übernehmen und weitertragen wird, ist noch immer eine offene Frage.

Ich schließe mit dem Zitat eines jungen Theologen, der kürzlich feststellte: „Das Schicksal der Erinnerung entscheidet sich nicht an der Größe von Video- und sonstigen Archiven, nicht an der Kapazität von Datenträgern, sondern allein am Mut und Beharrungsvermögen derer, die von der Botschaft der Zeugen erreicht wurden und weiter in dieser Welt leben."

Ute Benz

Täter, Opfer und Dritte
Schwierigkeiten des Verstehens

Wenn wir über Opfer auf der einen und Täter auf der anderen Seite nachdenken, sind wir gewissermaßen in der Position von Dritten. Abgesehen von unseren jeweiligen individuellen und familiären Bezügen interessiert daher auch die allgemeine, strukturelle Frage: Welche Chancen und Risiken bringt die Rolle des Dritten, der sich über die Geschichte von Opfern und Tätern in der NS-Zeit informieren will, mit sich? Können Dritte fragend, einfühlend, aufklärend, positiv wirken, oder aber (und wenn, wie) geraten sie trotz bester Absichten immer wieder und ohne sich dessen bewusst zu sein in Gefahr, negativ zu wirken und ihrem Anliegen, Kinder und Jugendliche für eine bessere Zukunft aufzuklären und für moralisches Engagement und Zivilcourage zu gewinnen, zu schaden?

Zu Beginn eines Seminars an der TU Berlin zum Thema Freund- und Feindbilder im Krieg in den Medien bat ich Studenten zu notieren, welche bildlichen Vorstellungen vom Zweiten Weltkrieg spontan bei ihnen auftauchen und woher diese stammen. Auffällig an den Antworten war, dass die meisten zuerst an grausige Opferbilder des Völkermords dachten, an KZ und Leichenberge. Die Studenten waren wortkarg, eine lähmende Atmosphäre der Betroffenheit schien sich auszubreiten. Der Gedanke an Bilder von Opfern des Völkermords ließ sie verstummen, Fragen tauchten nicht auf, so als gäbe es angesichts der unvorstellbaren Zahlen von Millionen von Opfern überhaupt nichts mehr zum Thema Krieg zu fragen.

Die Analyse der Situation der Studenten ergab, dass die Studenten nicht nur aus Betroffenheit verstummten, sondern vor allem, weil sie sich hilflos fühlten gegenüber den vermuteten Ansprüchen anderer, betroffen zu sein und „nie wieder" denken zu müssen. Offenbar wird bei jungen Menschen ein bemerkenswerter Effekt der Abwehr ausgelöst, wenn beides zusammen trifft: eine durchaus vorhandene persönliche Betroffenheit junger Menschen angesichts millionenfacher mörderischer Gewalt in NS-Deutschland und das Gespür für die entsprechend intensive Absicht Erwachsener, junge Menschen zu besonderer Betroffenheit über Opfer und Grauen bewegen zu wollen, als misstrauten sie ihrer selbstverständlichen Bereitschaft zum Mitgefühl. Das Bewusstsein, die deutsche NS-Geschichte niemals korrigieren zu können, stattdessen aber Objekt besonderer moralischer Anforderungen der Erwachsenengenerationen zu sein, hat bei vielen lähmende Wirkung. Und die Abwehr dagegen erfolgt nicht direkt in Form von Kritik an die Adresse der Aufklärenden, sondern sie kommt indirekt in Form von Verstummen und Widerwillen gegen wiederholtes Sehen-müssen von Opferbildern zum Ausdruck („Immer die gleichen Bilder, immer dasselbe, schon in der Schule hundert Mal gesehen!").

Es wäre nun allerdings ein verhängnisvoller Irrtum, solche Abwehrreaktionen junger Menschen moralisch als Verweigerung der Auseinandersetzung mit Krieg und Völkermord, mit Tätern und Opfern zu werten. Anstatt Schlussstrichmentalität zu unterstellen, sollte zuerst die Beziehung von Aufklärern und Aufzuklärenden selbstkritisch untersucht werden.

Auseinandersetzungen mit Fragen nach Funktion und Dynamik von Dritten gegenüber zweien (Opfer und Täter) sind wichtig, weil junge Menschen – auch wenn sie nicht gelernt haben, dies in Worte zu fassen – sehr wohl spüren, ob Erwachsene sie über Geschichte, über Täter und Opfer aufklären oder aber ob sie sie damit vor allem als Hilfstruppen für unerledigte Aufgaben rekrutieren wollen, an denen die Eltern-Großeltern-Generation mehrheitlich gescheitert ist.

Der Begriff Delegation[1] aus Forschungen der Familientherapie ist hilfreich, um die Bedeutung intergenerational wirkender Strukturen zu verstehen. Er besagt, dass Kinder in familiären Systemen ungefragt und aus Loyalitätsgefühl wie Delegierte fungieren bzw. benutzt werden können – ohne dass dies bewusst geschieht –, um Aufträge aus der Elterngeneration zu übernehmen. Weil aber aus psychischen Gründen (z. B. aus Angst vor Vereinnahmung oder vor Liebesentzug) sowohl die Übernahme wie die offene Ablehnung derartiger Aufträge mit Konflikten verbunden ist, finden Widerstände gegen die oft in sich sehr widersprüchlichen Inhalte von delegierten Aufträgen (die z. B. lauten „sei betroffen", „sei solidarisch mit den Opfern"; oder aber „verteidige dich/uns gegen alte und neue Feinde") nur indirekt auf Umwegen statt. Wenn also junge Menschen als Dritte Aversionen gegen die Auseinandersetzung mit der NS-Geschichte, mit Tätern, Opfern und Wirkungen hegen, dann können das Widerstände gegen die besonderen Ansprüche und Aufträge der Eltern-Großeltern-Generation sein. Und umgekehrt gilt, wenn Dritte rasch eine Haltung allgemeiner Betroffenheit zeigen, sobald die Täter-Opfer-Problematik Thema ist, sollte dies nicht verwechselt werden mit der tatsächlichen Bereitschaft, sich in Leiden der Opfer einzufühlen und sich kritisch mit der Geschichte auseinander zu setzen. Betroffenheitsbekundungen (nach Filmen, Ausstellungen, Diskussionen) können ebenso die Funktion einer Anpassung Jugendlicher an den Erwartungsdruck Erwachsener im Bestreben haben, konflikthaften Auseinandersetzungen zwischen den Generationen aus dem Weg zu gehen.

Denn dort, wo Konflikte im Zusammenhang mit der NS-Geschichte aufbrechen, z. B. im Zusammenhang mit der „Wehrmachtsausstellung" oder bei Auseinandersetzungen um die Gestaltung von Gedenkstätten, wenn unterschiedliche Opfergruppen an einem Ort erbittert um öffentliche Anerkennung streiten, werden sie äußerst emotional geführt, wirken heillos und erschreckend. In Sachen Erinnerungs- und

---

[1] Helm Stierlin, Eltern und Kinder. Das Drama von Trennung und Versöhnung im Jugendalter, Frankfurt a. M. 1977, S. 2.

Aufklärungsarbeit über Täter und Opfer der NS-Zeit darf man nicht erwarten, dass sachlich zu lösen ist, was für Betroffene an katastrophale Erfahrungen rührt. Die beste Ausstellung kann nicht Frieden im Sinne von Einheitlichkeit der Gefühle von Betroffenheit und Mitmenschlichkeit produzieren; sie vermag Dritte nicht nur mahnend über Vergangenes zu informieren, sondern sie aktiviert auch alte und neue Konflikte und entsprechende Abwehr.

Konflikte Dritter bei der Annäherung an die Opferseite

Es gibt ein allgemeines, oft vehement vertretenes Interesse daran, dass eindeutig unterschieden wird, wer Täter und wer Opfer in Gewaltgeschichten ist. Auf den ersten Blick ist das nicht weiter schwer. Täter sind die, die Unrecht begangen haben, die dafür angeklagt und bestraft werden müssen, unterschiedlich je nach dem Schweregrad ihrer Tat, aber eben in Demokratien unter Wahrung der Grundrechte und nicht, wie schlimm die Taten auch waren, nach dem Prinzip der Rache und Vergeltung; weder Selbstjustiz noch Todesstrafe sind hierzulande zulässig. Opfer andererseits sind diejenigen, denen körperlich und seelisch von Tätern Leid zugefügt wurde, das oft lebenslange Folgen hat.

Was geschieht nun, wenn Dritte sich verstehend den Opfern, ihren Leiden und Schicksalen zuwenden wollen? Sie geraten unvermeidlich in komplizierte Situationen, in denen es schwer ist, sich einigermaßen ohne Groll zurechtzufinden. Sie können ihre Bereitschaft zur Empathie für Opfer mit Einfühlung in die Gefühle der Opfer verwechseln und sich eine Verpflichtung zur Identifizierung mit Opfern auferlegen. Sie können in der Folge versucht sein, eigene Gefühle und Meinungen als störend beiseite zu schieben und schließlich ihre Position als Dritte in der Überzeugung aufgeben, hundertprozentig auf der Seite der Opfer zu sein. Damit aber geraten sie in Gefahr, eine fundamentale Differenz zwischen Opfern und Dritten zu negieren, die Enttäuschungen für beide bedeutet. Worin besteht diese Differenz?

Zu den existenziellen Erfahrungen von Opfern – die Dritte in der Intensität und was die Folgen betrifft nicht haben – gehört die, ungeschützt gewesen zu sein vor überwältigender Gewalt, d. h. sich von anderen Menschen verlassen gefühlt zu haben. Folge solcher Erfahrung kann ein nachhaltiges Misstrauen gegenüber Menschen sein. Dritte sollten wissen, dass unstillbare Zweifel von Opfern der NS-Zeit an der Fähigkeit und dem Willen Dritter, sich ernstlich für ihre Opferschicksale zu interessieren, zur Dynamik der Problematik gehören, und dass sie nicht rational zu beseitigen sind; zu groß ist die Befürchtung von Opfern, einmal mehr kein Gehör zu finden und erneut im Stich gelassen werden zu können. Dritte sollten wissen, dass sie angesichts solcher Zweifel und Bedürfnisse von Opfern in eine verwirrende Dynamik durch das Gefühl dauernder Anstrengung („Ich muss alle Zweifel beseitigen", „Ich darf nicht enttäuschen") und Enttäuschung („Alles, was ich sage, mache, ist doch immer nicht genug") geraten können, die demotivierende Wirkung haben und das Interesse an Opfern unmerklich reduzieren kann. Opfer aber würden solche Reduzierung als Distanzierung Dritter erleben und als Beleg dafür werten, dass ihre Zweifel am Engagement und an der Zuverlässigkeit Dritter einmal mehr begründet sind mit der Folge, dass sie sich ihrerseits enttäuscht und vorwurfsvoll zurückziehen.

Eine oft zu wenig wahrgenommene Schwierigkeit ergibt sich aus existenziellen Bedürfnissen von Opfern, nach eindeutiger moralischer Unterscheidung von Opfern und Tätern aus Sorge um die im Interesse von Tätern liegende Verwischung der fundamentalen Unterschiede zwischen beiden. Weil die Realität (der Taten) sie beide einmal tragisch verknüpft hat und durch niemanden mehr aus der Welt zu schaffen ist, besteht eine hochgradige Empfindlichkeit bei Opfern gegenüber sprachlichen Formulierungen Dritter, durch die sie sich begrifflich zu einem Problemkomplex Opfer/Täter zusammengefasst fühlen.

Opfern ist es ferner vielfach nicht nur schwer verständlich, sondern unerträglich, wenn Täter im Mittelpunkt des Interesses stehen, weil dadurch ihr Verdacht genährt wird, wer Täter zu verstehen suche, wolle diese im Grunde auch entschuldigen (nach dem Motto, dass letztlich alle irgendwie Opfer der Verhältnisse seien). Insbesondere Psychologen setzen sich diesem Verdacht aus, wenn sie ihr Forschungsfeld verengt haben auf allgemeine Defizite in der frühen Kindheit oder spezieller noch auf mütterliches Versagen gegenüber Kindern und dabei zahlreiche andere psychosozial nicht weniger bedeutsame Faktoren beiseite lassen, die herangezogen werden müssten bei Versuchen, kriminelle Entwicklungen zu verstehen.

Die Sorge von Opfern vor ungebührlicher Verschiebung der forschenden Aufmerksamkeit von Opfern auf Täter ist allerdings einigermaßen begründet angesichts des Faszinosums von Gewalt, wie Medien es vermitteln. Der Eindruck kann wohl entstehen, dass es eine heimliche Allianz der Mehrheit in der Gesellschaft mit den Tätern in Verbindung mit einer allgemeinen Abneigung gegen Opfer (Verlierer) gibt. Wer wollte bestreiten, dass üblicherweise sich niemand gerne mit Unterlegenen identifizieren möchte. Wo solche Tendenzen der Identifikation mit den Opfern zutage treten, entstehen peinliche und pathologische Verwirrungen, die den Opfern nicht nützen, sondern schaden.[2]

Für Opfer, die aufgrund traumatischer Erfahrungen permanent Angst haben, erneut übersehen zu werden, wenn Dritte sich intensiv für Täter interessieren, ist es kein Trost zu hören, dass die intensive Beschäftigung mit Tätern unerlässlich ist zur Fehlersuche für eine Gesellschaft, die prophylaktisch tätig sein will. Sie muss wissen, wo sinnvollerweise frühzeitig bei individuellen und kollektiven Entwicklungen angesetzt werden kann, um Schwachstellen menschlicher Individuen und menschlicher Kollektive auszugleichen. Nötig ist dies immer wieder, die Menschen sind leider nicht so, wie das optimistische Menschenbild suggeriert, nämlich gut, wenn sie nur das richtige Umfeld, die richtigen elterlichen Vorbilder hätten. Aus psychoanaly-

---

[2] Ute Benz, Glücklich befreit? Tadeusz Szymanski und die Kinder von Auschwitz, in: Dachauer Hefte 9 (1993), S. 60–70.

tischer Perspektive ist es sinnvoller, Menschen als konflikthafte, verführbare, von widersprüchlichen Interessen geleitete, oft mehr emotional als vernünftig agierende Wesen zu sehen, die mit irrationalen Abwehrformen operieren, ohne sich dessen bewusst zu sein.

Dritte und Opfer müssen immer wieder erleben, dass sich allein durch die Realität der Kontinuität verwirrender Geschichte und politischer Brüche Schwierigkeiten einstellen. Bereits mit einer scheinbar so einfachen Sache wie dem zeitlich klar begrenzten Rahmen, der Dauer des NS-Staates, innerhalb dessen man Täter und Opfergeschichte an einem Ort betrachten möchte, ist unabweislich auch die Kontinuität des Ortes verbunden. Damit verknüpft ist die Schwierigkeit der Sprachregelung: Wie kann man Opfer vorher und nachher inhaltlich und begrifflich hinlänglich differenzieren? Müssen sie einmal mehr Angst haben, als Individuen mit individuellem Schicksal missachtet und willkürlich zusammengewürfelt zu werden?

Das weiter unten folgende Beispiel einer Verwischung der Grenzen von Opfer und Täter mag als Sonderfall erscheinen. Doch es führt uns exemplarisch vor, was passiert, wenn Opfer und Täter und Mitläufer höchst widersprüchlich in einer Person vereint sind. Es zeigt, wie aggressiv Dritte reagieren, wenn keine Schubladeneinteilung in Täter oder Opfer möglich ist, sondern verwirrende Widersprüche zur vertieften Auseinandersetzung nötigen.

Probleme für Dritte im Umgang mit der Täterseite

Täter zu beschreiben scheint einfach. Die Versuche Dritter, sie haftbar zu machen, folgen dem bewussten Interesse, ihre kriminellen Taten eindeutig als Rechtsbruch zu markieren und nach Gesetz zu bestrafen. Jedoch Täter und Taten, wenn sie an Kalkül und Brutalität jedes Maß übersteigen, rein sachlich zu beschreiben ist kaum möglich. Wer solche Taten als Dritter nicht übergehen, sondern zur Kenntnis nehmen will, kommt in emotionale Schwierigkeiten, je detaillierter nachzuzeichnen ist, wie Täter im Einzelnen an Opfern gehandelt haben. Die Phantasie ist dann genötigt, Verbrechen im Geiste nachzuvollziehen und sich dadurch in Abgründe menschlichen Handelns und Denkens zu begeben. Denn Gewaltverbrechen haben, das gilt nicht nur für die Boulevardpresse, eine erregende Wirkung, die wohl zur Natur der Sache gehört: Menschen müssen Gewalttätern besondere Aufmerksamkeit widmen, um Überlebenschancen zu ergreifen, um sich gegen Gewalt zu schützen bzw. um beizeiten gegen das, was Menschen zu Gewalttätern werden lässt, vorgehen zu können. Aus vielen Gründen ist es schwer, dabei die nötige Distanz zu wahren, denn sie kann weder durch Wegsehen noch durch Fixierung auf Gewalt gewonnen werden.

Auf Täterseite sind zur Erhellung der biografischen, kollektiven, institutionellen, politischen, ideologischen Hintergründe viele Disziplinen, vor allem historische, nötig. Zur Erforschung der inneren Prämissen und der Psychodynamik von Gruppenprozessen bedarf es jedoch psychoanalytischer Methoden. Der Historiker Michael Wildt hat kürzlich psychoanalytische Ansätze für untauglich erklärt zum Verständnis extremer Täter, die erst in Organisationen der SS wie dem Reichssicherheitshauptamt so gewaltstrukturierend und legitimierend wirken konnten. Er monierte die Individuenzentriertheit der Psychoanalyse und kritisierte zu Recht Tendenzen zur Verallgemeinerung von an Individuen gefundenen analytischen Erkenntnissen.[3]

Gleichwohl bedarf es zur Beantwortung der Täter-Gruppen-Frage (warum machen Menschen eine institutionelle, arbeitsbezogene Gruppendynamik unter Aufgabe moralischer Normen mit?) sowohl individual- wie gruppenpsychologischer Analysen. Es gilt, die Verschränkung und die Dynamik intrapsychischer und interpsychischer Konflikte von Kollegen am Arbeitsplatz (aus Ehrgeiz, Rivalität, Konkurrenz, Aggression, Neid, Distanz, Nähe, Liebe, Hass, Autorität) samt der bewussten und unbewussten Abwehr zu analysieren, will

3   Michael Wildt, Generation des Unbedingten. Das Führungskorps des Reichssicherheitshauptamtes, Hamburg 2002.

man sich nicht auf monokausale Erklärungen beschränken. Immer noch aktuell hinsichtlich der allgemeinen Frage, unter welchen Umständen Täter-Rollen ausgeübt werden, sind die „Milgram-Experimente",[4] die Zusammenhänge von kollektiver Fortschrittsideologie, von individuellen und kollektiven Strafgedanken in autoritären Beziehungsstrukturen, von individueller und kollektiver Aggression, von Legitimationskonstrukten und von Schuldabwehrmanövern zeigen.

Wo individuelle Verantwortung für Recht und Unrecht an Autoritäten abgegeben werden kann, kommen destruktive Kräfte zum Tragen, die sonst unter individueller und kollektiver Kontrolle gehalten werden. In Gruppen (institutionellen wie in anderen) entsteht automatisch Legitimationsdruck für gemeinsame Ziele und Handlungen. Seine Funktion ist, die Gruppenmitglieder zusammenzuhalten, die sonst permanent in Gefahr sind, auseinander zu driften – nicht allein, wie man vermuten könnte, wegen differierender Interessen, sondern ebenso, was überraschend wirken mag, wegen gleich gelagerter Interessen, die Gruppenmitglieder in Konkurrenz und Rivalität miteinander bringen nach dem Motto: „Wer mit wem gegen wen?" Unter Berücksichtigung der Beziehungsdynamik in Gruppen lässt sich die These formulieren: Der aggressive Druck einer Gruppe innerhalb und außerhalb von Institutionen, rücksichtslos und mit Gewalt Veränderungen außerhalb zu erzwingen, ist umso größer, je konflikthafter die Beziehungen der Gruppenmitglieder untereinander sind. „Böse" Taten miteinander konkurrierend zu planen oder durchzuführen, kanalisiert den ursprünglich gegeneinander gerichteten Ehrgeiz Einzelner zur gemeinsamen Produktion aggressiver Akte in der Außenwelt. Dies dient einem doppelten Zweck: dem Abbau des Binnendrucks in

---

[4] S. Milgram hatte in New York empirische Untersuchungen über die Beziehung von Autorität, Gehorsam und Gewaltbereitschaft angestellt, bei denen die Versuchsperson den Lernprozess einer anderen Person durch Strafen (simulierte elektrische Stromstöße) fördern sollte. Bis zu 65 % der Versuchspersonen in den USA ließen sich zur „Höchststrafe" hinreißen, in Deutschland reagierten in den 70er-Jahren sogar 86 % mit äußerster Aggression.

Gruppen und dem Zusammenschweißen der Gruppe über die gemeinsamen bösen Taten, für die keiner Schuldgefühlsdruck spürt, ist er doch auf viele Schultern verteilt.

Was bedeuten solche aus empirischer Forschung gewonnenen Einsichten bzw. Thesen für Dritte, die sich mit Tätern befassen? Sie bedeuten, dass die Vorstellung vom Täter als einem zwar schlimmen, aber doch wenigstens seltenen pathologisch gestörten Individuum aufgegeben werden muss zugunsten der Vorstellung, dass die Fähigkeit zum Bösen vielerorts und kollektiv aktiviert werden kann – eine Vorstellung, die permanente Wachsamkeit erfordert.

Verwirrungen:
Erwin Goldmann, Opfer und Täter in einer Person

Die folgende Biografie[5] dient als Beispiel für die Dimensionen der Verwirrung, der Komplikationen, der Heillosigkeiten, die Dritten begegnen können, wenn sie bei der Frage nach Opfern und Tätern historisch ins Detail gehen wollen. Sie erhält deshalb relativ breiten Raum, weil sie ein eindrückliches Beispiel für die besondere kollektive Verfolgung und Bestrafung eines Mannes ist, dessen man sich in der deutschen Nachkriegsgesellschaft als eines Täters bediente, weil man der Verwirrung entkommen wollte angesichts der Opferrolle, in die Goldmann kollektiv gezwungen worden war. Erwin Goldmann ist darüber hinaus auch ein Beispiel für die Wirkung der nationalsozialistischen Ideologie bei Gebildeten.

Durchdrungen vom unbedingten, verzweifelten Wunsch, als Jude der deutschen Gesellschaft anzugehören, für die er sein Leben im Ersten Weltkrieg eingesetzt hatte, versuchte er unter allen Umständen, seinen deutsch-nationalen Patriotismus durch Mitarbeit an der na-

---

5 Wolfgang Benz, Patriot und Paria. Das Leben des Erwin Goldmann zwischen Judentum und Nationalsozialismus, Berlin 1997.

tionalsozialistischen Gesellschaft unter Beweis zu stellen. Blind für die Realität seiner Ausgrenzung ermittelte und meldete er im fixen Glauben an die gute Idee „Missstände" (in der SS, im BDM, in der Hitlerjugend, in der Kirche, in der Nachbarschaft) und war fixiert auf die Illusion, dass der Führer, wenn er das alles wüsste, Missstände abstellen lassen würde.

Goldmanns Vater war Fabrikant; Erwin war der Älteste von drei Geschwistern, evangelisch getauft und überzeugter Christ, glühender Patriot, deutsch-national eingestellt. Er machte 1909 Abitur, studierte Zahnmedizin. Mit 23 Jahren meldete er sich 1914 zum Kriegsdienst, war in den Vogesen, in Galizien und in der Ukraine eingesetzt. Hoch dekoriert und tief enttäuscht kehrte er 1919 heim, verabscheute die Revolution von 1918, versuchte sich in der Einwohnerwehr, einer der antirevolutionären Milizen, als Retter bürgerlicher Ruhe und Ordnung. Er empfand den Versailler Vertrag als Schmach, stand der Weimarer Republik ablehnend gegenüber, engagierte sich in der illegalen „Schwarzen Reichswehr", um die Entwaffnungsbestimmungen zu unterlaufen.

Er übernahm eine Zahnarztpraxis in Stuttgart, bildete sich weiter zum Facharzt für Mund- und Kieferkrankheiten. 1935 wurde er ärztlicher Direktor der Zahnklinik der AOK Stuttgart. Er heiratete eine Volksdeutsche aus Wolhynien, mit der er zwei Kinder hatte (die „privilegierte Mischehe" rettete ihn später vor der Deportation). In seiner Freizeit betätigte er sich als Turner, 1921 bis 1935 in der deutschen Turnerschaft, mehrere Jahre lang als Gaujugendwart. Seine Frau konnte seine politischen Einstellungen nicht teilen, als er sich am liebsten der NSDAP angeschlossen hätte und bei der SA mitmarschiert wäre, weil er dort „seine vaterländischen Ideale am tatkräftigsten" realisiert sah.

Weil er jüdischer Herkunft war und aufgrund der Tatsache, dass seine Familie seit 500 Jahren in Deutschland wohnte und assimiliert war, erfuhr er seine rassistische Ausgrenzung als tief demütigend, erlebte alle Enttäuschungen und Diskriminierungen seiner bürgerlichen und beruflichen Entrechtung, ohne dass dies ein Jota an seiner nationalistischen Einstellung änderte – im Gegenteil. Mit missionarischem Eifer suchte er sein Deutschtum gegenüber Deutschen, aber auch gegenüber Juden zu beweisen, wo er auf völlige Verständnislosigkeit (die einen hielten ihn für einen Verbrecher, die anderen nannten ihn einen Narren) stieß. 1933 verlor er sein Amt als ärztlicher Direktor, er wurde ausgestoßen aus seiner geliebten burschenschaftlichen Verbindung, verlor dann die Zulassung als Arzt, 1939 musste er seine Praxis schließen und sich fortan als Gärtner in einem Krankenhaus verdingen. „Es ist schwer, das Ausmaß der Kränkungen nachzuempfinden, an denen der deutsche Patriot Goldmann, der Frontkämpfer und Anbeter soldatischer Tugenden seit der Machtübernahme Hitlers litt. Er litt doppelt und vielfach",[6] weil er sich am „nationalen Aufbruch" unter allen Umständen beteiligen wollte. Er hatte, Signal seiner Verzweiflung, einen Suizidversuch unternommen, doch an seiner nationalen Gesinnung hielt er ungeachtet aller Kränkungen unbeirrbar fest.

1933 war Goldmann Funktionär im Paulusbund geworden, der Organisation „nichtarischer Christen", und er kämpfte für deren Belange, bis er, weil „Volljude", 1937 auch aus dieser Organisation ausgeschlossen wurde. Goldmann konnte die Betreuung „nichtarischer" evangelischer Christen dann im Rahmen der Inneren Mission weiterführen. Dankbare Schützlinge haben ihm nach der NS-Zeit aufopferungsvolle Hilfe, Rat und Verständnis bescheinigt.

Bezeichnend für die innere und äußere Not Goldmanns ist, dass er ein – letztlich vergebliches – „Arisierungsverfahren" einleitete (den wissenschaftlich-anthropologischen Nachweis, dass er kein Jude sei, weil er sich in die Überzeugung hineingesteigert hatte, ein Mensch mit seinem nationalen Empfinden könne und dürfe nicht der missachteten „Rasse" angehören), vor allem, um den ersehnten Status der Wehrwürdigkeit für sich und seinen Sohn zu erreichen.

---

6   Ebenda, S. 39.

Das nächste Kapitel der Tragödie Goldmanns ist das seiner Verstrickung in den NS-Staat durch die Tätigkeit für den Sicherheitsdienst der SS und Kontakte zur Gestapo 1940 bis 1943. Sein Engagement in der evangelischen Kirche und seine neurotisch-nationale Einstellung machten ihn für die NS-Behörden interessant. Die Aufgabe, „als Hörrohr des Führers am Herzen des deutschen Volkes" zu fungieren, war offensichtlich Balsam für seine gepeinigte Seele. Weil nur Stimmungsberichte und zunächst keine Namensnennungen von ihm gefordert wurden und weil er niemandem gegenüber verschwieg, dass er SD-Mitarbeiter und „Nationalsozialist" aus Gesinnung war, hatte er keine Skrupel, seine Stimmungsberichte als eine Art von Wehrersatzdienst zu betrachten, durch die er bewies, dass er die nationale Sache über persönliche Rücksichtnahme und Verpflichtung stellte. Opfer dieser Einstellung wurde ein Bekannter, der 1943 wegen Wehrkraftzersetzung, Defätismus und staatsfeindlicher Betätigung aufgrund von Denunziationen Goldmanns verhaftet wurde und überlebte, weil er anstatt ins KZ in eine psychiatrischen Heilanstalt kam. Dieser Fall war denn auch der wichtigste Anklagepunkt im späteren Aufsehen erregenden Spruchkammerverfahren gegen Goldmann.

1944 bis 1945 wurde Erwin Goldmann als Zwangsarbeiter in ein Arbeitslager in Wolfenbüttel verpflichtet, in dem ausschließlich jüdische „Mischlinge ersten Grades" sowie „jüdisch Versippte" schwere körperliche Arbeit beim Bau einer Wasserleitung verrichten mussten. Er hatte dort das Amt des Obmanns. Von anderen Zwangsverpflichteten wurde ihm später bescheinigt, dass er untadelig und dem Wohle der Gemeinschaft förderlich amtiert habe. „Dass er in Wolfenbüttel die ‚deutschen Tugenden' Disziplin, Fleiß, Pünktlichkeit hochhielt, verwundert nach seinem bisherigen Lebensgang genauso wenig wie die Tatsache, dass seine nationale Gesinnung keine Änderung erfahren hatte, dass er den ‚Endsieg' der deutschen Waffen noch sehnlichst erhoffte und nur darüber trauerte, dass er ihn nicht persönlich mit erkämpfen durfte."[7]

[7] Ebenda, S. 61 f.

Sieben Kameraden hat Goldmann wegen Verstößen gegen die Lagerordnung denunziert, sie kamen in ein KZ-ähnliches „Arbeitserziehungslager".

Im Mai 1945 wurde Goldmann als Nazikollaborateur verhaftet und im „Internierungslager 74 Osweil bei Ludwigsburg" festgesetzt. Das Entnazifizierungsverfahren dauerte mehr als zwei Jahre. Im September erklärte ihn die Spruchkammer zum „Hauptschuldigen", verurteilte ihn zu drei Jahren Arbeitslager, Vermögenseinzug, Verlust der Fähigkeit, öffentliche Ämter zu bekleiden, Verlust aller Rechtsansprüche auf Rente oder Pension, Verlust des Wahlrechts und der Mitgliedschaft in Gewerkschaften und Berufsvereinigungen. Dazu kamen ein 10-jähriges Berufsverbot (nur „gewöhnliche Arbeit" war erlaubt), Wohnungs- und Aufenthaltsbeschränkungen, Verlust aller Approbationen und des Rechts, einen Kraftwagen zu halten.

Goldmann wurde „krankhafte Vaterlandsliebe" bescheinigt, es sei schwer, teilweise unmöglich geworden, befand die Spruchkammer, „sich in das Wesen des Betroffenen hineinzudenken". Er legte 1949 Berufung ein, jedoch ohne Erfolg. 1950 wurden im Zuge einer Amnestie einige Sühnemaßnahmen aufgehoben, darunter das Berufsverbot. Goldmann nahm seine Tätigkeit als Zahnarzt wieder auf, was die Familie des seinerzeit von ihm denunzierten Bekannten empörte. Sie verstand es als Ungerechtigkeit und sah sich zum öffentlichen Protest veranlasst.

Das Urteil des Historikers zum Fall Goldmann lautet: „Die öffentliche Meinung stellte sich gegen Goldmann, und manche Pharisäer fanden ihn schuldiger als die Gauleiter und Blockwarte, die SS-Offiziere und Propagandabeauftragten, die KZ-Wächter und Volksrichter, die alle nur ihre Pflicht getan hätten, während der Diskriminierte sich schuldig gemacht habe beim Versuch, die Demütigungen zu überwinden und seine Gleichstellung als Patriot und Superdeutscher durch Wohlverhalten und Willfährigkeit zu beweisen."[8]

8   Ebenda, S. 65.

Die Geschichte des Erwin Goldmann interessiert in unserem Zusammenhang vor allem wegen der auffälligen Reaktionen seiner Umwelt nach 1945, die sich unbarmherzig auf einen Fall stürzte, der, weil er nicht ins spaltende Bild der Täter- oder Opfer-Teilung passt, weil er nötigt, differenziert über die Verführung und Verführbarkeit durch die nationalistische, rassistische Ideologie, über Folgen der Ausgrenzung, das Versagen der Ärzteschaft gegenüber Berufskollegen nachzudenken, und sich dem rassistischen Kategorisieren verschließt. Wurde einer deshalb mit besonderem Eifer an den Pranger gestellt, weil man ihm gegenüber die alten Denkkategorien beibehalten konnte, indem man ihn – pars pro toto – für besonders bösartig oder gar pathologisch, für einen Abtrünnigen (auf beiden Seiten) halten konnte und weil Deutsche nach 1945 ebenso wie vorher einen, der Deutscher, Christ und nicht Jude sein wollte, erneut ausgrenzen und schuldig sprechen konnte?

Das Fazit der *causa* Goldmann, betrachtet als Exempel in der Debatte über Opfer und Täter: „Die Einstufung als ‚Hauptbelasteter' in den Spruchkammerverfahren, die schleppende Amnestierung, als hochgradige Nationalsozialisten schon längst zu ‚Mitläufern' herabgestuft waren, die anhaltende Empörung und Straflust der neudemokratischen Gesellschaft" waren mehr als pharisäisch, „wenn man daran denkt, welcher Solidarität KZ-Kommandanten, Schreibtischmörder, Rädelsführer sich oft erfreuen durften, als sie Fluchthilfe oder eine neue Identität oder das Schweigen derer, die sie und ihre Taten kannten, nach dem Zusammenbruch des NS-Regimes benötigten."[9]

Obwohl Erwin Goldmann als Sonderfall gelten kann, der nicht in das Schema Täter oder Opfer passt, lässt sich an seinem Beispiel etwas allgemein Bedeutsames beobachten: die besondere Gereiztheit und Entrüstung in der Gesellschaft, wenn ihr verwehrt wird, was sie gerne hätte (Eindeutigkeit) und wenn sie stattdessen zur Kenntnis nehmen muss, welche Dimensionen an Heillosigkeit vor und nach

---

9   Ebenda, S. 69.

1945 möglich sind, welche verführerische Wirkung die NS-Ideologie auf gebildete Bürger hatte, wie blind für die Realität nationalsozialistischer Destruktivität Menschen sein konnten.

Opfer, Dritte und die unüberbrückbare Distanz

Richard Glazar ist ein eindeutiges Opfer der NS-Verfolgung. Er hat vielfach, auch vor dem Düsseldorfer Landgericht in den 60er-Jahren, Zeugnis über das Vernichtungslager Treblinka abgelegt, nicht zuletzt in seinem autobiografischen Buch „Die Falle mit dem grünen Zaun".[10] Er war einer der wenigen Überlebenden des Massenmords an mindestens 900 000 Menschen in diesem Lager.

1920 in Prag geboren, Sohn eines k. u. k. Offiziers, in begüterten Verhältnissen aufgewachsen, war er nach der Zerschlagung der Tschechoslowakei als 19-jähriger Jude auf dem Land versteckt worden. Als 22-Jährigen fasste ihn die Gestapo, verschleppte ihn über Theresienstadt nach Treblinka. Nach zehn Monaten Aufenthalt im Arbeitskommando – das war das schreckliche Privileg der wenigen, die nicht sofort nach ihrer Ankunft ermordet wurden – konnte er während des Aufstands der Häftlinge am 2. August 1943 mit einem Freund fliehen. Er schlug sich durch Polen nach Deutschland durch, wo er als Arbeiter in der Rüstungsindustrie überlebte.

Nach Kriegsende kehrte er nach Prag zurück, studierte, erwarb ein Diplom als Wirtschaftsingenieur. Dann wurde er Opfer des Stalinismus. Nach dem Prager Frühling floh er mit seiner Familie in die Schweiz, wurde dort eingebürgert. Nach der Wende kehrte er nach Prag zurück, um auch dort über den Holocaust aufzuklären. Für seinen Beitrag um Demokratie und Menschenrechte erhielt er den höchsten tschechischen Orden. Im 78. Lebensjahr, wenige Wochen nach dem Tod seiner Frau, hatte ihn der Lebensmut verlassen, er stürzte

10 Richard Glazar, Die Falle mit dem grünen Zaun. Überleben in Treblinka, Frankfurt a. M. 1992.

sich in Prag aus dem Fenster. Was er über die Selbstmorde von Primo Levi und Jean Amery gesagt hatte, galt wohl auch für ihn selbst: „Ich bin mir nicht sicher, ob der Grund nicht gerade darin lag, dass sie diese furchtbare Erniedrigung erlebt hatten. Oder ob sie Angst hatten, als sie älter wurden, Angst vor dem Sterben, dessen ununterbrochene Zeugen sie gewesen waren."[11] In der fürchterlichen Einsamkeit mit seinen Erfahrungen, die er mit niemandem wirklich teilen konnte, vermochten ihm auch seine Kinder nicht zu helfen. Wenn sie sich von seiner Geschichte abwandten, so suchten sie wohl sich selbst und ihre Hoffnung auf ein unbelastetes Leben zu schützen.

Wenn Richard Glazar als Zeitzeuge arbeitete, ermöglichte er durch seine Persönlichkeit und durch die präzise Art zu sprechen das Zuhören, das Zur-Kenntnisnehmen von Einblicken, was Völkermord konkret im Alltag für die Opfer bedeutet hat. Die Bilder der Hölle auf Erden, die Menschen Menschen antun konnten und die in seine Seele und seinen Leib eingebrannt waren, beschrieb er mit chirurgischer Präzision, die beim Lesen oder Zuhören blankes Entsetzen auslöst, sodass man am liebsten flüchten möchte. Als Persönlichkeit jedoch, die das Inferno überlebt hatte, die nicht von Rache und Hass erfüllt war, die nicht, wie man doch erwarten könnte, vorwurfsvoll anklagend im Land der Täter agierte, verkörperte Richard Glazar für den Zuhörer die Hilfestellung für Dritte, ohne die verstehende Annäherung an das monströse Verbrechen vermutlich nicht menschenmöglich ist. Durch seine reservierte und Respekt gebietende Haltung wurde einem die Distanz bewusst, die er lebenslang aushalten musste und zugleich von seiner Seite aus wenigstens nur so weit zu überbrücken trachtete, dass er die Gutwilligen ein wenig zu informieren suchte. Identifizierung war das Letzte, was er verlangte, zuhören, Interesse zeigen, etwas lernen wollen, das genügte ihm. Gleich sein zu wollen – das käme einem usurpatorischen Akt gleich, nur weil man sich etwas vorstellte, teilte man nicht sein Leben als Opfer.

[11] Wolfgang Benz, Richard Glazar in memoriam, in: Dachauer Hefte 14 (1998), S. 296.

Wie mag die Erfahrung der begrenzten Aufnahmefähigkeit der Zuhörenden für ihn gewirkt haben? Wenn sie respektvoll schwiegen oder sich von der Geschichte erschlagen fühlten – musste er ihre Reaktion nicht immer als Abwehr verstehen? Er fürchtete nicht ohne Grund, als der Überbringer schlechter Nachrichten abgelehnt zu werden, als wäre er verantwortlich für den Gemütszustand der Zuhörer und nicht seine Geschichte. Und er zögerte, sein Publikum über Gebühr zu belasten. Er wusste um unsere Begrenztheit und die Distanz seiner Erfahrungen. Wenn die Zuhörer aufhörten zu fragen und in die Normalität ihrer Alltagserfahrungen zurückkehrten, ließen sie ihn allein mit seiner Geschichte zurück. Für seine Zuhörer jedoch verkörperte Richard Glazar, der überlebt hatte und nicht hasste, die Hoffnung auf Leben, d. h. er erleichterte es Dritten, sich nicht von der Geschichte des Grauens abzuwenden.

Kann man aus der Erfahrung mit Richard Glazar als Zeitzeugen eine Lehre für die Übermittlung der Opfergeschichte an Dritte ziehen? Ohne den Schutz einer real präsenten Persönlichkeit, die das besondere Lernen über den Holocaust begleitet, mag es schier unmöglich sein, sich der Völkermordgeschichte fragend anzunähern und Abwehr abzubauen. Denn Abwehr verschwindet nun einmal nicht durch moralische Appelle an Betroffenheit, sie würde bestenfalls nur unterdrückt. Abwehr kann nur schrittweise aufgegeben werden, wenn Menschen beim Abbau ihrer zahlreichen inneren und äußeren Ängste im Gefolge der mörderischen Geschichte Hilfe erfahren durch die Begleitung von Menschen, die nicht spalten, nicht vereinnahmen, sondern informieren wollen.

Die Täterseite und Dritte

Margarete Ilse Koch, geb. 1906, gestorben 1967 im Frauengefängnis Aichach durch Suizid, konfrontiert uns in mehrfacher Sicht mit Problemen der Individualisierung der Täterseite, die über das individuelle Kriminelle hinaus im Nationalsozialismus stets auch eine kollektive Seite haben. Für die Gesellschaft der Nachkriegszeit jedenfalls war

Koch die Symbolfigur der bösartigen Frau, eine Inkarnation der Unmenschlichkeit, von der sich jedermann schaudernd distanzieren konnte. Daher muss man in ihrem Fall auch nach der kollektiven Funktion einer Einzeltäterin für die deutsche Nachkriegsgesellschaft fragen, in der die Mehrzahl nicht bereit war, eigenes Handeln und Verhalten in der NS-Zeit kritisch zu reflektieren. Insofern kann man von einer Instrumentalisierung der Täterin durch die Mehrheitsgesellschaft sprechen, die dadurch, dass herausragende böse Taten einer Einzelnen, die juristisch verfolgt und gerichtlich bestraft wurden, böse Taten anderer als weniger schlimm sowie Fragen nach den Haltungen, Einstellungen der Mehrheit als obsolet erscheinen lassen konnten. Indem Ilse Koch 1945–1955 zur negativen Symbolfigur gemacht wurde, konnte die Majorität kritische Fragen in die eigene Richtung abwehren.

Als 26-Jährige trat Margarete Ilse Köhler 1932 der NSDAP bei, mit 31 Jahren heiratete sie 1937 den SS-Sturmbannführer Karl Koch, KZ-Kommandant von Buchenwald. Sie wurde Mutter von drei Kindern. Als Vierzigjährige war Ilse Koch 1947 die einzige weibliche Angeklagte im „Buchenwaldprozess". Sie wurde vom amerikanischen Militärgericht in Dachau wegen Verbrechens gegen die Menschlichkeit zu lebenslänglicher Haft verurteilt; dieses Strafmaß wurde 1948 nach einem Revisionsprozess herabgesetzt auf vier Jahre, doch unter dem Druck der öffentlichen Meinung wurde Ilse Koch erneut verklagt und vor ein deutsches Gericht wegen Mordes und Misshandlung von deutschen Häftlingen gestellt. 1951 endete dieser Prozess mit dem Urteil lebenslängliche Haft wegen Anstiftung zum Mord und zu schwerer körperlicher Misshandlung. Ilse Koch galt als „Kommandeuse", als „Hexe von Buchenwald", und ihr Name blieb – ungeachtet des Freispruchs mangels Beweisen im so genannten Tätowierungskomplex – mit den besonders grauenerregenden Vorstellungen der Menschenhautverarbeitung verknüpft.

Dass Ilse Koch als extreme Außenseiterin, aber auch noch als Kronzeugin für Verteidiger des Nationalsozialismus fungierte, weil an ihrem Beispiel belegt werden könne, dass die SS durchaus Kriminalität und Unrecht in den eigenen Reihen verfolgt habe – Ilse Koch wurde lange vor Kriegsende im April 1943 verhaftet (allerdings nur wegen des Verdachts auf Beihilfe bei Unterschlagungen ihres Mannes), aber Ende 1944 mangels Beweisen freigelassen – gehört zu den besonderen Facetten der Instrumentalisierbarkeit einer Person auf Täterseite.[12]

Am Beispiel von Ilse Koch ist auch heute noch zu belegen, wie schwer begrifflich zu fassen ist, wenn eine Täterin nicht nur das Objekt öffentlicher Justiz wurde, sondern wenn Prozesse gegen sie unter dem Druck der öffentlichen Meinung variierend verhandelt wurden. Wissenschaftlich kritische, lexikalische Sätze wie der folgende: „Mit ihrem Schicksal stellt sie zweifellos auch ‚ein Opfer kollektiven Willens zur Selbstentschuldung' im Deutschland der Wirtschaftswunderzeit dar"[13] bilden insofern ein Ärgernis und eine Provokation für die Opfer der NS-Verfolgung, weil diese es begreiflicherweise nicht ertragen, unter einen einzigen Oberbegriff Opfer subsumiert zu werden. Daher ist es rücksichtslos, wenn Dritte an der Verwendung des Begriffs Opfer in allen möglichen Zusammenhängen nichts Anstößiges finden können, weil sie an der praktischen Verwendbarkeit eines Begriffs interessiert sind, den sie als Gegensatz zum Täterbegriff benötigen, und sei es nur, um Ungerechtigkeiten der Rechtsprechung zu markieren. Die mühselige Aufgabe der begrifflichen Differenzierung gehört zum schwierigen Erbe der NS-Geschichte.

Der imaginäre Diskurs zwischen jungen und älteren Dritten

Wenn sie könnten und dürften, was würden junge Menschen, die eine katastrophale Geschichte ihres Volkes kennen lernen müssen, den Älteren sagen? Vielleicht dies: Wenn ihr Alten uns unter Betrof-

12 Arthur L. Smith, Die Hexe von Buchenwald, Köln 1984.
13 Hermann Weiss (Hrsg.), Biographisches Lexikon zum Dritten Reich, Frankfurt a. M. 1998, S. 271 f.

fenheitszwang setzt, produziert ihr selbst die Abwehr, die ihr beklagt. Fällt euch kein anderer Weg ein? Warum nicht? Gebt zu, dass ihr Alten uns Jungen im Kern misstraut. Ihr verdächtigt uns, wir könnten die neuen Täter werden, wenn ihr nicht aufpasst. Und ihr selbst, reklamiert ihr, weil ihr uns das alles erzählt, das Gutmenschentum für eure Person, könntet ihr nicht ebenso Täter sein? Warum glaubt ihr, ihr müsstet uns mit besonderem Entsetzen in Bildern konfrontieren – wollt ihr uns schockieren? Befriedigt ihr euch an unserem Entsetzen? Erzeugt ihr Grabesstimmung bei uns und werft uns dann vor, stumm zu sein? Ihr beklagt doch sonst so allgemein die Desensibilisierung bei Jugendlichen, wenn sie zu viele Gewaltbilder sehen. Was mutet ihr uns zu?

Braucht ihr unsere Betroffenheit für eure eigene Entlastung? Damit ihr ein gutes Gewissen habt, bei uns alles getan zu haben? Habt ihr mit euren eigenen Eltern/Großeltern so intensiv gearbeitet wie mit uns? Oder müssen wir an ihrer Stelle arbeiten, lernen, denken, trauern nun für zwei Generationen? Habt ihr selbst solche Bilder sehen wollen oder müssen? Macht ihr etwas mit uns, was euch erspart geblieben ist? Oder redet ihr davon, wie ihr verdrängt habt in West und Ost? Redet ihr davon, wie in der jeweiligen Gesellschaft mit den Tätern und Opfern umgegangen wurde? Redet ihr von den Langzeitfolgen in den Gesellschaften, in den Familien? Habt ihr davor Angst? Meint ihr, die Opfer sollten euch dankbar sein, dass ihr uns erinnert und uns Zeitzeugen vermittelt? Könnt ihr uns helfen zu verstehen, warum die Opfer so empfindlich sind und ihr alle schrecklich Angst habt, ein falsches Wort öffent-lich zu sagen, als wäre es ein Indiz für unterdrückten Antisemitismus?

Wenn ihr uns die Opferseite suggeriert, wehren wir uns gegen den Zwang, den ihr ausübt, oder aber stilisieren die Opfer zu besseren Menschen. Viele rechnen dann Israel vor, was es alles falsch macht.

Wir benötigen Hilfe, nicht subtile Verdächtigungen beim Erlernen des deutschen Erbes. Es ist deprimierend, Zusammenhänge und Konflikte zu verstehen. Erkennt ihr unsere depressiven Reaktionen, wenn sie ruppig, abweisend oder kess verpackt einherkommen?

Die Autorinnen und Autoren

WOLFGANG BENZ, Prof. Dr., Leiter des Zentrums für Antisemitismusforschung an der Technischen Universität Berlin

UTE BENZ, Dr., Psychoanalytikerin, Lehrbeauftragte an der Technischen Universität Berlin

VOJTĚCH BLODIG, Dr., stellvertretender Leiter der Gedenkstätte Terezín (Theresienstadt), Leiter der historischen Abteilung

BARBARA DISTEL, Leiterin der KZ-Gedenkstätte Dachau

MICHAL FRANKL, Doktorand, Mitarbeiter der Gedenkstätte Terezín (Theresienstadt)

EVA HAHN, Dr., Historikerin, Oldenburg

HANS HENNING HAHN, Prof. Dr., Carl von Ossietzky Universität, Oldenburg

BEATE KOSMALA, Dr., Wissenschaftliche Mitarbeiterin am Zentrum für Antisemitismusforschung, Technische Universität Berlin

TOMASZ KRANZ, M. A., Leiter der wissenschaftlichen Abteilung des staatlichen Museums Majdanek (Lublin)

PIOTR MADAJCZYK, Prof. Dr., Mitarbeiter am Institut für Politische Studien der Polnischen Akademie der Wissenschaften (PAN) in Warschau

ANDREAS MIX, M. A., Doktorand am Zentrum für Antisemitismusforschung, Technische Universität Berlin